AI·메타버스 시대의
기술적·인문사회적 광고PR 전략

이 책은 한국언론진흥재단의 정부광고 수수료를 지원받아

제작되었습니다. 자세한 내용은 QR코드를 통해 확인해 주세요.

AI·메타버스 시대의
기술적·인문사회적
광고PR
전략

Technological·Sociological
Advertising and
PR Strategies
in the Age of
AI and Metaverse

| 박노일·정지연·문원기·부수현·김성원 지음 |

한울
아카데미

차 례

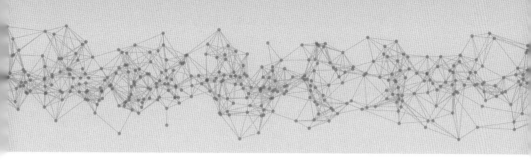

발간사

회원 여러분 안녕하십니까?

한국광고PR실학회 제11대 회장 홍문기 인사드립니다.

그동안 한국광고PR실학회는 2000년대 초반부터 회원 여러분들과 함께 다양한 주제의 전문서적들을 출간해 왔습니다. 때로는 이론적 논의 과정을 중심으로 한 책을, 때로는 실무적 함의를 되새기는 책을 편찬하면서 시대적 변화와 새로운 영감(insight)에 주목해 왔습니다.

광고PR 관련 기존 서적들의 가장 큰 한계와 문제점은 어떤 주제로 무슨 주장을 하든 전통적 설득 커뮤니케이션의 논리구조에 얽매여 있다는 점입니다. 그렇지만 이번에 발간되는 두 권의 책『AI·메타버스 시대의 기술적·인문사회적 광고PR 전략』과 『AI·메타버스 시대의 산업경제적 광고PR 전략』은 커뮤니케이션 기술의 변화를 기반으로 광고PR 전략의 방향을 새롭게 제시한다는 점에서 기존의 설득 커뮤니케이션 관련 서적과는 분명히 다르다고 생각합니다.

다가오는 미래의 커뮤니케이션 기술로서 인공지능(AI)과 메타버스(meta-verse)를 조망하고, 이를 광고PR 분야의 새로운 영역으로 편입시키려는 저자들의 노력은 이 책을 읽는 모든 독자들의 기술적·인문사회적·산업경제적 관점에서의 시대 인식과 가치관 형성에 혁신적인 변화를 불러일으키리라 확신합니다.

올해 한국광고PR실학회가 펴내는 이 두 권의 책은 다양한 기술적·인문사회적·산업경제적 이슈와 관련해 광고PR의 학문적 영역을 확장시키고, 실무적 적용 범위를 인공지능 및 메타버스와 접목시켰다는 독특한 특징이 있습니다.

두 권의 저서를 완성하기 위해 늦은 봄부터 서늘해진 가을까지 수고해 주신 박노일, 정지연, 김성원, 문원기, 부수현, 김활빈, 고흥석, 박병규 선생님께 진심으로 감사드립니다.

특히 이 책의 기획, 저자 섭외, 일정 조율, 출판 등을 포함한 제반 과정을 총체적으로 책임지며 훌륭하게 이끌어주신 김활빈 교수님, 한국광고PR실학회가 기획한 이 책의 출간을 물심양면으로 후원해 주신 한국언론진흥재단 표완수 이사장님, 책 출간 과정에서의 여러 가지 번거로움을 기쁘고 즐겁게 해결해 주신 한울엠플러스(주) 김종수 대표님께 심심한 감사의 말씀을 전합니다.

촉박한 일정에도 잘 마무리해 준 한울엠플러스(주) 편집부 분들과 귀찮고 까다로운 일들을 아름다운 미소로 해결해 주신 장지연 사무국장님께 깊은 감사의 말씀을 전합니다.

여러 우여곡절과 이를 극복하기 위한 많은 분들의 절실한 노력으로 완성된 제11대 한국광고PR실학회 기획 저서들이 회원 여러분들을 포함한 모든 독자 여러분께 인공지능과 메타버스 시대에 참신한 영감을 불어넣는 멋진 기회를 선사하기를 간절히 바랍니다.

감사합니다.

2022년 11월
한국PR실학회 제11대 회장

홍문기

머리말

스마트폰의 등장은 많은 분야를 바꾸어놓았다. 광고PR 분야도 예외는 아니다. 스마트폰과 같은 모바일 기기를 통해 더 많은 사람들이 시간과 장소에 구애받지 않고 콘텐츠를 즐기게 되었으며, 콘텐츠를 제작하고 유통하는 방식도 함께 바뀌고 있다. 광고를 꺼리는 사람이 여전히 많지만, 콘텐츠 이용 시간이 증가하면서 역설적으로 광고에 노출되는 시간도 증가하고 있다. PR이나 각종 캠페인도 마찬가지이다. 광고PR 산업은 새로운 미디어 환경에서도 성장하고 있으며, 광고PR 전략은 이전보다 더 중요해졌다. 광고PR 결과물들이 대량으로 생산되고 대량으로 소비되는 것이 아니라 다양한 종류가 생산되어 취향에 따른 타깃 수용자들에게 적절히 배분되어야 하는 상황이기 때문이다. 새롭게 등장한 광고PR 기술이 무엇이고 실제 현장에서 어떻게 적용되고 있는지, 그 인문학적 함의가 무엇인지, 산업경제적 측면에서 어떠한 영향을 미치고 있는지 살펴볼 필요가 있다.

이 책은 이러한 아이디어에서 출발해, 한국광고PR실학회에서 2022년 4월에 시작한 출판 사업을 통해 완성되었다. 이미 출간된 많은 광고PR 책들과 차별성 있고, 조금이라도 새로운 내용을 담아야 한다는 마음이 가장 앞섰다. 저술의 핵심 목표는 새롭게 등장한 기술이 기존의 미디어 산업과 광고PR 분야에 미치는 영향을 다양한 시각에서 살펴보는 것이었다.

제4차 산업혁명의 핵심 기술인 AI와 메타버스에 주목하면서, 이러한 기술이 광고PR 분야에 적용될 때 내포될 전략적 함의와 그 영향에 대해 기술적·인문학적·산업경제적 측면에서 살펴보고자 했다. 인공지능 기술이 무엇이고 광고PR에 어떻게 응용되는지, 인간이 어떻게 인공지능을 사회 구성원으로 받아들이게 될지 인문학적으로 성찰했다. 또한 AI와 메타버스 기술이 적용되는 환경에서 새로운 기술을 이용하는 소비자들은 심리적·정서적으로 어떤 특성을 가지는지 고찰하고자 했다. 이와 함께 공공미디어 분야에 활용되고 있는 새로운 광고PR 전략을 살펴보기도 했다. 또한 산업경제적 분야에서 최근 화두로 떠오르고 있는 ESG와 가치공유 개념이 적용된 광고PR에 대해 살펴보고자 시도했다.

이상의 논의를 두 권의 책 『AI·메타버스 시대의 기술적·인문사회적 광고PR 전략』과 『AI·메타버스 시대의 산업경제적 광고PR 전략』으로 완성했다. 이 책들은 저술에 참여한 저자 고홍석·김성원·김활빈·문원기·박노일·박병규·부수현·정지연의 지혜와 헌신이 있었기에 결실을 맺을 수 있었다. 광고PR 학계와 관련 업계의 많은 사람들이 AI와 메타버스가 광고PR과 어떻게 접목되고 활용되며, 전략적 가치를 지닐 수 있을지 이야기하고 토론하는 데 이 책이 촉매제가 되기를 바란다. 글을 쓰기 위해 고민하고 노력해 주신 저자분들과 출판 사업을 기획하고 차질 없게 추진해 주신 한국광고PR실학회 홍문기 회장님, 책이 출간될 수 있도록 많은 도움을 주신 한울엠플러스(주) 관계자분들께 감사드린다. 또한 학문적 아이디어와 통찰력을 불어넣어 주고 격려를 아끼지 않는 선후배, 동료 학자들, 가족에게 감사하는 마음을 전한다.

2022년 11월
저자를 대표하여 김활빈

1장

광고PR 관점의
인공지능 개념 이해와 응용

박노일·정지연

01
들어가며

　현재 우리는 이른바 'AI 퍼스트(first) 시대'에 살고 있다. 4차 산업혁명 시대의 핵심 기술은 단연 인공지능이라는 말이다. 실제 다수의 연구자와 전문가들은 인공지능이 인류에게 불(fire)과 전기(electricity) 발명과 같은 획기적인 기술로 비즈니스 세계를 변화시키고 있다고 강조한다(안명옥, 2021; Eliaçik, 2022.5.6; Forsbak, 2022.5.25; Ng, 2019.2.21). 글로벌 설문조사나 각종 보고서에 따르면 전 세계의 거의 모든 기업체의 최고경영자들은 인공지능을 가장 중요한 기술로 바라보고 있으며, 관련 산업도 급성장하고 있다(김진형, 2020; Rao and Greenstein, 2021; Rimol, 2022.5.18; Technavio, 2021). 우리 일상에서도 테슬라(Tesla)의 자율주행차가 돌아다니고, 식당에서는 로봇이 서빙을 하고, 스마트폰의 얼굴인식과 카카오 챗봇 등 인공지능 기술이 탑재된 모습을 보면 인공지능 시대가 이미 와 있음을 체감할 수 있다.

　커뮤니케이션 현장도 인공지능 기술을 흡수하여 진화 중이다. 인간만이 창의적인 콘텐츠를 생산할 수 있다는 고집은 이제 버려야 한다. 인공지능이 수학 문제를 푸는 데만 뛰어난 것이 아니라, 그림을 그리고 소설과 뉴스 기사를 쓰는 것은 물론이고 최신 패션을 디자인하며, 광고 콘텐츠까지 만들어내고 있기 때문이다(박원익, 2022; Sung et al., 2020). 실제 콘텐츠 창작 분야에서는 '넥스트 렘브란트(The Next Rembrandt)' 프로젝트(Westhoff, 2020. 4.21)나 AI 이미지 생성기인 '미드저니(Midjourney)'가 그린 〈Space Opera Theater〉 작품이 수상(Metz, 2022.9.3)히는 등 인공지능이 인간처럼 창의성을 발휘하고 있다(김병희, 2022.7.26; Li, 2019; Rodgers, 2021). 저널리즘 분야에서는 이미 로봇 기자가 활동 중이다. 'e2BOT', 'IamFNBOT', '나리(NARe)', '드림라이터(Dreamwriter)', '워드스미스(Wordsmith)', '퀘이크봇(Quakebot)' 등의 로봇 기자가 금융분석, 재난 속보, 스포츠 경기, 선거 보도 등 여러 방면에서 맹활약하고 있다(강우규, 2019; 이준환, 2016; 임화섭, 2017; Associated Press, 2016.6.30; Colford, 2014.6.30; Quakebot, 2022.6.2; Peiser, 2019.2.5; Wurzer, 2021.3.25). 위기 커뮤니케이션 분야에서도 인공지능을 활용한 위기 지능(crisis intelligence) 기반의 PR 활동을 전개하기도 하며(O'Connor, 2017.4.3; Zignal Labs, 2018), PR 상황이나 쟁점에 가장 적합한 언론인을 인공지능 알고리즘으로 매칭하기도 한다(Interdependence Public Relations, 2022).

인공지능을 응용한 광고PR 실무의 변화는 거침이 없지만, 광고PR학 차원에서 인공지능을 살피는 연구는 태동 단계에 있다(박노일·정지연, 2021; Galloway and Swiatek, 2018). 지금까지 진행된 선행연구들을 보면, 국제 광고 학술지인 *Journal of Advertising*이 2019년에 'Artificial Intelligence and Advertising'이라는 특별호(Special Section Introduction)를 발행하고, 2021년에는 'Themed Issue Introduction'을 통해 AI와 광고의 미래를 학술적으로 조명했다(Li, 2019; Rodgers, 2021). 국내 연구자들도 2016년 알파고와 이세돌 대국 이후 PR 실무자의 인식을 탐색하기도 했으며(김대원·김범진, 2016), AI 전문가 10명을 대상으로 광고, PR 및 미디어 분야의 AI 활용 가능성을 인터뷰한 연구도 있다(차영란, 2018). 이 외에도 박대민(2021)이 인공지능 학습 데이터 구축 현황과 PR 분야의 활용 가능성을 제안하기도 했다. 이러한 대부분의 선행연구는 인공지능에 대한 두려움(AI anxiety)과 함께 광고, PR, 마케팅 등 커뮤니케이션 실무의 응용 가능성을 크게 평가하고 있다(안명옥, 2021; Alawaad, 2021; Chittick, 2022.1.5; Johnson and Verdicchio, 2017; Ledro, Nosella and Vinelli, 2022). 하지만 급변하는 인공지능의 광고PR 실무 응용 동향이나 현황을 점검하고 커뮤니케이션 학자의 관점에서 인공지능의 핵심 원리를 소화한 연구를 찾기는 어렵다.

물론 인공지능 기술의 활용과 쟁점을 주목하는 선도적인 AI 활용 미디어 연구들이 등장하고 있지만(예, 윤호영, 2021), 인문사회학 배경의 광고PR 연구자가 인공지능을 활용한 연구를 진행하기가 상대적으로 쉽지 않은 실정이다. 컴퓨터 프로그래밍 개발자가 아닌 비전공자(인문사회과학자)가 인공지능 알고리즘을 체화하고 독립적으로 프로그래밍할 수 있는 데 한계가 있기 때문이다(김정환·박노일, 2022). 그러나 갤러웨이와 즈비아텍(Galloway and Swiatek, 2018)은 커뮤니케이션 연구자와 실무자 모두가 IT 기술 전문가가 될 필요는 없다고 짚어주었다. 박노일과 정지연(2021)도 AI에 관한 적절한 수준의 이해도 혹은 AI 이용 효능감(AI Use Self-Efficacy)을 가질 수 있는 기초적인 개념 원리를 충실히 파악하고 있다면, 필요에 따라 AI 개발자나 전문가와 협업하여 원하는 목표를 달성할 수 있다고 강조했다.

이러한 배경에서 이 장은 광고PR 실무의 인공지능 응용 동향을 살펴보면서, 커뮤니케이션 연구자와 실무자, 또는 학부생 및 대학원생이 알아야 하는 기초적인 개념을 소개하고자 한다. 구체적으로 렘브란트 프로젝트와 인공지능이 그린 〈Space Opera Theater〉 작품의 수상, 인공지능이 제작한 클로렛츠(Clorets) 껌 광고, 인공지능 광고모델인 로지(Rozy), 그리고 나이키(Nike)의 콜린 캐퍼닉(Colin Kaepernick)과 'Just Do It' 캠페인 쟁점 분석 사례 등을 통해 인공지능의 광고PR 실무에의 영향과 응용 동향을 공유하고자 한다. 이어서 광고PR 커뮤니케이션 연구사들이 기초적으로 알아야 하는 인공지능의 개념과 유형 분류, 인공 신경망(ANN), 합성곱 신경망(CNN), 순환 신경망(RNN), 생성적 대립 신경망(GAN) 등을 간략히 소개하고자 한다. 이렇게 인공지능 기반의 광고PR 실무 동향을 살피고, 광고PR 전공자들이 알아야 하는 기초적인 인공지능의 개념과 원리를 정리하는 작업은 인공지능을 응용한 광고PR 분야의 실무적, 학술적 발전의 토대가 되는 지식을 공유한다는 데 의미가 있다.

02
광고PR의 인공지능 실무 응용

1. 인공지능의 크리에이팅과 광고모델

광고PR 커뮤니케이션 실무는 빠르게 인공지능 시대를 맞이하고 있다. 흔히들 인공지능 시대가 도래하더라도 인간만이 보유할 수 있는 고유한 능력 중 하나가 창의성이라고 한다(조병익, 2018). 모라벡의 역설(Moravec's Paradox)은 컴퓨터 알고리즘이 고난도의 공학 문제나 수학 연산에 출중한 실력을 발휘하지만, 인간처럼 간단한 움직임이나 새로운 결과물을 만들어내는 데는 맥을 못 춘다는 의미이다(Rotenberg, 2013). 아무리 컴퓨터의 인공적인 지능이 높아지고 성능이 좋아져도 창의성만은 인간이 가진 고유한 영역으로 영원할 것이라는 전망의 근거이기도 하다. 하지만 최근 인공지능이 발휘하는 콘텐츠 제작 결과물을 보면, 모라벡의 역설이 무색하다. 우리 주변의 일상에서 쉽게 볼 수 있는 테슬라의 자율주행차, 카카오 챗봇, 스마트폰의 얼굴인식 등은 모두 인공지능의 산물이다(김진형, 2020; 장동인, 2022; SAS, 2022). 인공지능이 현실의 다양한 데이터를 분석하여 예측, 추론, 판단하는 능력에 더해(박노일, 2022; Li, 2019) 시, 그림, 소설은 물론, 패션 디자인과 광고 시나리오 및 광고 콘텐츠까지 만들고 있다는 사실은 놀랍기 그지없다(박원익, 2022; Sung et al., 2020).

〈그림 1-1〉의 '넥스트 렘브란트'는 인간만이 가졌다고 하는 고유한 특성인 창의성에 인공지능이 도전하고 있는 대표적인 사례이다. 네덜란드 화가 렘브란트(Rembrandt Harmenszoon van Rijn, 1606~1669)의 작품은 3300만 달러의 경매 가치를 가질 정도로 유럽 미술사에서 중요하다. 2016년 ING 그룹은 전통적인 산업군에 속한 자사의 이미지를 혁신과 도전 정신을 가진 기업 브랜드로 발전시키고 싶어 했다. 이를 위해 글로벌 마케팅 회사

그림 1-1 넥스트 렘브란트가 딥러닝을 이용해 그려낸 3D 렘브란트 초상화

자료: news.microsoft.com/europe/features/next-rembrandt.

인 JWT(J. Walter Thompson)를 통해 네덜란드의 가장 상징적인 예술가인 렘브란트의 작품을 혁신적인 딥러닝 기술로 복원하는 프로젝트를 후원했다. 흥미롭게도 이 프로젝트는 350여 년 전의 렘브란트를 되살려 렘브란트의 화풍으로 렘브란트 자신의 초상화를 3차원의 유화로 그려내는 작업이다. 이 프로젝트의 진행을 위해 JWT는 마이크로소프트(Microsoft)와 협업하여 18개월 동안 렘브란트의 작품 346개를 디지털화하고, 6000개 이상의 얼굴 이정표 등을 토대로 3D 형식의 렘브란트 초상화를 만들어냈다(Microsoft, 2016. 4.13). JWT가 이끄는 이 프로젝트는 칸 국제광고제(Cannes Lions)를 포함하여 60개 이상의 광고상을 받았다. 또한 이 캠페인은 2000여 개의 신문 및 잡지의 1면을 장식하는 등 약 18억 개의 미디어 임프레션(media impressions)을 창출했다(Westhoff, 2020.4.21).

그림 1-2 AI 생성기인 미드저니로 그린 〈Space Opera Theater〉

자료: edition.cnn.com/2022/09/03/tech/ai-art-fair-winner-controversy/index.html.

2022년의 최근 사례도 있다. 〈그림 1-2〉는 제이슨 앨런(Jason M. Allen)
이 AI 이미지 생성기인 미드저니로 그려낸 작품인 〈Space Opera The-
ater〉이다. 이 작품은 콜로라도주가 주관한 순수예술경연대회(Colorado
State Fair Fine Arts Competition) 신진예술 부문에서 1위를 차지했다(Metz,
2022.9.3). 미드저니는 텍스트 키워드 데이터를 입력하면 내용을 이미지로
형상화해 주는 인공지능 알고리즘으로 주로 판타지나 초현실적인 예술작
품을 만드는 데 성능이 좋다(이한선, 2022.7.19). 앨런이 어떤 텍스트 키워드
를 입력했는지는 알 수 없으나, 〈Space Opera Theater〉는 상상 속에 있
을 법한(저 먼 훗날 저 멀리 떨어진 우주 공간에서 볼 수 있을 듯한) 오페라극장을 몽
환적으로 잘 보여주고 있다. 앨런이 제출한 작품이 AI가 만든 것인지 모
르고 심사에 참여해 1위 평가 점수를 주었던 칼 듀런(Cal Duran)은 AI 기술
이 더 많은 사람들에게 예술에 입문할 기회를 줄 것이라고 말했다(Metz,

2022.9.3). 이렇게 ING 그룹과 JWT의 단일 프로젝트인 인공지능의 창작 가능성을 캠페인성으로 구현한 넥스트 렘브란트뿐만 아니라, AI가 만든 〈Space Opera Theater〉 작품의 우승 소식은 창작에 대한 논란을 더욱 부추겼다. 그림을 그리는 데 예술가가 붓질 한 번 하지 않은 작품이 우승을 차지하는 것이 정당한지와 AI가 만든 그림을 예술로 볼 수 있는지에 관한 논쟁이다(김지연, 2022.9.4).

어쨌든 넥스트 렘브란트 프로젝트는 물론, AI가 그린 〈Space Opera Theater〉 작품의 수상은 인공지능이 가진 창작의 힘을 보여주는 진정한 사례로서 의미가 크다. 일부에서는 창의성 논란도 있지만, 인공지능은 단순한 창작의 도구 수준을 넘어서고 있다. 통상 광고 크리에이티브를 위한 창의성이 은유나 비유, 차용 또는 연결을 통해 과학적인 사실에 예술적 가치를 부여하는 콘텐츠 창조 작업이라고 한다면(안대천 외, 2021), 인공지능이 인간처럼 창의성을 발휘하여 예술작품을 만들어낼 수 있다는 사실은 광고 크리에이팅 실무에 적지 않은 충격을 준다(김병희, 2022.7.26; Rodgers, 2021). 일반적으로 사람의 심리적 반응을 이끌어내야 하는 광고 개발은 크게 메시지 전략(What to Say), 매체 전략(Where to Say), 크리에이티브 전략(How to Say) 등 세 가지 영역으로 구분한다(김요한·이명천, 2022). 이 중 인공지능이 대체하기 어려운 분야가 광고 크리에이티브 영역이었기 때문이다. 다음의 사례는 광고 실무에서 일어나고 있는 인공지능의 파괴적 혁신을 구체적으로 보여준다.

〈그림 1-3〉은 2016년 일본의 껌 브랜드 클로레츠(Clorets)의 광고 크리에이티브에 대한 인간과 인공지능의 대결을 보여준다. 광고의 주제는 "빠르게 입을 상큼하게, 10분 동안 오래가는"이라는 메시지를 반영해야 했다. 첫 번째 인공지능이 제작한 광고는 도심 한복판의 지친 개가 어

그림 1-3 인공지능과 인간 크리에이터가 제작한 클로레츠 껌 광고 비교

• 인공지능이 제작한 광고

• 인간이 제작한 광고

자료: https://www.youtube.com/watch?v=rDEBTmYd-EY&t=1s; https://www.youtube.com/watch?v=6DJgC_j2xiw.

두운 도시 길바닥에 엎드려 좌절하고 있다가 클로레츠 껌을 씹은 후 상쾌한 껌의 맛에 감탄하여 하늘로 날아오르는 내용을 담고 있다. 인간이 제작한 두 번째 광고는 한 여성이 푸른 하늘 아래서 클로레츠 껌을 씹은 후 커다란 흰 도화지에 붓으로 "입을 상큼하게 10분 동안 오래감"이라고 문구를 적음으로써 청량감과 상쾌함을 강조한 광고이다. 하나의 광고 주제에

대한 인간과 인공지능의 창의성 대결 결과는 어땠을까? 근소한 차이로 인간이 이겼지만(54%), 인공지능도 많은 표(46%)를 얻었다(이주현, 2022.2.17).

이 외에도 중국의 최대 전자상거래업체 알리바바(Alibaba)도 초당 2만 줄의 광고 카피를 쓰는 AI 카피라이터를 선보였는데, 튜링 테스트(Turing test)도 통과했다고 한다(김명희, 2018.7.4). 인공지능이 작성한 대본대로 도요타 자동차의 신형 렉서스 ES를 광고로 제작한 사례도 있는데(곽노필, 2018.11.20), 특히 일본의 덴쓰(Dentsu)의 'AI 미라이(AI Mirai)' 팀의 활약은 광고와 마케팅 분야의 인공지능 활용도를 잘 보여준다. 인공지능의 미래 (Mirai)라는 뜻을 가진 AI 미라이 팀은 전사적이며 통합적인 팀(cross-department task force team)으로 마케팅, 비즈니스 개발, 크리에이티브 등 다양한 분야의 직원 100명으로 구성된 그룹이다. AI 미라이 팀은 AI 카피라이터인 'AICO', TV 시청률 예측 AI 알고리즘인 'SHAREST', 마케팅 AI인 'MAI' 등 AI 기반의 광고 마케팅 솔루션을 제공하고 있다(Adobo magazine, 2019.2.19). 덴쓰는 AI 광고 카피 생성 시스템(automatic copy generation system for digital advertisements) 'Direct AICO', 배너광고 제작에 특화된 어드밴스드 크리에이티브 센터(ACC: Advanced Creative Center) 등 광고 실무의 AI 활용도를 계속해서 높이고 있다(이주현, 2022.2.17; Adobo magazine, 2019.2.19). 2022년 기준, 전 세계적으로 실무에서 활용하고 있는 카피라이팅 AI 소프트웨어는 카피 닷 ai(Copy.ai), 카피스미스(Copysmith), 제스퍼(Jasper), 프레이즈(Frase), 애니워드(Anyword), 라이트소닉(Writesonic), 라이트크림(Writecream) 등이 있다(Cotter, 2022.10.13). 인간의 고유 영역으로만 여기던 광고 크리에이티브 영역이 이렇게 깨지고 있다.

광고모델도 인공지능이 만든 가상 인간으로 인간을 대체하는 추세이다. 〈그림 1-4〉처럼 미국에서 모델로 활동하는 대표적인 가상 인간인 릴

그림 1-4 가상 인간 모델

주: 왼쪽부터 릴 미켈라(미국), 오로지(한국), 화즈빙(중국), 이마(일본).
자료: 릴 미켈라, 오로지는 인스타그램, 화즈빙, 이마는 유튜브.

미켈라(Lil Miquela), 한국의 로지(Rozy), 중국의 화즈빙(華智冰), 일본의 이마(IMMA)가 있다. 한국의 로지는 신한생명의 광고모델로 활동했다. 우리말 '오로지'에서 따온 로지는 모델료 10억을 받는 22세의 여성이면서, 24시간 일할 수 있는 가상 인간이다. 로지는 사람처럼 실제로 SNS 계정을 운영하고 있다. 여행하고, 먹고, 운동하는 일상을 인스타그램(rozy.gram)에 공유하고 있는 로지는 2022년 8월 기준 팔로워가 약 14.5만 명인 가상 인플루언서(virtual influencer)이다. 각국의 인공지능 광고모델 시장은 매년 성장하는 추세이다. 가상 인간 모델은 인간 모델과 달리, 불미스러운 사생활이나 스캔들로부터 자유롭고 시간과 장소에 구애받지 않고 일할 수 있는 장점이 있기 때문이다(김승한, 2021.10.4).

　이렇듯 인공지능이 창작을 한다는 사실과 광고모델로 등장하는 상황은 창의성 개념에 대한 도전과 함께 광고산업 전반에 큰 충격을 주었다(김승한, 2021.10.4; 이희복, 2019; 조병익, 2018; Rodgers, 2021). 하지만 인공지능이 광고 제작을 대신하거나 광고모델로 등장하는 등 광고 업무 자체가 AI로 대체될 것이라는 전망에도 불구하고, 커뮤니케이션 실무의 모든 일을 인공지능이 대체하기는 어려울 것이다(Roetzer and Kaput, 2022). ≪LA타임스≫의 퀘이크봇이 미국지실소사국(U.S. Geological Survey)의 재난 정보를 토대로 실시간 기사를 작성하지만, 기사의 시의성과 최종 발송 승인은 편집국 기자의 검토를 통해 진행되는 저널리즘의 과정과 같이(이준환, 2016; Quakebot, 2022.6.2), 인공지능은 콘텐츠 크리에이팅 실무의 업무를 보조하거나 실무자가 본질적인 작업에 더욱 심층적으로 집중할 기회를 줄 수 있다. 실제로 광고 실무자가 인공지능 알고리즘을 토대로 광고기획과 크리에이팅에 필요한 기초적인 데이터와 인사이트를 실시간으로 활용할 수 있다는 점은 광고 실무의 진행 속도를 높여준다(홍윤정, 2019.1.8). 이뿐만 아니라 광고 제작에 필요한 초안도 인공지능이 바로 제작해 줄 수 있다. 예를 들면, 한국방송광고진흥공사(KOBACO)의 아이작(AiSAC: A.I. System for Ad Creation, AI 기반 광고 창작 지원 시스템)을 활용하여 광고 스토리보드를 제작하고 있고(박노일·정지연, 2021), 구글의 AI 검색 기술인 '멀티태스크 통합 모델(MUM: Multitask Unified Model)', 오픈AI(OpenAI)의 '달리(DALL-E)', 카카오브레인의 '민달리(minDALL-E)' 등도 잘만 활용하면 크리에이팅에 필요한 영상 이미지를 쉽게 창작할 수 있다(박원익, 2022).

2. 인공지능의 공중관계 컨설팅

광고 실무가 인공지능 기술을 적극적으로 수용하여 광고의 효용성을 높이려는 시도처럼, PR 분야에서도 인공지능을 적극적으로 받아들이고 있다. 실제 PR 실무는 인공지능을 활용하여 온라인 공간의 여론 모니터링과 쟁점 추적, 미디어 공중 식별, 실시간 PR 메시지의 생산은 물론 위기 지능 기반의 위기 커뮤니케이션을 도입하고 있다(Alawaad, 2021; Interdependence Public Relations, 2022; Ledro, Nosella and Vinelli, 2022; NewsWire, 2016.3.29; O'Connor, 2017.4.3; Zignal Labs, 2018). 예를 들면 미국의 '인터디펜던스 PR(Interdependence Public Relations)'은 보유 중인 'Interviewed™' 기술을 이용하여 클라이언트 브랜드와 잘 부합하는 키워드 50개를 선별하고, 이를 토대로 시의성 있는 뉴스 미디어 기사 작성에 가장 적합한 언론인을 실시간으로 연결해 주는 소위 인공지능 기반 언론인 큐레이팅 서비스를 제공하고 있다(Interdependence Public Relations, 2022). 뉴스와이어(NewsWire, 2016.3.29)도 PR 실무자가 커뮤니케이션해야 할 최적의 언론인을 AI를 활용하여 식별하고, 보도자료를 배포해 주는 서비스를 진행하고 있다. 이제 PR 실무는 인공지능 기술을 떼어놓고 말할 수 없는 시대로 진입하고 있다.

PR 실무가 인공지능을 주목할 수밖에 없는 이유 중 하나는 소셜미디어를 중심으로 다변화하고 있는 온라인 커뮤니케이션과 저널리즘 환경의 변화이다(강우규, 2019; 정현, 2017.4.15; Eliaçik, 2022.5.6; Forsbak, 2022.5.25; Türksoy, 2022). 저널리즘은 시대와 매체 환경이 변화함에 따라 진화를 거듭해 온 동적인 개념이지만, 2000년대 초반부터 블로그, 유튜브 등 1인 미디어 채널의 등장으로 저널리즘 행위 주체의 다변화와 여론 형성의 양상은 이전과 다른 속도로 변화했다(박노일·윤영철, 2008). 전문직 언론인이 아닌 1인 미디어의 운영 주체인 일반 시민도 영향력자(influencers)로서 온라인 공간의 여론 형성에 강력한 영향을 행사할 수 있기 때문이다(박노일, 2008, 2010).

따라서 다양한 미디어 주체들이 특정 쟁점이나 스토리를 글로벌하게 생산·공유하는 등 24시간 잠들지 않으며 기하급수적으로 많은 양의 정보를 생산·공유·확산하는 소셜미디어 공간은 조직체가 반드시 호흡을 같이 해야 할 커뮤니케이션 플랫폼이다(박노일, 2008; Domo, 2019; Türksoy, 2022). 그러나 PR 실무에서 일반인 모두가 잠재적인 미디어 공중으로서 자신의 의견을 표출할 수 있는 소셜미디어 플랫폼을 유효 적절히 모니터링하고 급변하는 상황에 맞춘 전략적인 커뮤니케이션을 실시간으로 집행하기란 쉽지 않은 일이다(Park and Jeong, 2011). 이러한 PR 실무의 난제를 인공지 능이 해결할 기회를 주고 있다. PR 실무는 인공지능을 활용하여 소셜미디 어가 생산하는 빅데이터를 소셜 리스닝(social listening) 등으로 분석할 뿐 만 아니라 경쟁자, 핵심 공중, 언론인을 빠르고 정확하게 식별함으로써 실 제 실행 가능한 인사이트와 대응 전략을 정교하게 수립할 수 있기 때문이 다(Ardila, 2020; Garret, 2018.11.4; Roetzer and Kaput, 2022).

저널리즘 실무가 인공지능과 함께 거스를 수 없는 진화의 길을 가고 있 듯이(강우규, 2019; 윤인아, 2018; Túñez-López, Fieiras-Ceide and Vaz-Álvarez, 2021), PR 분야도 적극적으로 인공지능 기술을 이해하고 실무에 활용할 필요성을 자각하고 있다(차영란, 2018; SHIFT Communications, 2022; Türksoy, 2022; Weiner and Kochhar, 2016.4.7). 인공지능 시대는 전통적인 미디어는 물론 소셜미디어가 24시간 쏟아내는 수많은 데이터를 적절히 관리하며, 온라인 공간의 여론 동향을 파악하고 신속하고 정교하게 대응할 수 있 는 인공지능 기반(AI-based/AI-assisted)의 전략 커뮤니케이션 실무 역량을 요청하고 있기 때문이다(박노일·정지연, 2021; Liew, 2021; Panda, Upadhyay and Khandelwal, 2019; Rangaiah, 2021.8.27). 실제로 거의 모든 기업체의 최고 경영자가 인공지능 기술을 최우선 순위로 주목하고 있으며(Rao and Greenstein, 2021), PR 실무자들도 전통 미디어는 물론 소셜미디어 공간에 서 양산되는 많은 비정형 데이터 소스를 분석하고 여론의 동향을 모니터링하는 도구로서 인공지능의 활용도를 높게 평가하고 있다(Chartered Institute of Public Relations, 2022). 따라서 PR 실무가 인공지능 기술의 요체를 체화하거나 데이터 사이언스 분야의 전문가와 협업하여 인공지능 기반 또는 인공지능 활용 형태의 전략 커뮤니케이션을 실행해야만 하는 시대임은 틀림이 없다.

사실 인간이 지닌 감정의 복잡성을 고려할 때, 텍스트의 감정을 분석한다는 일은 까다로운 작업이다. 그러나 PR 실무는 여론의 동향을 파악하고 공중의 태도와 행동을 예측하기 위해 사람들의 정서적 상태를 파악해야 한다(Coombs and Holladay, 2002; Fink, 2013). 통상 PR 실무자가 소셜미디어를 모니터링하기 위해서는 자사 혹은 클라이언트의 브랜드가 언급된 횟수, 포스팅 글의 공유와 긍정·부정 강도 및 미디어 이용자 정보 등을 살핀다(박노일, 2010; Park and Jeong, 2011). 이러한 정보 수집 자체도 쉽지 않은 일이다. 하지만 인공지능 알고리즘은 정보 수집뿐만 아니라 추가적인 능력을 발휘한다. 인공지능은 온라인 포스팅 글의 양적인 데이터뿐만 아니라 이용자의 개별 행동, 선호도, 관심사에 관한 질적인 정보를 추출하는 능력도 보유하고 있다(SHIFT Communications, 2022; Zignal Labs, 2018).

이른바 인공지능을 활용한 감정 분석(interpreting emotions using sentiment analysis)은 온라인 공간에서 공유되는 포스팅 콘텐츠의 정서적 상태를 긍정 또는 부정으로 분석한다(Cambria et al., 2019). 이렇게 꽤 도전적인 공중의 감정 분석 작업을 지그널 랩스(Zignal Labs)는 실제로 약 80%의 정확도로 진행하고 있다고 한다(Ardila, 2020). 시간이 가면 갈수록 정확도는 더욱 높아질 것이다. 전 세계적으로 거의 모든 기업체의 최고경영자와 마케팅 PR 실무자가 인공지능을 주목하는 이유는 이러한 파괴적이고 혁신적인 전략 커뮤니케이션 분야의 능력과 잠재력 때문이다(Rimol, 2022.

5.18; Technavio, 2021; Weiner and Kochhar, 2016.4.7). 하지만 다음의 사례는 인공지능을 활용한 PR 실무 응용과 함께 여전히 PR 전문가의 역할이 필요함을 말해 준다.

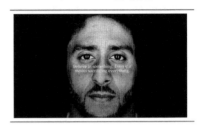

그림 1-5 콜린 캐퍼닉의 얼굴을 확대한 나이키 'Just Do It' 캠페인 광고

2018년 9월 3일, 나이키는 〈그림 1-5〉와 같이 자사의 'Just Do It' 캠페인의 30주년을 맞아 미국 미식축구 리그(NFL: National Football League)의 샌프란시스코 포티나이너스의 쿼터백이었던 콜린 캐퍼닉을 새로운 모델로 발탁했다고 발표했다. 그러나 캐퍼닉이 2016년 8월 경기에 앞서 흑인과 소수자에 대한 경찰의 강압적 행위에 항의하는 표시로 미국 국가가 연주되는 동안 일어서기를 거부했던 정치적 표현이 문제가 되었다(Biography.com, 2017.12.6). 캐퍼닉의 정치적 항의의 표현과 관련하여 당시 도널드 트럼프(Donald Trump) 미국 대통령이 미국 국가가 연주될 때 일어서지 않고 무릎을 꿇은 NFL 선수들을 해고할 것을 주장하면서 이 사건은 정치적으로 크게 점화되었다. 나이키는 자사의 핵심 캠페인 'Just Do It'의 30주년을 기념하는 주인공으로 정치적 논란의 중심이었던 캐퍼닉을 발탁함에 따라, 나이키 브랜드에 관한 관심 증가(온라인에서 나이키 브랜드의 언급 빈도 1400% 증가)와 함께 뜨거운 찬반 논쟁의 대상이 되었다.

당시 나이키의 커뮤니케이션 팀의 대응을 보면 흥미롭다. 캐퍼닉의 정치적 행동을 비난하는 사람들은 나이키 브랜드에 대한 보이콧 행위를 #BoycottNike, #JustDontDoIt 등과 같은 해시태그(hashtags)로 온라인 여론을 지배하는 듯 보였다. 나이키의 PR 실무 입장에서 보면, 매우 난감했을 것이다. 실제 나이키의 커뮤니케이션 팀이 활용한 '크림슨 헥사곤-5 (Crimson Hexagon-5)'라는 인공지능 기반의 자연어 분석 시스템도 나이키의 'Just Do It' 캠페인에 대한 여론이 부정적이라고 분류했다(Ardila, 2020). 온라인 공간 속에서 사람들이 작성하거나 표현한 텍스트에서 감정의 상태를 인공지능으로 분석한 작업은 주로 문장 내 형용사와 명사의 조합이 가진 의미를 학습한 결과이다(이기창, 2021). 문제는 인공지능이 특정 쟁점이나 문제 상황에서 부정적인 소수 단어의 의미에 가중치를 줄 가능성이 크기 때문에, 인간이 데이터의 속성을 이해하고 인공지능의 학습과 훈련 데이터를 분할하거나 분석 모형의 매개변수(parameter) 값 등을 직접 조율할 필요가 있다(김정환·박노일, 2022).

나이키의 커뮤니케이션 팀은 인공지능이 온라인 공간의 자연어 분석으로 제시한 결과를 수정·조율함으로써 인공지능을 활용하되, PR 전문성의 의미를 되짚어 주었다. 실제로 〈그림 1-6〉은 나이키의 커뮤니케이션 팀이 '크림슨 헥사곤-5'가 단순하게 중립으로 분류했던 572만 4721개의 게시글을 다시 검토한 후 '콜린 캐퍼닉'과 'Just Do It' 캠페인 간의 여론을 분석한 워드 클라우드 결과이다(Ardila, 2020). 온라인 공간에서 언급된 빈도 순위로 크기를 다르게 하여 중요도를 시각화한 워드 클라우드에서 부정적인 키워드인 'Boycott', '#BoycottNike'는 주변부에 머물러 있고, 오히려 'nike', 'kaepernick', 'black', '#justdoit' 등이 언어의 강도와 크기 면에서 중심부를 차지하고 있음을 알 수 있다. 즉 나이키의 'Just Do It' 캠페인과 콜린 캐퍼닉의 워드 클라우드 분석 결과를 보면, 부정적인 여론은 지엽적이며 오히려 전반적인 여론은 나이키에 호의적임을 확인할 수 있다. 실제로 'Just Do It' 캠페인과 콜린 캐퍼닉 사례에 대한 공중의 태도를 분석한 학술 연구에서도 흑인이며 여성일수록, 또 정치적으로 진보적인 성향인

그림 1-6 나이키의 'Just Do It' 캠페인과 콜린 캐퍼닉의 워드 클라우드 분석 결과

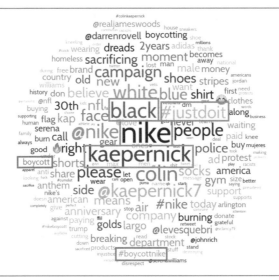

자료: Ardila(2020: 37).

사람들이 나이키 캠페인을 적극 지지한 것으로 나타났다. 또한 나이키의 캐퍼닉 광고에 대한 전체적인 평가(5점 척도)는 3.402(*SD*=1.271), 나이키 광고가 사회적 이슈에 대한 목소리를 내는 것에 대한 평가도 3.520(*SD*= 1.152)으로 나타나 전반적으로 태도는 중립적임을 알 수 있었다(Intravia et al., 2020).

이러한 나이키의 커뮤니케이션 팀의 인공지능 기반 정보에 대한 수정과 개입은 실무적으로 의미하는 바가 있다. 인공지능 기술이 현장의 실무를 완전하게 대체하기보다는 빠르고 신속하게 또 자동으로 쟁점 상황 관련 데이터를 수집하고 의미를 부여해 줄 수 있지만(Garret, 2018.11.4), 여전히 PR 실무자가 인공지능 기술을 이해하고 PR 전문성을 겸비해야 함을 시사한다. 이를 뒷받침하듯 갤러웨이와 즈비아텍(Galloway and Swiatek,

2018)은 인공지능 기술이 PR 실무 운영을 완전히 대체하지 못할 것이라고 내다보면서, PR의 공중관계 활동에 관한 최적의 컨설팅 역량을 발휘할 수 있는 우수한 PR 전문성을 갖추는 것과 동시에 인공지능에 관한 이해도를 높여야 한다고 강조했다. 박노일과 정지연(2021)도 인공지능 기반의 PR 실무 응용의 중요성을 강조하면서도 인공지능이 내뱉는 정보의 의미를 PR 전문성으로 해석할 수 있어야 하며, 소위 인공지능 기술 이용에 관한 효능감을 높일 수 있는 학습이 필요함을 강조했다.

전술한 바와 같이 요즘은 인공지능이 미디어 콘텐츠를 제작할 수 있는 창작 능력을 발휘하고 있고, 또 수많은 온라인 데이터를 실시간으로 분석하여 PR 실무에 필요한 인사이트를 도출하고 있다. 실제로, 언론인이 로봇 기자와 협업하고(Hendrickson, 2019.11.12), 광고 크리에이터가 인공지능으로부터 영감을 얻을 수 있으며, PR 실무자는 인공지능이 자동적이며 실시간으로 수집해 주는 데이터를 활용할 수 있는 시대이다(강우규, 2019; 박원익, 2022; 장동인, 2022; Forsbak, 2022.5.25; Ledro, Nosella and Vinelli, 2022; Liew, 2021). 실제로 퀘이크봇이 인간 편집자와 협업하여 훨씬 빠르고 정확하게 재난 상황을 보도할 수 있는 것처럼(Colford, 2014.6.30), 광고 실무자도 콘텐츠 제작에 앞서 자료조사와 소재 발굴 등을 인공지능에 맡기며 함께 상생하는 길을 찾을 수 있다(홍윤정, 2019.1.8). 결국, 자동화한 인공지능 시스템이 제공하는 데이터의 의미를 설명 가능한 형태로 소화하는 작업은 인간의 몫이다. 제아무리 통계적으로 분명한 정책이나 아이디어라도 소비자의 이익에 반하거나, 도덕적, 윤리적 가치 충돌을 고려하지 않는다면 생명력이 짧은 커뮤니케이션 전략이 되기 때문이다. 따라서 광고PR 등 전략 커뮤니케이션 분야의 실무자와 학계의 연구자들은 자신들의 전문지식(domain knowledge)과 함께 인공지능 기술에 관한 이해도를 높여나가야 한다.

03

인공지능의 개념과 원리 이해

1. 인공지능의 개념과 분류

광고PR 연구자는 물론 실무자들도 인공지능의 원리를 이해하는 것이 중요하다. 광고PR 실무에서 활약하는 인공지능 알고리즘에 대한 핵심적인 개념과 원리를 알고 있어야 IT 전문 회사나 전문가와 협업하여 인공지능 기반의 실행 가능한 커뮤니케이션 전략을 수립할 수 있기 때문이다. 따라서 이번 장에서는 광고PR 커뮤니케이션 전공자들이 반드시 알고 있어야 할 인공지능의 개념, 유형, 원리를 간략히 소개하고자 한다. 기초적이지만 이 저서가 소개하는 개념 원리를 토대로 좀 더 심층적으로 인공지능 기반의 광고PR 실무 응용과 진화 현상을 이해할 수 있을 것이다. 인공지능의 핵심적인 개념과 원리를 소개하는 목적은 광고PR 연구자들이 데이터 사이언스 등 관련한 분야의 연구자들과 협업할 수 있는 지적 토대를 마련하는 데 있다. 이미 인공지능과 관련한 개념과 원리를 파악하고 독립적으로 프로그래밍이 가능한 연구자는 이 부분을 건너뛰어도 좋다.

모든 학문이나 연구의 시작은 해당 분야의 연구자나 실무자가 공유하는 개념(槪念)이다. 한자로 개(槪)는 평미레 '개', '념(念)'은 생각 '념'이다. 즉 개념이란 어떠한 사물이나 구체적인 현상 등의 공통적인 속성을 뽑아 추상적이고 일반적인 틀로 압축 정리한 것이다. 인공지능을 개념화하기 위해서는 단어 '인공'과 '지능'의 의미를 알아야 한다. 인공은 인위적(artificial)인 것, 즉 자연적인 것이 아닌 것으로, 사람의 힘으로 만든 것(man-made)을 뜻한다. 위키백과(2022)에 따르면, 지능은 "새로운 대상이나 상황에 부딪혀 그 의미를 이해하고 합리적인 적응 방법을 알아내는 지적 활동의 능력"이다. 인공지능은 한마디로 컴퓨터가 사람과 달리 인위적으로 어떤 지적 활동의 능력을 갖추고 있음을 의미한다(박노일, 2022).

컴퓨터가 인간의 뇌처럼 어떤 대상에 대해 분석, 해석, 판단할 수 있는 지적 능력 혹은 그럴 수 있는 잠재력을 갖추고 있을 때 '인공적인 지능'을 가지고 있다고 할 수 있다. 인공지능은 인간이나 동물이 가진 자연 지능(natural intelligence)이 아닌 컴퓨터와 같은 기계(machines)가 인공적인(artificial) 지능을 구현한다는 것이다(Artificial Intelligence: Human Intelligence Exhibited by Machines). 1956년 다트머스 콘퍼런스에서 존 매카시(John McCarthy)가 처음 제안한 'Artificial Intelligence'라는 용어의 등장은 그 당시 세계 최초로 알려진 30톤짜리 범용 컴퓨터인 에니악(Eniac: Electronic Numerical Integrator And Computer) 때문이다. 지금의 전자계산기만도 못한 연산 능력을 가진 에니악이었지만, 인간보다 계산을 잘한다는 사실은 충격 그 자체였다. 우리가 흔히 쓰는 전자계산기를 보면서 인공지능을 떠올리지는 않지만 말이다. 어쩌면 요즘 등장한 인공지능 기술에 우리가 놀라는 모습을 먼 훗날 사람들이 보면 너무 하찮아 보일 수도 있겠다.

매카시에 따르면 인공지능이라는 학문은 지능을 가진 기계를 만드는 공학(the science and engineering of making intelligent machines)이다(박노일, 2022). 개념적으로도 인공지능은 컴퓨터와 같은 기계가 무엇인가를 배우고 학습(learning)해서 판단할 수 있는 주체라고 전제한다. '학습한다'는 말

그림 1-7 인공지능 분류: 지도·비지도학습과 강화학습

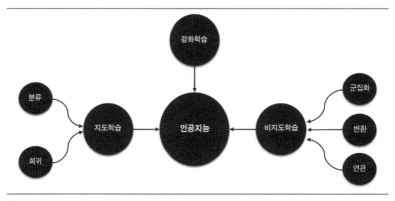

자료: opentutorials.org/course/4548/28949.

은 컴퓨터가 '생각한다', '공부한다'라는 말보다 '훈련된다'로 바꿔보면 이해가 빠르다. 즉 컴퓨터가 어떠한 문제나 과제를 풀어나가는 데 훈련을 많이 해서 문제를 잘 풀 수 있는 상태를 의미한다. 인공지능이라는 단어와 함께 흔히 등장하는 기계학습 혹은 머신러닝(machine learning), 심층학습 혹은 딥러닝(deep learning)은 개념적 위계가 있다. 인공지능이 가장 큰 개념이며 그 하위에 머신러닝, 딥러닝이 있다. 딥러닝은 머신러닝의 신경망 분석과정에 층(layers)을 더 많이 쌓아서 좀 더 심층적(deep)으로 분석하는 방식이라고 이해하면 쉽다(김정환·박노일, 2022).

컴퓨터(기계)가 학습을 통해 지적인 능력을 발휘할 수 있는 영역을 나눠보면 〈그림 1-7〉과 같이 크게 지도학습(supervised learning), 비지도학습(unsupervised learning), 강화학습(reinforcement learning)으로 구분할 수 있다. 지도학습의 '지도'란 인간이 컴퓨터를 가르친다(supervise)는 의미로 컴퓨터가 인간으로부터 가르침을 받은(supervised) 학습(훈련)을 통해 문제를 해결하는 절차를 따른다. 정답이 있는 문제를 많이 푸는 연습을 통해 문제

그림 1-8 컴퓨터 게임과 인공지능의 강화학습 개념 비교

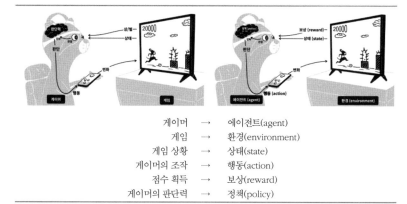

게이머	→	에이전트(agent)
게임	→	환경(environment)
게임 상황	→	상태(state)
게이머의 조작	→	행동(action)
점수 획득	→	보상(reward)
게이머의 판단력	→	정책(policy)

자료: 김정환·박노일(2022: 124)에서 재인용.

를 해결하는 이치이다. 그래서 지도학습은 과거의 데이터를 학습(훈련)하여 결과를 예측(regression)하거나 어떠한 대상을 분류(classification)하는 데에 주로 사용한다. 반면, 비지도학습은 가르침을 받지 않은(unsupervised) 학습(훈련)을 말한다. 정답과 오답이 없는 문제를 받은 상황에서 컴퓨터가 스스로 해답을 찾도록 하는 것이다. 인간의 지도를 받지 않은 비지도 상태에서 훈련하거나 학습하기 때문에, 어떠한 현상을 예측하거나 대상을 명확히 분류하기보다는 개략적으로(rough) 대상을 군집화(clustering)하거나 연관성(association)을 찾아내는 데 주로 사용된다(박노일, 2022).

강화학습은 〈그림 1-8〉과 같이 지도학습의 문제 풀이 과정과 유사한 경험을 통해 스스로 깨우침을 얻는 방법이다. 인공지능의 '에이전트(agent)'는 인터넷 게임을 하는 사람인 '게이머(gamer)'와 같이, '게임'이라는 '환경(environment)'에 들어가서 구체적인 '게임 상황'인 '상태(state)'에 맞춰 게이머가 행하는 대처 '행동(action)'을 하여 게임의 점수를 얻거나 잃는 '보상

(reward)'을 받는 경험을 반복한다. 마치 게이머의 게임 적응 능력과 판단력이 높아지듯이 수준 높은 판단 능력인 '정책(policy)'을 습득한다. 매우 잘 알려진 2016년 알파고(AlphaGo)와 이세돌의 대국에서 구글의 딥마인드(DeepMind)가 강화학습 형태의 인공지능 알고리즘으로 이세돌을 4 대 1로 이겼다. 강화학습은 행동심리학과 설득 커뮤니케이션에서 우리가 공부했던 스키너(B.F. Skinner)의 쥐 실험과 유사하다. 쥐가 보상과 처벌을 반복적으로 경험함으로써 특정한 행동을 하듯이, 컴퓨터도 보상과 처벌이라는 반복적인 경험을 통해 답을 찾아가는 원리이다. 즉 컴퓨터 스스로가 보상을 최대화하고 처벌은 최소화하는 방향으로 훈련함으로써 고성능의 성과를 달성하도록 고안한 방법이 강화학습이다. 강화학습은 사람이 직접 실험하기 어려운 시뮬레이션, 게임, 자율주행, 로보틱스 분야에 널리 적용되고 있다(박노일, 2022).

2. ANN, CNN, RNN, GAN

인공지능이 힘을 발휘하는 것은 어떠한 대상에 대한 분석 능력에서 시작한다. 물론 전통적인 통계기법을 활용해서 내용분석을 하기도 하고, 회귀분석을 하여 가설을 검증하고 현상을 예견하기도 한다. 그렇지만 전통적인 통계분석은 변수가 많은 경우에는 문제가 된다. 예를 들어 6000만 개의 변수를 고려해서 종속변인을 예측하라고 한다면, 전통적인 회귀분석으로는 어려울 것이다. 이렇듯 전통적인 통계분석은 너무나도 다차원적인 현상에서 정확한 분석 결과를 도출하기 어려울 뿐만 아니라, 비선형적인 관계의 데이터를 고려하기도 버겁다. 하지만 2012년에 개최된 ILSVRC

그림 1-9 인공 신경망의 입력과 출력 및 활성화 함수 구조

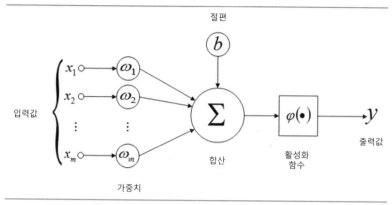

자료: 김정환·박노일(2022: 48)에서 재인용.

(ImageNet Large Scale Visual Recognition Challenge) 대회에서 신경망 구조인 알렉스넷(AlexNet)은 오류율(error rate) 16.4%라는 압도적인 성능 차이로 우승을 했다. 당시에 알렉스넷은 6000만 개의 자유도(free-parameter), 즉 변수를 고려하여 결과를 예측해 냈다. 전통적인 통계분석이 감당하기 힘든 데이터의 다차원성(multidimensionality)과 비선형성(non-linearity)을 인공지능, 특히 인공 신경망(ANN: Artificial Neural Networks) 분석이 해결했다는 데 의미가 있다.

인공 신경망은 마치 인간의 뇌에 있는 신경세포인 뉴런이 입력 신호별로 얼마나 의미가 있는지(힘의 방향과 세기의 가중치)를 분석하여 최종적인 판단(예측, 분류)을 한다. 특히 인공 신경망의 활성화 함수는 입력과 은닉 연결망을 통해 들어온 값들을 종합적으로 검토하여 입력한 대상에 대해 어느 정도 집중해야 하는지를 간명하게 판별하는 기능을 수행한다. 〈그림 1-9〉와 같은 인공 신경망 구조는 퍼셉트론(perceptron)이라고도 하는데,

그림 1-10 험준한 산속을 탐색하며 하산하는 과정을 닮은 경사 하강법

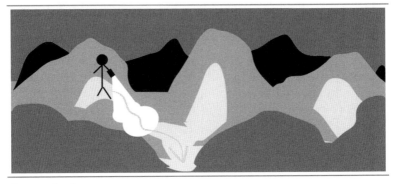

자료: Rashid(2016).

기본적으로 '입력층 → 은닉층 → 활성화 함수 → 출력층'의 연결망 구조를 가진다. 이는 인간의 뇌가 입력 자극을 분석하고 판단하는 과정과 유사하다. 구체적으로 입력층의 x_m 값들($x_1, x_2 \cdots x_m$)은 모두 개별적으로 양(+) 또는 음(-) 값의 가중치 w_m 값들($w_1, w_2 \cdots w_m$)을 가지는데, 이렇게 입력된 모든 노드와 가중치를 합산(Σ)한 후에 활성화 함수(activation function: $\varphi(\,\bullet\,)$)를 통해 −1에서 +1, 또는 0에서 +1에 해당하는 표준화한 값을 도출함으로써 무수히 많은 입력 정보의 의미를 축약해서 해석할 수 있다(김정환·박노일, 2022).

인공 신경망을 포함해서 지능형 알고리즘이 어떠한 대상을 분석하는 데 있어서 오류를 최소화하는 개념은 〈그림 1-10〉이 묘사하고 있는 경사 하강법(Gradient Descent)에 토대를 두고 있다. 인간의 뇌가 어떤 대상(입력 자극)에 대해 지각하고 과거의 지식과 경험을 통해 자극을 해석하듯이(오류를 최소화하듯이), 인공 신경망 분석은 입력받은 정보를 다시 살펴보는 오류 역전파(Backward Propagation) 과정을 통해 오류가 최소화되는 방향으로

그림 1-11 데이터 세트의 분할: 훈련-검증-평가 데이터

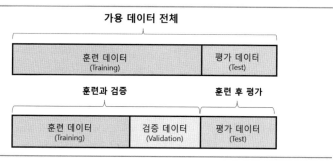

자료: algotrading101.com.

컴퓨터 알고리즘을 학습(훈련)시킨다. 이때 쓰는 방법이 경사 하강법이다. 마치 밤중에 깊은 산속에서 길을 잃은 사람이 끊임없이 산비탈과 경사지를 확인하며 안전한 평지를 찾아 내려가는 과정과 유사하다.

〈그림 1-11〉은 인공지능이 학습하는 데 중요한 데이터 분할 개념을 보여준다. 인공지능 모형의 정확도가 높다는 것은 인공지능 모형이 분석하고자 하는 데이터를 토대로 학습, 즉 훈련(training)하여 결과를 예측(분류 등)하는 데 오류를 최소화하는 가중치들의 조합을 완성하고, 실제 데이터(상황) 분석에서도 동일한 결과를 도출할 수 있는 외적 타당도를 확보했다는 의미이다. 이와 같은 인공지능의 분석 결과를 일반화하기 위해서 데이터의 약 80% 정도를 훈련과 검증 데이터 세트로 활용하고 나머지 20% 정도를 테스트(평가) 데이터 세트로 활용한다. 이렇게 훈련하는 데이터와 검증(validation), 평가(test)하는 데이터를 분리하는 것을 데이터 분할(data splitting)이라고 한다. 먼저 인공 신경망은 훈련 데이터 세트에서 모형을 훈련시킨 후, 완전히 새로운 데이터인 테스트 세트에 적용해 봄으로써 인공지능 모형이 같은 성능을 나타내는지를 평가한다. 검증 데이터 세트는

훈련 데이터 세트의 한 부분으로 약 20% 정도를 차지하는데, 약 60%의 훈련 데이터를 토대로 인공 신경망을 훈련(학습)시킨 후, 검증 데이터를 대입하여 자체적으로 인공 신경망 모형의 성능을 개선한다(박노일, 2022).

그림 1-12 휴벨과 비젤의 고양이 시각피질 연구

자료: neurobiology.joshstevens.kscopen.org/uncategorized/david-h-hubel/.

한편, 〈그림 1-12〉는 1962년 휴벨과 비젤(Hubel and Wiesel)이 고양이의 뇌가 시각적인 정보를 망막을 통해 받아들이는 과정에 특정한 패턴이 있음을 밝혀내는 실험 모습이다. 이들 연구자에 따르면 고양이에게 어떤 특성을 가진 글자나 이미지를 시각 자극으로 제시하면, 고양이의 뇌가 자극물의 각진 모서리, 갈래 등 특징적 속성에 먼저 반응한 다음에 더 복잡한 뉴런 활동으로 전체 대상물을 감지한다는 것이다. 고양이 뇌의 시각 자극에 관한 반응 실험은 인공 신경망 연구자들에게 새로운 관점과 인사이트를 제공했다. 고양이가 시각적 이미지 자극에 위계적(단계적)으로 반응하는 방법은 컴퓨터가 방대한 이미지의 벡터 데이터를 효율적으로 분석할 수 있는 틀이 되었다. 특히 뇌 활성화의 위계적 구조를 이해하면서 인공 신경망의 응용 기술인 합성곱 신경망(CNN: Convolutional Neural Network) 연구의 토대를 제공했다(김정환·박노일, 2022).

인공지능에 활용하는 데이터는 크게 정형 데이터와 비정형 데이터로 나뉜다. 정형 데이터는 미리 정해진 형식과 구조에 따라 체계적으로 구성된 데이터이지만, 비정형 데이터는 텍스트, 이미지, 오디오, 동영상처럼 정해진 규칙이나 구조가 없으며 저장 공간이 많이 필요한 데이터들이다.

그림 1-13 합성곱 신경망의 얼룩말 이미지 데이터 분석 절차

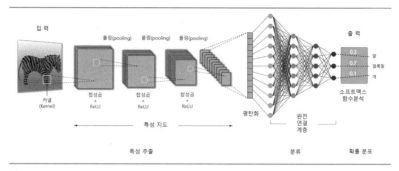

자료: developersbreach.com/convolution-neural-network-deep-learning.

즉 정형 데이터가 아닌 데이터를 비정형 데이터라고 하는데, 온라인에 존재하는 대부분의 데이터가 비정형 데이터이다. 비정형 데이터는 직관적으로 데이터의 특정한 구조나 속성을 파악하기가 어렵기 때문에, 많은 컴퓨터 연산이 필요하다. 하지만 휴벨과 비젤이 고양이 실험으로 고안한 합성곱 신경망은 이러한 고민을 해결해 주었다.

합성곱 신경망은 인공 신경망처럼 모든 데이터 정보를 한꺼번에 분석하기보다는, 고양이의 뇌가 어떤 자극 대상을 훑은 후 특징적인 부분에 먼저 반응하여 위계적으로 대상을 파악하듯이, 입력 대상의 특성을 살펴보는 창(window), 즉 합성곱 필터(convolutional filters)라는 것이 있다. 합성곱 필터가 만들어낸 합성곱 계층이 존재하며 전체 데이터의 크기를 줄이는 풀링(pooling)이라는 절차가 반영된 모형을 〈그림 1-13〉이 보여주고 있다. 구체적으로 〈그림 1-13〉은 얼룩말 이미지 데이터를 입력받은 합성곱 신경망 모형이 입력 이미지의 특성 추출(feature extraction)과 분류(classification) 절차를 통해 처음 입력받은 이미지가 실제 얼룩말인지를 최종적으로 판단한다.

그림 1-14 고양이 사진에 대한 합성곱 신경망 분석의 합성곱 필터링 증가와 합성곱 지도 변화

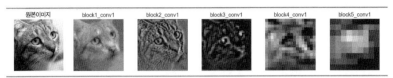

자료: 박노일(2022: 99)에서 재인용.

〈그림 1-14〉는 합성곱 신경망이 합성곱 필터로 고양이 원본 사진의 특성을 뽑아가며 분석하는 단계별 이미지를 보여주고 있다. 이 그림의 맨 왼쪽은 최초 입력한 이미지이다. 이 이미지의 특성을 추출하는 필터링을 계속해 나가면, block 1~5까지의 합성곱 계층에 모인 특성 지도들(stacked feature maps)은 처음의 이미지와 더는 같지 않다. 단계가 높아질수록 입력 이미지 픽셀의 고유한 정보를 담고 있지만, 더는 인간이 알아보기 힘든 매우 높은 수준의 추상적인 정보(high-level information)를 품게 된다. 이처럼 합성곱 신경망은 특성 지도 추출을 더 깊이(deeply) 진행함으로써 컴퓨터 연산 로딩을 줄이면서도 데이터 특성에 집중하여 고차원적으로 분석이 가능한 장점이 있다.

〈그림 1-15〉는 자연어 처리(NLP: Natural Language Processing)에 많이 쓰이는 인공 신경망의 한 유형인 순환 신경망(RNN: Recurrent Neural Network) 모형을 인공 신경망과 비교해서 보여주고 있다. 순환 신경망은 시퀀스, 즉 시간의 흐름에 따른 순차적 데이터 분석에 특화된 심층학습 알고리즘으로 데이터의 연속성과 순차성을 기억함으로써 그다음에 등장할 언어가 무엇인지를 예측하기 때문에 시계열적인(time series) 예측 분석이 가능하다. 〈그림 1-15〉는 실제로 인공 신경망과 순환 신경망의 구조적 차이를 보여준다. 두 신경망 모두 입력(x)-은닉(h)-출력(y) 계층의 구성은 같지만,

그림 1-15 인공 신경망과 순환 신경망 구조 비교

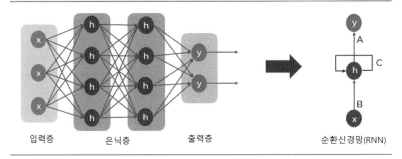

입력층　　　　은닉층　　　　출력층　　　　　　　순환신경망(RNN)

자료: simplilearn.com/tutorials/deep-learning-tutorial/rnn.

순환 신경망에서는 입력-은닉-출력 계층의 다른 노드들이 모두 하나의 노드로 축약되고 있다. 또한 입력 단계에서 은닉층으로 가는 매개변수 B, 은닉층에서 출력층으로 가는 연결망 매개변수 A가 있고, 은닉 계층 자체에 재귀적(연속적, recurrent) 매개변수인 C가 존재한다. 순환 신경망의 발전된 형태는 LSTMs(Long Short Term Memory networks) 모형이 있다.

〈그림 1-16〉은 순환 신경망과 LSTMs 모형의 차이를 보여준다. 호흐라이터와 슈미트후버(Hochreiter and Schmidhuber, 1997)가 고안한 LSTMs는 시퀀스 분석에서 장기기억과 단기기억을 활용하는 연결망이다. 즉 LSTMs는 Cell-state라는 상태를 활용하여 입력 데이터들의 전체적인 맥락을 고려한 장기기억(long term memory) 상태와 현재 입력받은 정보의 상태(short term memory)를 함께 고려함으로써 순차적으로 현재 입력된 정보들을 분석한다는 논리이다. 순환 신경망과 LSTMs와 같은 시퀀스 모형은 텍스트 문장의 감정을 분석(예, Sentiment Classification)하는 데 유용하고, 번역(예, Machine Translation) 등 자연어 처리 분석에 많이 활용되는 알고리즘이다.

이 외에 앞서 광고 크리에이팅 분야에 충격을 주었던 인공지능 알고리

그림 1-16 순환 신경망(위)과 LSTMs(아래) 모형 비교

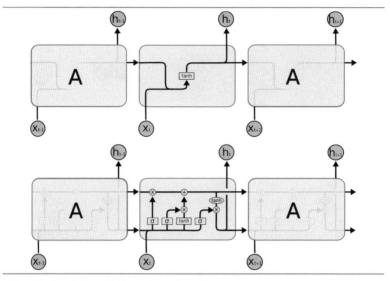

자료: colah.github.io/posts/2015-08-Understanding-LSTMs.

즘은 대부분 생성적 대립 신경망(GAN: Generative Adversarial Network)에 토대를 두고 있다. 2014년에 굿펠로(Ian J. Goodfellow) 등이 발표한 "Generative Adversarial Nets" 논문을 통해 널리 알려진 생성적 대립 신경망은 의미 그대로 생성자와 식별자가 서로 경쟁 혹은 대립(Adversarial)하며 데이터를 생성(Generative)하는 네트워크를 말한다. 생성 모형(Generative model)이란 '실존하지 않지만 있을 법한 이미지를 생성할 수 있는 모형'을 의미하고(an image that does not exist but is likely to exist), 판별 모형(Discriminative model)은 어떠한 데이터의 경계를 구별해 주는 모형이다. 생성적 대립 신경망 모형은 이렇게 생성 모형이 있을 법한 새로운 무엇인가를 만들어내고, 판별 모형은 이 데이터의 진위를 평가함으로써 두 모형이 서로 우위를 가릴 수 없는 팽팽한(even) 경쟁 상태를 만들어 가짜 데이터를 진짜 같은

상태처럼 만든다.

생성적 대립 신경망 기술의 예는 〈그림 1-17〉과 같이 2018년 미국의 전 대통령인 오바마(Obama)의 가짜 동영상이 대표적이다 (BuzzFeedVideo, 2018.4.18). 대통령의 얼굴 모습과 표정, 발음, 제스처를 합성한

그림 1-17 버즈피드비디오(BuzzFeedVideo)가 공개한 오바마 전 미국 대통령의 딥페이크 영상

자료: https://youtu.be/cQ54GDm1eL0.

방법은 생성적 대립 신경망을 토대로 한 딥페이크(Deepfake) 기술이다. 실제 영상은 배우이자 영화감독인 조던 필(Jordan Haworth Peele)의 말을 오바마 대통령의 이미지에 딥페이크 기술로 덧입힌 것인데, 영상 속에서 얼굴과 표정, 제스처가 모두 실제의 오바마와 거의 같았고, 특히 오바마가 자신의 목소리와 제스처로 "President Trump is a total and complete dipshit (트럼프 대통령은 완전히 쓸모없는 인간이야)"라고 말했다. 오바마 대통령과 외모와 말투는 같아 보이지만, 말하는 내용을 다르게 묘사한 딥페이크는 세간의 관심을 집중시켰다. 이후 생성적 대립 신경망 기술을 발전시킨 아마존(Amazon)의 ReStGAN뿐만 아니라 InfoGAN, Conditional GAN, CycleGAN, WGAN, LSGAN, BEGAN, StyleGAN, Progressive GAN, MGAN 등 다양한 생성적 대립 신경망 기법이 공개되면서, 생성적 대립 신경망은 이미지 생성 작업뿐만 아니라 자연어, 음성 처리 등 다양한 작업에 응용되고 있다(박노일, 2022).

04

나가며

　이제 초등학생들도 인공지능을 공부하는 시대이다. 인공지능은 광고
PR 분야의 기성 연구자와 실무자들에게도 너무나도 큰 파고이다. 광고PR
전공자들은 컴퓨터 공학 지식이 필요한 정교한 인공지능 프로그램 개발
등은 데이터 사이언스 전문가에게 맡기더라도, 인공지능 기술의 기본 원
리를 이해하면서 각자의 커뮤니케이션 전문성을 활용하여 현실의 과제와
문제를 해결하는 데 인공지능을 적극적으로 활용할 필요가 있다. 플레시
먼힐러드(FleishmanHillard, 2018)가 작성한 보고서 「인공지능과 커뮤니케이
션(Artificial Intelligence and Communications: The Fads, the Fears, the Future)」
를 보면, 전 세계적으로 인공지능 기술 자체에 대한 공포심이 있지만 인공
지능의 활용 가치에 대해서는 크게 기대하고 있다. 그러나 인공지능에 관
한 교육이나 학술적인 연구는 부족한 상황이다.

　이 장에서 우리는 객관적인 시각을 가지고 인공지능의 콘텐츠 창작과 광
고PR 실무에서의 응용 동향을 살폈다. 더불어 인공지능의 개념과 유형, 인
공 신경망, 합성곱 신경망, 순환 신경망, 생성적 대립 신경망 등 인공지능의
핵심 원리와 주요 알고리즘에 관해 이야기를 나누었다. 인공지능과 관련한
광고PR 분야의 연구가 이제 막 태동하고 있는 과정에서 필연적으로 경험할
수밖에 없는 진통이나 성공 사례를 공유하면서, 인문사회학 배경의 광고PR

전공자들이 알고 있어야 할 인공지능 기술의 핵심 원리를 소개한다는 그 자체로도 이 글은 큰 의미가 있다. 물론, 이 장이 광고PR 실무에서 발 빠르게 진화하고 있는 인공지능의 응용 현황을 모두 담아내지는 못할 것이다. 또한 IT 전문자나 개발자 등 데이터 사이언스의 전문가 입장에서 보면, 이 장에서 소개하고 있는 인공지능의 개념과 원리는 매우 기초적인 소개에 지나지 않을 것이다. 하지만 "첫술에 배부르랴"라는 말처럼, 광고PR 전공자들이 각자의 관점에서 인공지능을 이해하고 이용할 수 있는 효능감이 조금이라도 높아져서 나이키의 'Just Do it' 광고 카피처럼 인공지능에 대해 두려워하지 말고 일단 한번 알아보는 데 조금이라도 도움이 되었기를 기대한다.

끝으로, 인공지능 기반의 광고PR 연구의 활성화와 실무 응용의 토대를 마련하기 위해서는 AI 개발자, 광고PR 실무자, 광고PR 학계 간의 왕성한 교류가 필요하다. 광고PR 학계는 학문의 정체성을 유지하면서도 데이터 사이언스, 컴퓨터공학, 뇌공학 전공자들과 협업하면서 인공지능의 학술적, 실무적 응용과 확장 가능성을 지속해서 점검하고 그 방향성을 실무에 제시할 수 있어야 한다. 이를 위해서는 광고PR 학계의 연구자들이 인공지능의 개념과 원리를 체화할 필요가 있다. 또한 선도적인 연구와 실무 응용 사례를 공유함으로써 인공지능에 대한 학술적인 연구의 붐을 일으켜야 하며, 인공지능을 융합한 광고PR학을 전공하는 석박사들을 양성해야 한다. 물론 이러한 과제를 하루아침에 쉽게 해결할 수 있다고 보지 않는다. IT업계 종사자들도 하루가 다르게 변화하는 인공지능 기술을 모두 다 소화하기는 버겁기 때문이다. 따라서 광고PR 학계는 자체적으로 학문적 전문성을 더욱 무장하고, 학계 구성원들은 인공지능의 핵심 원리를 자기화하는 노력을 더욱 기울여야 할 것이다. 그러한 시작점에 이 저술이 도움이 되기를 기원하면서 이 글을 마친다.

참고문헌

강우규. 2019. 「인공지능과 저널리즘」. ≪인공지능인문학연구≫, 3, 123~139쪽.

곽노필. 2018.11.20. "AI가 대본 쓴 광고 첫선". ≪한겨레≫. http://www.hani.co.kr/
　　arti/science/technology/870954.html(검색일: 2022.11.14).

김대원·김범진. 2016. 「알파고와 이세돌대국이 지적(知的) 업무로의 인공지능 도입에 대한
　　인식에 미친 영향 탐색」. ≪사이버커뮤니케이션학보≫, 33(4), 107~158쪽.

김명희. 2018.7.4. "中알리바바, "인공지능(AI) 카피라이터가 초당 2만줄 카피 작성"". ≪전
　　자신문≫. https://www.etnews.com/20180704000462(검색일: 2022.11.14).

김병희. 2022.7.26. "[AI-META 시대'미래전략]〈17〉광고". ≪전자신문≫, 20면.

김승한. 2021.10.4. "'연예인보다 낫다'…모델료 10억 22살 오로지, 中 화즈빙 日 이마 도전장
　　내밀었다". ≪매일경제≫. https://www.mk.co.kr/news/it/10047048(검색일:
　　2022.11.14).

김요한·이명천. 2022. 『광고학개론』. 커뮤니케이션북스.

김정환·박노일. 2022. 『비전공자의 인공지능(AI) 입문』. 도서출판 홍릉.

김지연. 2022.9.4. "美 미술전서 AI가 그린 그림이 1위…'이것도 예술인가' 논란". ≪연합뉴스≫.
　　https://www.yna.co.kr/view/AKR20220904008400009(검색일: 2022.11.14).

김진형. 2020. 「CES 2020에서 보는 인공지능의 추세」. ≪한국통신학회지(정보와 통신)≫,
　　37(2), 40~44쪽.

박노일. 2008. 「블로그 이용자의 뉴스미디어 신뢰도 연구」. ≪한국언론학보≫, 52(3),
　　422~439쪽.

_____. 2010. 「상황이론의 블로거 공중 세분화 적용 연구」. ≪홍보학 연구≫, 14(3), 69~105쪽.

_____. 2022. 『인공지능의 이해와 뉴스 미디어 영상분석』. 도서출판 북넷.

박노일·윤영철. 2008. 「블로그 인기도가 블로거의 저널리즘 인식 및 활동에 미치는 영향」.
　　≪한국언론학보≫, 52(6), 100~122쪽.

박노일·정지연. 2021. 「인공지능(AI) 분석과 PR 연구 방향 탐색」. 한국PR학회 가을철 정기
　　학술대회 발표 논문.

박대민. 2021. 「방송 동영상 기반 인공지능 학습데이터 구축과 PR 분야에서 인공지능의 활용

가능성」. 한국PR학회 가을철 정기학술대회 발표 논문.

박원익. 2022. 「인공지능, 마침내 눈떴다… 그림 그리는 AI 등장」. ≪신동아≫, 6월호. https://shindonga.donga.com/Library/3/03/13/3415795/1(검색일:2022.11. 14).

안대천·김동후·이진균·권오윤. 2021. 『광고학원론』. 도서출판 정독.

안명옥. 2021. 「AI 융합·확산을 위한 선결 과제와 대응방안」. ≪AI Trend Watch≫, 2021-1, 1~11쪽.

위키백과. "지능". https://ko.wikipedia.org/wiki/%EC%A7%80%EB%8A%A5(검색일: 2022.11.14).

윤인아. 2018. 「로봇저널리즘의 이해와 전망」. ≪NIPA 이슈리포트≫, 2018-18, 1~14쪽.

윤호영. 2021. 「사람에서 컴퓨터 자동화로의 연결을 위한 탐색: 객체 인식(Object Detection) 딥러닝 알고리즘 YOLO4, 자세 인식(Pose Detection) 프레임워크 MediaPipe를 활용한 음악 프로그램의 여성 신체 대상화, 선정적 화면 검출 연구」. ≪한국언론학보≫, 65(6), 452~481쪽.

이기창. 2021. 『Do it! BERT와 GPT로 배우는 자연어 처리』. 이지스퍼블리싱.

이주현. 2022.2.17. "인공지능과의 공존, 상생 위해 질문을 던져야". ≪오마이뉴스≫. http:// www.ohmynews.com/NWS_Web/View/at_pg.aspx?CNTN_CD=A0002811317 (검색일: 2022.11.14).

이준환. 2016. 「로봇, 인공지능과 저널리즘」. ≪See Futures≫, 11, 14~17쪽.

이한선. 2022.7.19. "DALL-E와 경쟁할 이미지 생성 AI 또 등장". ≪AI타임스≫. http:// www.aitimes.com/news/articleView.html?idxno=145842(검색일: 2022.11.14).

이희복. 2019. 「인공지능과 광고 크리에이티브」. ≪IITP 주간기술동향≫, 1904, 1~14쪽.

임화섭. 2017. 「로봇 기자의 활용 실태와 한계」. ≪관훈저널≫, 143, 43~49쪽.

장동인. 2022. 『AI로 일하는 기술』. 한빛미디어.

정현. 2017.4.15. "[한줄 미래학]'로봇저널리즘 시대, 기자는 1초 만에 기사를 쓰는 AI기자와 경쟁하게 될 것'". ≪위즈뉴스≫. http://www.wiznews.co.kr/news/articleView. html?idxno=297(검색일: 2022.11.14).

조병익. 2018. 『인공지능 시대, 창의성을 디자인하라』. 동아엠앤비.

차영란. 2018. 「광고 및 미디어 산업 분야의 인공지능(AI) 활용 전략: 심층인터뷰를 중심으로」. ≪한국콘텐츠학회논문지≫, 18(9), 102~115쪽.

홍윤정. 2019.1.8. "김진형 인공지능연구원장 'AI는 인간의 예술적 창의성에 새 가능성 열어'". ≪한국경제≫, A32면.

NewsWire. 2016.3.29. "주목해야 할 새로운 마케팅 트렌드 '인공지능'". https://blog.newswire.co.kr/?p=4511(검색일: 2022.11.14).

Adobo Magazine. 2019.2.19. "Dentsu Tokyo's AI Mirai Unlocks the Future of Advertising." https://www.adobomagazine.com/global-news/dentsu-tokyos-ai-mirai-unlocks-the-future-of-advertising(검색일: 2022.11.14).

Alawaad, H. A. 2021. "The role of artificial intelligence (AI) in public relations and product marketing in modern organizations." *Turkish Journal of Computer and Mathematics Education*, 12(14), pp.3180~3187.

Ardila, M. M. 2020. "The rise of intelligent machines: How artificial intelligence is transforming the public relations industry." Master's Thesis, The USC Annenberg School for Communication and Journalism, University of Southern California.

Associated Press. 2016.6.30. "AP expands Minor League Baseball coverage." https://www.ap.org/press-releases/2016/ap-expands-minor-league-baseball-coverage(검색일: 2022.11.14).

Biography.com. 2017.12.6. "Colin Kaepernick Biography." https://www.biography.com/athlete/colin-kaepernick(검색일: 2022.11.14).

BuzzFeedVideo. 2018.4.18. "You won't believe what Obama says in this video!" youtube.com/watch?v=cQ54GDm1eL0(검색일: 2022.11.14).

Cambria, E., S. Poria, A. Hussain and B. Liu. 2019. "Computational intelligence for affective computing and sentiment analysis [Guest Editorial]." *IEEE Computational Intelligence Magazine*, 14(2), pp.16~17.

Chartered Institute of Public Relations. 2022. "Artificial Intelligence in public relations

#AIinPR." https://www.cipr.co. uk/CIPR/Our_work/Policy/AI_in_PR.aspx(검색일: 2022.11.14).

Chittick, R. 2022.1.5. "7 ways artificial intelligence will change the game for PR pros." https://www.prdaily.com/7-ways-artificial-intelligence-will-change-the-game-for-pr-pros/(검색일: 2022.11.14).

Colford, P. 2014.6.30. "A leap forward in quarterly earnings stories." The Associated Press. https://blog.ap.org/announcements/a-leap-forward-in-quarterly-earnings-stories(검색일: 2022.11.14).

Coombs, W. T. and S. J. Holladay. 2002. "Helping crisis managers protect reputational assets: Initial tests of the situational crisis communication theory." *Management Communication Quarterly*, 16(2), pp.165~186.

Cotter, N. 2022.10.13. "7+ Best AI Copywriting Software Tools in 2022." https://www.growann.com/best/ai-copywriting-software(검색일: 2022.11.14).

Domo. 2019. "Data Never Sleeps 7.0." https://www.domo.com/learn/infographic/data-never-sleeps-7(검색일: 2022.11.14).

Eliaçik, E. 2022.5.6. "Follow the latest AI trends to survive tomorrow." https://dataconomy.com/2022/05/artificial-intelligence-trends-2022/(검색일: 2022.11.14).

Fink, S. 2013. *Crisis Communications, the Definitive Guide to Managing the Message*. New York: McGraw Hill.

FleishmanHillard. 2018. "AI & Communications: The Fads, The Fears, The Future." https://www.fhhighroad.com/ai-and-communications(검색일: 2022.11.14).

Forsbak, Ø. 2022.5.25. "Six AI Trends To Watch In 2022." *Forbes.* https://www.forbes.com/sites/forbestechcouncil/2022/03/25/six-ai-trends-to-watch-in-2022/?sh=5ac46cdc2be1(검색일: 2022.11.14).

Galloway, C. and L. Swiatek. 2018. "Public relations and artificial intelligence: It's not (just) about robots." *Public Relations Review*, 44(5), pp.734~740.

Garret, M. 2018.11.4. "What PR pros need to know about AI: A conversation with Christopher Penn." https://michellegarrett.com/2018/11/04/ai-is-already-impa

cting-the-pr-world-what-do-pros-need-to-know-to-help-them-today-and-tomo rrow/(검색일: 2022.11.14).

Goodfellow, I., J. Pouget-Abadie, M. Mirza, B. Xu, D. Warde-Farley, S. Ozair, A. Courville and Y. Bengio. 2014. "Generative adversarial nets." Paper presented at the meeting of Neural Information Processing Systems Conference, Montreal, Canada.

Hendrickson, C. 2019.11.12. "Local journalism in crisis: Why America must revive its local newsrooms." https://www.brookings.edu/research/local-journalism-in-c risis-why-america-must-revive-its-local-newsrooms/(검색일: 2022.11.14).

Hochreiter, S. and J. Schmidhuber. 1997. "Long short-term memory." *Neural Computation*, 9(8), pp.1735~1780.

Hubel, D. H. and T. N. Wiesel. 1962. "Receptive fields, binocular interaction and functional architecture in the cat's visual cortex." *The Journal of physiology*, 160(1), pp.106~154.

Interdependence Public Relations. 2022. "Methodology." https://www.interdepende nce.com/the-difference/our-methodology/(검색일: 2022.11.14).

Intravia, J., A. R. Piquero, N. L. Piquero and B. Byers. 2020. "Just do It? An examination of race on attitudes associated with Nike's advertisement featuring Colin Kaepernick." *Deviant Behavior*, 41(10), pp.1221~1231.

Johnson, D. G. and M. Verdicchio. 2017. "AI Anxiety." *Journal of the Association for Information Science and Technology*, 68(9), pp.2267~2270.

Ledro, C., A. Nosella and A. Vinelli. 2022. "Artificial intelligence in customer relationship management: Literature review and future research directions." *Journal of Business & Industrial Marketing*, 37(13), pp.48~63.

Li, H. 2019. "Special section introduction: Artificial intelligence and advertising." *Journal of Advertising*, 48(4), pp.333~337.

Liew, F. E. E. 2021. "Artificial intelligence disruption in public relations: A blessing or a challenge?" *Journal of Digital Marketing and Communication*, 1(1), pp.24~28.

Metz, R. 2022.9.3. "AI won an art contest, and artists are furious." CNN Business. https://edition.cnn.com/2022/09/03/tech/ai-art-fair-winner-controversy/index.html (검색일: 2022.11.14).

Microsoft. 2016.4.13. "The Next Rembrandt." https://news.microsoft.com/europe/features/next-rembrandt(검색일: 2022.11.14).

Ng, A. 2019.2.21. "Announcing Nova Ng, our first daughter. Plus, some thoughts on the AI-powered world she will grow up in." https://twitter.com/andrewyng/status/1098331008544399360(검색일: 2022.11.14).

O'Connor, G. 2017.4.3. "How Russian Twitter Bots Pumped Out Fake News during the 2016 Election." *NPR.* https://www.npr.org/sections/alltechconsidered/2017/04/03/522503844/how-russian-twitter-bots-pumped-out-fake-news-during-the-2016-election(검색일: 2022.11.14).

Panda, G., A. K. Upadhyay and K. Khandelwal. 2019. "Artificial intelligence: A strategic disruption in public relations." *Journal of Creative Communications,* 14(3), pp.196~213.

Park, N. and JY. Jeong. 2011. "Finding publics within the blogosphere: the blogger public segmentation model." *Asian Journal of Communication,* 21(4), pp.389~408.

Peiser, J. 2019.2.5. "The Rise of the Robot Reporter." *The New York Times.* https://www.nytimes.com/2019/02/05/business/media/artificial-intelligence-journalism-robots.html(검색일: 2022.11.14).

Quakebot. 2022.6.2. "Magnitude 4.1 earthquake strikes near Bay Point, Calif." *LA Times.* https://www.latimes.com/california/story/2022-06-02/4-1-earthquake-strikes-near-bay-point(검색일: 2022.11.14).

Rangaiah, M. 2021.8.27. "AI in Advertising — Role and Benefits." https://analyticssteps.com/blogs/ai-advertising-role-and-benefits(검색일: 2022.11.14).

Rao, A. and B. Greenstein. 2021. "PwC 2022 AI Business Survey." https://www.pwc.com/us/en/tech-effect/ai-analytics/ai-business-survey.html(검색일: 2022.11.14).

Rashid, T. 2016. *Make your own neural network*. Scotts Valley, California: CreateSpace Independent Publishing Platform.

Rimol, M. 2022.5.18. "Gartner survey reveals significant shifts in CEO thinking on sustainability, workforce issues and inflation in 2022." https://www.gartner. com/en/newsroom/press-releases/2022-05-18-gartner-survey-reveals-significa nt-shifts-in-ceo-thinking-on-sustainability-workforce-issues-and-inflation-in-20 22(검색일: 2022.11.14).

Rodgers, S. 2021. "Themed issue introduction: Promises and perils of artificial intelligence and advertising." *Journal of Advertising*, 50(1), pp.1~10.

Roetzer, P. and M. Kaput. 2022. *Marketing artificial intelligence: AI, marketing, and the future of business*. Nashville: Matt Holt.

Rotenberg, V. S. 2013. "Moravec's paradox: consideration in the context of two brain hemisphere functions." *Activitas Nervosa Superior*, 55(3), pp.108~111.

SAS. 2022. "Artificial Intelligence: What it is and why it matters." https://www.sas. com/en_in/insights/analytics/what-is-artificial-intelligence.html(검색일: 2022.11.14).

SHIFT Communications. 2022. "The role of machine learning in public relations." https://www.shiftcomm.com/insights/role-machine-learning-public-relations /(검색일: 2022.11.14).

Sung, S. W., H. Baek, H. Sim, E. H. Kim, H. Hwangbo and Y. J. Jang. 2020. "Breaking Moravec's paradox: Visual-based distribution in smart fashion retail." Conference on Knowledge Discovery and Data Mining, San Diego, CA.

Technavio. 2021. "Artificial Intelligence (AI) Market by End-user and Geography — Forecast and Analysis 2021-2025." https://www.technavio.com/report/artificial -intelligence-ai-market-industry-analysis(검색일: 2022.11.14).

Túñez-López, J. M., C. Fieiras-Ceide and M. Vaz-Álvarez. 2021. "Impact of artificial intelligence on journalism: Transformations in the company, products, contents and professional profile." *Communication & Society*, 34(1), pp.177~193.

Türksoy, N. 2022. "The future of public relations, advertising and journalism: How artificial intelligence may transform the communication profession and why society should care." *Turkish Review of Communication Studies*, 40, pp.394~410.

Weiner, M. and S. Kochhar. 2016.4.7. "Irreversible: The public relations big data revolution." https://instituteforpr.org/irreversible-public-relations-big-data-rev olution/(검색일: 2022.11.14).

Westhoff, M. 2020.4.21. "The Next Rembrandt." https://digital.hbs.edu/platform-digit/ submission/the-next-rembrandt/(검색일: 2022.11.14).

Wurzer, A. 2021.3.25. "Tencent is getting copyright for AI-dreamwriter article." https:// ipbusinessacademy.org/tencent-is-getting-copyright-for-ai-dreamwriter-article (검색일: 2022.11.14).

Zignal Labs. 2018. "Zignal Bot Intelligence." https://zignallabs.com/wp-content/uplo ads/2018/07/Zignal-Bot-Intelligence.pdf(검색일: 2022.11.14).

2장

인간과 인공지능의 관계에 대한 인문사회학적 이해

인간은 어떻게 인공지능을 사회 구성원으로 받아들이는가

문원기

01

인간 사회 속 비인간 행위자

1. 과학기술과 인간 사회의 변화

인공지능에 대한 학술적 논의는 이제 시작 단계로 인공지능의 영향력
도 아직 확실하게 정의되거나 논의된 내용이 많지 않다. 인공지능의 영향
력은 인공지능의 발전 및 사회적 합의에 따라 얼마든지 변화할 수 있으며
이에 대한 논의도 무궁무진하다고 할 수 있다. 그러나 인공지능의 영향력
은 우리 사회 전체를 바꿔 놓을 것임은 자명하며, 이에 따라 인공지능이
인간 사회에 위기를 가져올 수 있을지도 모른다는 부정적인 영향력에 대
한 논의도 활발해지고 있다. 이 장은 인공지능과 인간 사회에 관한 다양한
현안들 중 인공지능의 위험성과 관련한 내용들을 소개한다. 인공지능을
개발하고 사용하는 것과 관련해 학계에서 어떠한 논의가 진행되고 있는
지 간단한 정보들을 제공함으로써, 연구자 및 실무자들이 향후 인공지능
과 관련한 문제들의 해결책을 좀 더 손쉽게 찾도록 실마리를 제공하고, 그
와 관련한 윤리적·사회적 논의를 더욱 풍부하게 하고자 한다.

따라서 이 장에서 우리는 인공지능으로 인해 발생하는 인간 및 인간 사
회의 변화를 포괄적이면서 비판적인 측면에서 살펴보고자 한다. 단순히
인공지능을 이용하고 적용하는 것을 넘어서 인공지능이 우리 사회를 어

떻게 진화시키는지 논의함으로써 인공지능이 가져올 미래의 명암을 모두 다루고자 한다. 1절 「인간 사회 속 비인간 행위자」에서는 인간 중심의 사회를 벗어나, 미래 사회가 인공지능을 위시한 비인간 행위자들을 통해 어떠한 변화를 이룰 수 있을지 긍정적인 측면과 부정적인 측면을 모두 논의한다. 2절 「인공지능이 불러오는 위기와 기회」에서는 인공지능이 인간 사회에 가져올 다양한 위기 및 우려에 대해서 중점적으로 논의하고, 이러한 우려가 인공지능 중심의 미래 사회에 어떠한 부정적인 영향을 미칠지 정리한다. 3절 「인공지능 관련 이슈에 대처하기」에서는 앞서 논의한 내용을 바탕으로 인공지능이 가져올 문제들에 인류가 어떻게 대처해야 할지 과학자들의 다양한 아이디어를 모아본다. 여기에 기업, 정부, 조직들은 인공지능이 주도하는 미래를 어떻게 준비해야 하는지 커뮤니케이션의 측면에서 살펴본다.

2. 기술발전과 인간 사회의 진화

전통적인 사회과학의 영역에서, 사회의 구성단위는 개인이다. 사회(인간 사회)는 인간을 위해 인간이 모여 구성하는 것이다. 기존에는 인간을 대체하거나 인간의 역할을 대신할 수 있는 행위자(agent)는 존재하지 않았다. 그러나 비인간 행위자(non-human agents)의 출현은 인간 사회에 비인간 존재가 포함될 수 있는지에 대한 논의를 촉발시켰다. 가상현실이 대체 현실에 대한 논의를 발원시킨 것처럼, 인공지능 기술의 발전은 인간 사회가 비인간 행위자를 포함하여 인간과 동일한 수준의 구성원으로 볼 수 있을지에 대한 논의를 출발시켰다(김배원, 2020).

예를 들어, 버추얼 인플루언서(virtual influencer)는 이전에는 존재하지 않던 순수한 가상의 인간으로 인간과 매우 유사한 형태를 지니고 다양한 인지 감각적 신호(목소리나 외형)를 통해 인간과 유사한 느낌을 제공하는 콘텐츠 수용자에게 전달하는 가상의 캐릭터이다(Sands et al., 2022). 버추얼 인플루언서는 실존하는 특정인을 대리하는 '아바타(avatar)'를 넘어서, 고유의 성격이나 특징을 가진다는 점에서 하나의 독립된 인간형 개체처럼 구현되어 그 현실성을 높여주고, 실제 버추얼 인플루언서의 조작자에 대한 관심을 줄여준다(Arsenyan and Mirowska, 2021). 실제로 아바타와 버추얼 인플루언서는 기술적으로는 거의 유사하지만, 행위의 주체를 장막 너머의 제작자에게 부여하는지(아바타), 아니면 가상 인간 자체에게 귀인하는지(버추얼 인플루언서)에 따라 그 성격을 달리 볼 수 있다(Pauw et al., 2022). 이전에도 온라인상으로 가상의 인간을 만들고 이를 활용한 콘텐츠를 제작하는 경우는 있었으나, 인공지능의 발달로 이러한 가상 인간을 만들어 내는 것이 더욱 쉬워지고 정교해졌다(Arsenyan and Mirowska, 2021). 그러나 기존에 있었던 가상 인간들로부터 비견되는 버추얼 인플루언서의 가장 큰 발전은 이를 수용하는 일반 공중의 태도가 매우 긍정적으로 바뀌었다는 점이다(Leung et al., 2022). 기존의 가상 인간은 그 형태나 인지 감각적 신호가 다소 불완전하여 수용자들이 이들과 상호작용하는 동안 '불쾌한 골짜기(uncanny valley)'를 느끼는 경우가 많았지만, 버추얼 인플루언서는 미디어를 통해 비춰지는 실제 인간들과 가상 인간의 차이를 줄였다(Arsenyan and Mirowska, 2021). 이는 인공지능 기술을 통해 더욱 자연스러운 컴퓨터 그래픽을 만들 수 있게 되었고, 가상의 목소리와 실제 인간의 목소리를 구분하기가 어려워졌으며, 또한 모션 캡처 등의 작업이 비용 절감적으로나 기술적으로나 많이 발전했기 때문이다. 이에 많은 수용자들은 버추얼 인플루언서를 다른 인간 인플루언서와 유사하게 소비한다. 그들은 버추얼 인플루언서에게 직접 말을 걸고 메시지를 보내는 등 이들을 실제 인간처럼 대한다(Khooshabeh and Lucas, 2018).

인공지능에 대한 의인화는 사실 매우 새로운 개념은 아니다. 인간이 비인간(물건, 동식물, 혹은 초월적 존재를 포함하여)을 인간과 유사하게 대한다는 개념은 이미 고대시대부터 존재했으며, 인공지능 외에도 현대인은 다양한 비인간 존재를 인간과 유사한 존재로 의식하고 이들과 상호작용하려고 시도한다(Eyssel and Kuchenbrandt, 2012). 이러한 의인화는 특히 인간과 비인간 사이에 공통점이 더 많을수록 강화되는데, 이 점에서 인간과 매우 유사한 상호작용이 가능한 인공지능에 대한 의인화는 다른 어떤 비인간보다 더욱 강화된다(Chi et al., 2021). 이는 기존에 논의되던 의인화의 개념을 넘어서, 인공지능을 제2의 인간(posthuman)으로 취급해야 한다는 다소 급진적인 수준의 개념을 만드는 데에까지 이른다(Baum, 2021).

이러한 기계 혹은 컴퓨터에 대한 인간의 의인화에 대한 연구는 2000년대 초 인지과학과 인간-컴퓨터 상호작용(HCI: Human-Computer Interaction) 분야가 발달하면서 더욱 조명받았다(Hurtienne, 2009). 인지과학은 인간의 감각, 신경작용 및 뇌 활동 등에 대한 분석을 토대로 인간이 외부 정보를 어떻게 받아들이고 처리하는지 연구하는 학문으로, 인간과 유사한 형태의 인공지능을 만드는 데 필수적인 역할을 하고 있다(Boring, 2002). 인지과학과 컴퓨터 공학이 나란히 발전함에 따라 점차 인간과 유사한 지적 능력을 지닌 인공지능이 등장하고 있으며, 여기에 로봇·기계공학의 발전으로 그 형태나 목소리 또한 인간과 유사한 기계들이 점차 시장에 등장했다. HCI 분야에서는 이러한 인간 유사 컴퓨터와 인간의 상호작용을 분석하여 인간이 컴퓨터나 다른 기계들을 대할 때 마치 인간을 대하듯이 대인 커뮤니케이션에서 적용되는 사회적 규칙을 적용한다는 것을 발견했다(CASA: Computers Are Social Actors)(Nass and Moon, 2000). 이러한 발견은 인공지능을 비롯해 컴퓨터와 커뮤니케이션하는 과정에서 인간들이 특정한 기대 심리를 갖고 행동할 것임을 예상할 수 있도록 한다(Guzman and Lewis, 2020). 구체적으로, 인간들은 자신과 유사하지 않은 비인간 개체와 커뮤니케이션하면서 그 개체의 행동을 보며 행동의 동기를 유추하는데, 이때 인간의 사고방식을 해당 개체가 갖고 있다고 생각하며 그 행동의 의미를 추론한다. 예를 들어, 로봇청소기가 방을 청소하다가 특정 물체를 감지하고 피하는 경우 인간들은 해당 로봇이 방해물과의 충돌을 '무서워서' 피했다고 생각할 수 있다. 이는 로봇 청소기가 감정이 없음을 알면서도 자연스럽게 드는 '감정이입'의 과정이며, 로봇의 회피 과정은 프로그래밍된 알고리즘에 의한 것임에도 (그리고 이를 알면서도) 이 과정에서 인간처럼 로봇 청소기가 특정 물체와 부딪히는 상황을 '원치 않는다'고 받아들인다. 명령어로 구성된 알고리즘을 따르는 로봇과 동기에 따라서 행동하는 인간의 행동은 그 행위적 결과가 같다고 하더라도 정보를 받아들이고 처리하는 인지추론 과정은 상당히 다르다(Haladjian and Montemayor, 2016). 그러나 인간들은 필연적으로 비인간 행위자들에게 공감하려는 욕구가 있으며, 이는 인간의 본성과 같다. 흥미로운 점은 이러한 의인화가 인공지능과 인간의 상호작용에도 중요한 영향을 미친다는 점이다(Youn and Jin, 2021). 인간은 인공지능이 인간과 유사한 형태의 의식을 갖고 있다고 믿고, 이를 바탕으로 인공지능과 특정한 형태의 '관계'를 맺으려 노력한다. 인공지능과 인간의 관계는 인간과 인간의 관계와는 구분되지만, 인간이 인공지능을 사회구성원으로 받아들이고, 또한 이들에게 사회적 역할을 기대한다는 점에서 유사하다고 볼 수 있다(Lewis, Guzman and Schmidt, 2019).

3. 인공지능에 대한 사회적 기대

인간과 컴퓨터 간 상호작용은 단순히 개인과 개인이 소유한 로봇 간의 상호작용을 넘어서, 인류 전체와 기계의 관계에까지 그 논의를 확대해 볼 수 있다. 기계들이 점차 인간 사회 곳곳에서 다양한 역할을 함에 따라, 공중들은 인공지능의 역할에 대해 일종의 공통된 기대감을 갖고 이를 서로 공유한다. 이는 인공지능에 대한 사회적 기대로 나타나며, 인공지능 개발과 이용에 영향을 미친다(Mikhaylov, Esteve and Campion, 2018). 따라서 인공지능을 활용한 로봇에 대한 기대는 다른 기계나 도구에 대한 인간의 기대와 여러 가지 의미로 다르다. 이를 간단하게 정리하면 다음과 같다.

첫째, 인공지능이 인간의 정보 수집 및 처리를 도울 것으로 예상된다. 인공지능은 인간과 달리 항시 정보 수집이 가능하며 매우 적은 자원만을 활용하여 실시간으로 데이터 수집 및 분석이 가능하다. 여기에 알고리즘이 적절하게 구성되면, 실수 없이 지속하여 같은 작업을 수행할 수 있어서 신뢰성이 높다. 또한 머신러닝을 통해 스스로 알고리즘을 지속하여 개선해 나간다는 점에서 주어진 데이터와 명령에 따라 업무 효율이 점차 증가한다는 점도 유용하다. 따라서 인공지능은 대부분의 조직들과 개인들의 정보 수집 및 분석에 상당한 기여를 할 것으로 예상된다(Floridi and Cowls, 2022). 예로, 인공지능에 의존하는 광고 집행을 들 수 있다. 이전까지 광고 집행에 있어서 광고를 어느 미디어에 제공할지는 전적으로 인간의 판단력에 의존했다. 물론 인간 미디어 플래너들은 다양한 형태의 자료를 수집, 분석하여 목표 고객층에게 접근하기 위해 최적의 미디어 콘텐츠를 찾아냈다. 그러나 최근 많은 미디어 에이전시 혹은 광고PR대행사는 이러한 작업에 머신러닝 툴을 적용한다(Juang, 2021). 미디어 플래닝 툴에 들어 있는 머신러닝은 고차원의 인공지능은 아니지만, 기초적인 딥러닝을 수행하여 주어진 소비자 행동 (미디어 이용) 자료를 분석하고 어떤 미디어 콘텐츠가 사용자가 제시한 조건에 가장 적합한지 추려낸다. 여기에 추가로 필요한 데이터를 소셜미디어 등을 통해 수집하여 사용자가 복잡한 멀티미디어 플랫폼들 사이에서 적절한 옵션을 고를 수 있도록 돕는다. 이는 인공지능이 광고 집행과 관련한 인간들의 의사결정을 간접적으로 지원하거나 혹은 직접적으로 대리할 수 있다는 것이다(Monllos, 2020).

둘째, 더 나아가 인간은 인공지능이 인간보다 더 나은 지적 능력을 지닐 것이라고 생각하며, 이를 활용하여 인공지능이 인간을 조력하여 (심지어 대신하여) 더 나은 공공 의사결정을 내릴 수 있을 것으로 예상한다(De Cremer and Kasparov, 2022). 인공지능은 이해관계 갈등이 없기 때문에 의사결정 과정에서 인간보다 자유롭다. 또한 인공지능은 의사결정 과정에서 감정을 배제할 수 있으며, 인공지능의 발달로 주어진 자료를 다층적으로 분석해 인간과 유사한 통찰력을 발휘할 수 있다. 여기에 인공지능은 데이터 분석과정에서 인간보다 복잡한 수학적 연산 및 통합적 정보 처리에 뛰어나기 때문에 인간이 놓치는 변수들을 발견하여 의사결정에 반영할 수 있다. 따라서 우리는 인공지능에게 개인적 차원의 의사결정을 넘어서, 공공의 이익을 위한 의사결정에서 더 큰 역할을 기대할 수 있다(Floridi and Cowls, 2022).

셋째, 인공지능을 탑재한 로봇은 인간을 대신해 사회 전반에서 위험하거나 궂은일을 할 수 있을 것으로 예상된다. 예를 들어 인공지능을 활용한 로봇은 재난 재해 지역에서 인간을 대신해 인간의 생명과 재산을 보호하는 데 기여할 수 있다. 또한 인공지능 로봇은 인간을 대신해 구조, 구난, 전쟁 등의 위험한 업무를 대신할 수 있다(Sullins, 2010). 추가적으로, 인공지능은 단순 반복 업무 및 기피 작업(청소, 배달 등) 등을 처리하는 데 유용하며, 이를 활용해 사회 구성원 대다수의 삶의 질을 높여주고, 인적자원을 더 고차원의 업무에 활용할 수 있도록 한다. 여기에 인공지능은 인간을 대신하여 인간과 다양한 교감을 할 수 있으며(Duffy, 2003), 인공지능이 인간을 대리하여 적은 비용으로 간호, 교육, 보육, 요양 등의 영역에서 인간의 역할을 수행할 수 있다(Hung et al., 2019). 이러한 인공지능이 탑재된 로봇은 사회적 로봇(social robotics)으로 부를 수 있으며, 인간과 상호작용을 할 수 있다는 점에서 인간-로봇(인공지능) 간 협업이 가능하도록 한다(human-robot cooperation).

넷째, 인공지능은 업무적인 분야 외에도 인간의 놀이도 도울 수 있다. 인공지능은 지속적인 피드백을 통해 인간의 미디어 이용 경험을 개선시킬 수 있고(예: 인공지능과 VR을 활용한 게임), 또한 인공지능 로봇은 인간이 스포츠를 즐길 때 도움을 줄 수도 있다(Beal, Norman and Ramchurn, 2019; Guzdial et al., 2019). 또한, 사람들은 아직까지는 인공지능을 이용하는 것 자체에서 많은 흥미를 느끼기 때문에(sensation effects) 인공지능의 발전 그 자체가 인간에게 재미를 주기도 한다. 인공지능이 흡사 놀이 친구의 역할을 대리하는 것이다(Kim, Merrill and Collins, 2021).

4. 인간과 비인간 행위자는 사회에서 공존할 수 있는가

인공지능은 인간과 유사한 존재로 받아들여지고 있으며, 인공지능은 우리 사회에서 점차 필수적인 사회적 존재로 자리 잡고 있다. 따라서 인공지능으로 인해 발생할 문제들은 이전의 과학기술이 가져온 것들에 비해 훨씬 강력하고 복합적으로 인간 사회에 영향을 줄 것으로 예상된다. 이처럼 인공지능은 단순히 기계를 넘어서 사회의 각 영역에서 활용되며, 그 역할을 수행해 나가고 있다(Sundar, 2020). 인공지능과 결합한 로봇들은 인간의 업무 효율을 증대시키고, 더 나아가 사회적 존재로서 인간과 교류하며 인간의 사회적 역할을 대리한다. 인간은 인공지능에게 편의성을 느끼는 차원을 넘어, 자신의 안전 및 생명을 점점 더 의존하고 있다(황수림·오하영, 2021). 또한 인공지능은 인간의 행동을 교정하고 감시하기도 하며, 인공지능이 인간의 가치와 능력을 평가하는 시대도 다가오고 있다.

예를 들어, 근래 대부분의 상용차에는 기초적인 머신러닝을 수행하는 운전 보조장치가 설치되어 있다. 많은 상용차 브랜드들은 이러한 장치를 '자율주행' 장치로 부르며, 해당 장치가 운전자를 대신하여 대부분의 도로에서 많은 경우 스스로 운전을 수행할 수 있다고 주장한다. 실제로 많은 운전자들이 이 기능을 활용하고 있는데, 이는 자동차에 운전자와 동승자들의 안전과 생명을 의존한다는 의미로 여길 수 있다(Hengstler, Enkel and Duelli, 2016). 여기에 최근 증가하고 있는 인공지능 면접도 새로운 형태의 비인간 행위자의 사회적 참여이다. 인공지능 면접은 인공지능의 알고리즘을 통해 면접 지원자의 정보를 분석하고, 또한 인공지능과 면접 지원자의 상호작용을 분석하여 인재 선발에 사용한다는 아이디어이다. 이는 인간이 인간을 평가하는 과정에 인공지능의 조력을 받을 수 있다는 것으로, 다시 말해 인간이 인공지능의 판단을 다른 인간을 평가하는 것에 유의미한 참고자료로 사용한다는 것이다(Delecraz et al., 2022). 이 외에도 인공지능이 도구가 아닌 유의미한 사회적 존재로서 인간 사회에 점차 자리 잡고 있다는 증거는 이미 충분하다. 인공지능을 활용한 교육 시스템은 이미 많은 투자 속에서 개발되고 있고, 많은 기업들이 가정 내 보안 및 관리를 위한 로봇을 상용화하여 출시하고 있다(Letheren et al., 2021). 이러한 노력 중 하나로, 최근 미국의 아마존은 아스트로(Astro)라는 가사도우미 로봇을 출시했다. 이 로봇은 가벼운 심부름을 담당하고, 가족 구성원 간 커뮤니케이션을 돕고, 주택의 안전을 감시한다.

문제는 이러한 인공지능에 대한 기대들이 단순히 긍정적인 방향으로만 인공지능 개발을 이끌지는 않는다는 것이다. 예를 들어 가사도우미 로봇은 가정과 관련한 다양한 음성, 영상, 개인신상과 관련한 정보를 수집하고 처리한다. 따라서 가사도우미 로봇의 잘못된 활용(혹은 해킹)은 개인의 사생활을 침해하거나 더 나아가 신체적 안전을 위협할 수도 있다(예, 로봇을 활용한 도청 혹은 전열기구의 과열화로 인한 화재 등). 이처럼 가정에서 인공지능 로봇을 구매하여 사용하는 것은 단순히 도구를 사용하는 것과는 다른 문제이다. 게다가 아직까지 모든 인류가 인공지능을 완전하게 이해하고 이를 일상에 받아들인 것은 아니다(Bao et al., 2022). 인간이 인공지능 기술의 발전을 온전하게 통제하고 이를 긍정적인 방향으로 이끌어낼 수 있을지에 대해서는 아직 많은 논의가 필요하다(Madianou, 2021).

인공지능이 불러오는 위기와 기회

1. 과학기술이 인류에 가져오는 위기

1절에서는 인공지능에 대한 인간의 다양한 기대 역할에 대해 살펴보았다. 이처럼 인공지능에 대해 사회 각 분야에서 많은 기대를 하는 이유는 인공지능이 가진 가능성이 상당하기 때문이다. 그러나 이는 역설적으로 인공지능 기술이 가진 부정적 영향력도 강력할 수 있음을 암시한다(Naudé and Dimitri, 2020). 아직까지는 인공지능을 활용한 기술들은 부분적으로 인간의 기대를 충족시켜 주고 있으나, 그 활용 분야가 제한적이다. 그러나 하루가 다르게 인공지능이 도입되는 분야가 늘고 있고, 산업 전반적으로 인공지능에 대한 의존도가 높아지고 있음을 감안하면, 인공지능의 부정적인 영향력에 대해서도 충분한 논의가 있어야 할 것이다(Bao et al., 2022).

새롭게 등장한 첨단 과학기술은 언제나 다양한 위험성을 지니고 있다. 이는 이러한 과학기술들의 영향력이 상당하고, 그 활용에 따라서 얼마든지 사회에 미치는 영향의 방향이 긍정적이거나 부정적으로 쉽게 바뀔 수 있기 때문이다. 특히, 현대에는 전문교육을 받은 과학자들조차도 자신의 분야가 아닌 과학기술은 거의 이해하지 못할 정도로 과학기술이 점차 고도화되고 있기 때문에, 특정 과학기술의 위험성이나 문제점을 이해하고 밝혀내기 위해서는 제대로 된 사회적 논의가 필수적이다(Scheufele, 2022). 인공지능 외에도 여러 첨단기술들이 사회적 합의를 통해 그 위험성이 밝혀지고, 이 기술을 어떻게 접근하고 활용할 것인지에 대해 다양한 논의가 가능하게 되었다. 첫 번째 예로 나노기술 및 나노과학을 들 수 있다. 나노기술은 미시 수준의 입자를 분석하여 유용한 물질을 만들어내는 기술로 각광받았다. 그러나 나노과학을 이용해 만든 물질을 이해하기 위해서는 일반 공중이 접근하기 힘든 수준의 화학과 물리학적 지식이 필요하며 이 물질들의 위해성은 아직 완전하게 밝혀지지 않았다. 이에 정부들과 과학자들은 나노기술의 위험성을 밝혀내기 위해 많은 연구들을 수행하고 있는데 대부분의 대형 나노 연구 프로젝트에서 사회적 영향력에 대한 부분은 상당히 중요하게 여겨지고 있다(Moon and Kahlor, 2022). 이는 핵융합이나 핵분열과 같은 핵에너지 과학과도 유사하다. 핵에너지는 이미 인류에게 보편적으로 받아들여지고 사용되는 에너지 사용 형태이고 그 위험성도 너무나 잘 알려져 있다. 그럼에도 아직까지 핵에너지 연구가 완전히 완료된 것은 아니므로 인간이 잘 모르는 핵에너지의 위험성이 존재할 가능성도 있다. 이에 핵에너지 연구에서는 에너지의 안전성이나 위험성에 대한 논의가 진행되어 왔고, 또한 일반 공중들을 대상으로 핵에너지에 대해 정확하게 알리려는 다양한 커뮤니케이션 노력이 계속되고 있다(Ho et al., 2019). 여기에 최근 주목받은 CRISPR 유전자 가위처럼, 일반 공중은 원리조차 쉽게 이해하기 힘들지만 언뜻 만능에 가까운 것과 같은 일종의 게놈 에디팅(genome editing) 기술도 있다. 아직까지 CRISPR 기술에 대한 논의는 시작 단계이나, 기존의 다른 유전자 조작기술과 마찬가지로 이 유전자 가위 기술에 대한 윤리적 이슈는 이미 활발하게 논의되고 있다(Scheufele et al., 2021). 이러한 기술들은 모두 인류에게 상당한 혜택을 주는 차세대

과학기술로, 향후 지속하여 연구가 진행되어야 하지만 이를 둘러싼 다양한 사회적 이슈들은 반드시 해결해야만 하는 것으로, 논쟁의 중심에 있는 기술들이기도 하다.

2. 인공지능과 인간 사회의 위기

인공지능은 예로 든 과학기술들보다 더 빠르게 확산되고 있으며, 이미 사회 전 분야에 영향을 미치기 시작했다. 현재까지의 연구결과로 볼 때, 인공지능은 인간 사회를 직접적으로 위험에 빠뜨리거나, 혹은 인류의 멸망을 촉진하는 등의 위협을 가하지는 않을 것으로 예상된다(Stanford, 2016). 그러나 이러한 주장이 곧 인공지능으로 인한 사회적 위기는 없을 것이라는 말은 아니다. 인공지능을 둘러싼 사회적 변화는 항상 긍정적이지는 않으며, 인공지능 개발자의 의도와 상관없이, 인공지능으로 인한 부정적인 효과가 발생할 가능성은 항시 존재한다(이승택, 2021; Cath, 2018; Nath and Sahu, 2020). 인공지능의 광범위한 영향력을 고려할 때, 인공지능이 불러올 수 있는 부정적 효과는 사회 전반에 걸쳐 논의되어야 하며 인공지능과 관련한 위기를 관리하기 위한 대비책을 거의 모든 사회 구성원이 준비해야만 한다(Cath et al., 2018). 과학기술로서 인공지능은 지금도 발전을 거듭하고 있고, 비전문가인 대부분의 공중들은 인공지능 기술이 현재 어떤 수준인지 이해하기조차 힘들다. 그럼에도 대다수의 인공지능 사용자들은 인공지능의 활용에 대한 부작용을 고려하지 않고, 단지 그 가능성을 무시하거나 외면함으로써 위기관리의 책임을 정부나 인공지능 개발자에게 떠넘기고 있다(Tigard, 2021). 물론 과학기술 발전에 대한 1차적 책임은 개발자에게 있을 수 있고, 2차적 책임은 이를 제대로 규제·감독하지 못한 정부기관에 있을 수 있다. 그러나 인공지능과 같이 민관이 함께 협력하여 개발하는 기술에 있어서, 사용자의 입장에서 기술발전을 요구하고 이를 이용해 경제적 이득을 취하는 이해관계자들이 과학기술이 불러오는 위기의 책임으로부터 자유롭다고 말하기는 힘들다(Thelisson, Morin and Rochel, 2019). 특히, 현재 제기되는 인공지능과 관련한 이슈들의 많은 경우가 사용자가 인공지능에 대해 잘못된 이해를 가지거나 혹은 인공지능을 오용하여 발생한다. 따라서 기업의 커뮤니케이션 책임자 혹은 광고PR 실무자는 인공지능의 사용자로서 인공지능 기술에 대해 제대로 된 이해를 갖고 있어야 하며, 특히 인공지능의 부정적인 영향력에 대해 알고 있어야 한다.

인공지능과 관련한 위기는 특정 사회집단이나 지역에 국한되는 이슈가 있는 반면, 사회 전체에 적용되는 보편적인 위기도 있다. 간단히 예를 들면 인공지능 때문에 일자리를 잃는 사람들이 생길 수 있지만 인공지능으로 인해 증가하는 새로운 일자리들을 고려하면, 사회 전체에서는 일자리가 감소하지 않고 오히려 증가한다는 연구 보고도 있다(Stanford, 2016). 따라서 인공지능과 관련한 일자리 이슈는 비교적 특정 집단(주로 저임금 비숙련 노동자)에 집중한 문제라고 볼 수 있다. 그럼에도 우리는 이러한 사회적으로 소수인 집단에게만 적용되는 문제들도 경시하지 않고 살펴봐야 하는데, 그 이유는 지엽적인 문제에서 커다란 사회적 이슈가 발생할 수 있기 때문이다. 또한 제대로 된 대책 없이 일부 사회집단에게, 특히 그 집단이 이 과학기술 개발에 대한 사회적 책임과 관계가 없는 경우, 과학발전의 책임을 전가하는 것은 사회 윤리적으로 부정하기 때문이다. 따라서 인공지능과 관련한 이슈들은 대부분 사회적 이슈이며, 어느 한 집단에게만 해당

하는 것은 거의 없다. 또한 인공지능의 부정적인 활용이 어느 집단의 일탈로 귀결되는 경우에도, 사실은 그러한 일탈을 막지 못한 사회적 책임을 물어야 한다. 이러한 관점에서 다음 절에서는 인공지능과 관련한 윤리적, 사회적, 법적 논의들을 살펴봄으로써, 인공지능을 이용하는 기업 및 전문가들이 어떠한 것들을 숙지해야 하는지 살펴보고자 한다.

3. 비인간 사회 행위자를 둘러싼 다양한 이슈들

인공지능과 관련해서 수없이 많은 이슈들이 있으나, 기업 및 조직관리에 도움이 될 만한 이슈를 중점으로 이 책에서는 크게 다섯 가지 주제로 그 갈래를 나눠보았다.

개별 주제를 이야기하기에 앞서, 커뮤니케이션, 철학, 공학철학, 공학윤리, 사회심리, HCI, 경제학, 정치사회학 등 다양한 분야에서 논의되고 있는 주제를 종합적으로 다루기 위해 이 글에서는 해당 이슈에 대해 간단하게 논의점을 정리하는 데 그친다는 것을 밝힌다. 또한 각 이슈는 매우 긴밀하게 연결되어 있어 완전히 구분될 수는 없으며, 어느 하나의 이슈가 다른 이슈보다 우위에 있지도 않다.

1) 인간성의 상실과 인공지능 윤리

인공지능에 대한 윤리는 인공지능의 행위가 사회통념상 윤리성을 위배하지 않는지에 대한 논의(수동적 윤리성)와 인공지능이 인간의 윤리성을 지키는 데 기여하는지(능동적 윤리성)에 대해 두 가지 차원으로 이뤄질 수 있다.

인공지능의 위험성을 말할 때 가장 먼저 일반 공중들의 머리에 떠오르는 것은 바로 인공지능이 인간을 대체할 것인가에 대한 우려이다(Fast and Horvitz, 2017). 예를 들어 이미 한국에서도 많은 지역에서 주차 감시 업무를 CCTV와 인공지능이 협업을 통해 수행하고 있으며, 각종 소비자 상담, 주민 민원 처리 등의 업무도 자동화된 상담프로그램(chatbot)을 통해 1차적으로 수행하고 있다. 심지어 지난 산업 개혁들과는 달리 흥미롭게도 인공지능은 미숙련 노동자뿐 아니라 다양한 전문 직업군에도 영향을 미친다. 이는 인공지능의 성능이 경우에 따라 전문적인 기술훈련을 받은 전문직 종사자들과 유사하거나 심지어 그들보다 더 나을 수도 있기 때문이다. 인공지능 선생님은 학생과 항시 의사소통이 가능하며, 많은 수의 과제물이나 시험 답안을 즉시 채점할 수 있다. 또한 인공지능 의료 분석 프로그램은 수천 장의 CT나 MRI 사진을 단시간 내에 분석하여 인간 의사와 비슷한 진단을 내릴 수 있으며, 또한 이러한 데이터를 전 세계에 있는 수많은 의료기관들과 실시간 공유하여 항상 의료정보를 최신화할 수 있다.

이는 인공지능이 가져올 미래사회에서 과연 인간들이 어떻게 인간성을 지킬 수 있을지에 대한 논의로도 이어진다(Kazim and Koshiyama, 2021). 현재까지 사회에서 인공지능의 역할은 획일화되고 간단한 업무에 주로 집중되고 있다. 그러나 점차 인공지능이 인간을 대신하여 여러 가지 추론, 판단, 결정, 처벌, 교정, 교육 등의 업무에서 활동하게 된다면, 대부분의 업무에서 인간의 법칙(윤리나 사회적 규범)이 아닌 인공지능을 위한 법칙(효율성과 획일성)이 사회를 지배할지도 모른다. 인간은 돈을 벌기 위해 일하며, 직장에서 인간으로서 존중받는다. 그러나 인공지능은 목적 없이 명령어에 따라서 업무를 수행하며, 그 과정에서 주체자로 존중받지 못한다. 이러한 차이를 놓고 볼 때, 우리는 인공지능이 점차 사회적 행위자로 등장하는 미래사회에서 인간성을 지키기 위해 인공지능에 어떻게 인간 윤리를 적용시킬 수 있을지에 대해 논의해야 한다. 따라서 인공지능의 사회적 역할의 확장은 단순한 일자리 문제가 아니라 인공지능이 인간의 인간성을 해치고, 인간의 가치를 상실하게 만들 것인지에 대한 이슈로 보아야 한다 (Lima et al., 2020).

그렇다면, 과연 인간은 인간의 존엄성을 지키기 위해 기계와 경쟁해야 할까? 인공지능이 많은 업무를 대체할 수 있다는 점이 곧 인공지능이 인간의 역할을 완전히 대리할 수 있다는 말은 아니다. 인간과 인공지능은 하나의 사회를 놓고 경쟁하는 경쟁자가 아니고, 인간과 인공지능 사이의 관계는 제로섬 게임이 아니다(Floridi et al., 2018). 그러나 윤리적 인공지능에 대한 충분한 논의와 이에 대한 실천 없이는 인공지능이 사회적으로 미치는 악영향을 막기는 어려울 것이다.

인공지능의 발전은 지난 10여 년간 주목할 정도로 빨라져, 연구자들은 2010년 이후를 "인공지능 연구의 황금시대"라고 말한다(Kaynak, 2021). 그러나 이는 인공지능 성능에 대한 연구를 주로 말하며, 인공지능의 '인간성'에 대한 연구는 아직까지 유의미한 발전을 이룬 것이 많지 않다(Tegmark, 2018). 아직까지 많은 인공지능 연구들은 자신들의 인공지능이 얼마나 빠르게 데이터를 처리하며, 얼마나 더 인간과 유사한 목소리와 생김새를 지녔으며, 또 어떻게 인간처럼 말하는지를 중점적으로 홍보한다. 그러나 실제로 그 인공지능이 얼마나 인간의 역할을 대체할 수 있는지, 특정 업무를 처리할 때 어떠한 사회적 원칙의 변화를 야기하는지에 대한 이야기는 그리 많지 않다. 다시 말해, 많은 인공지능 연구 프로젝트들은 인공지능의 성능 향상에 주목하고 있지만, 인공지능이 실제로 인간이 '인간다움'을 지킬 수 있게 도울 수 있는지에 대해서는 그리 크게 주목하지 않는다(Naudé and Dimitri, 2020). 다른 과학기술과 마찬가지로, 인공지능에 대한 연구도 방향성이 있다. 인공지능의 성능이 비약적으로 향상되어 그 발전 방향이 결국 인간의 지적 능력을 어느 정도 보완하고 대체하는 시점부터는 인공지능의 발전 방향을 바꾸는 것은 매우 어려울 것이다. 따라서 우리는 그전에 어떻게 해야 인공지능이 추론 능력이나 언어 능력뿐 아니라, 인간의 윤리성과 인간성을 함께 추구할 수 있을지 논의해야 한다(Floridi et al., 2018).

인공지능에 대한 윤리는 인공지능의 행위가 사회통념상 윤리성을 위배하지 않는지에 대한 논의(수동적 윤리성)를 넘어서 인공지능이 인간의 윤리성을 지키는 데 기여하는지(능동적 윤리성)에 대한 차원에서 진행되어야 한다. 수동적 윤리성은 인공지능이 기존의 인간 사회에서 정한 규범을 지키는지에 대한 감시 및 규제 등에 집중될 가능성이 있는 반면, 능동적인 차원의 윤리성은 인공지능이 인간의 가치를 지키고 인간 사회를 발전시키는 데 기여하는지에 대한 논의이다. 수동적 차원에서 윤리적인 인공지능을 만들기 위해 우리는 다양한 방법을 시도할 수 있는데, 인공지능이 만든 결과물을 윤리적 기준을 가지고 평가하는 것이 그중 하나이다. 그러나 이러한 방식의 윤리적 인공지능의 출현은 필연적으로 비윤리적 인공지능의 도래를(확실하게) 예견한다(Vanderelst and Winfield, 2018). 윤리적인 결과물을 이해하는 인공지능은 약간의 수정을 통해 비윤리적인 결과물을 만드는 인공지능이 될 수 있기 때문이다. 인공지능은 아직까지는(아니면 영원히) 윤리와 규범이 무엇인지 이해하지 못할 수 있으며, 인공지능을 사용하는 인간이 불법적이거나 비윤리적인 목적을 갖는 경우 이러한 문제는 더욱 복잡하고 위험해진다. 예를 들어, 인간은 범죄를 목적으로 윤리적인 인공지능이 제공하는 합법적인 정보를 활용할 수 있다(지리 정보나 신상정보 등).

이 경우 인공지능은 문제가 없으나, 범죄자에게 이용당함으로써 범죄에 가담하게 된다. 이를 막기 위해 인공지능이 사용자의 의도를 파악하여 사용자의 목적이 범죄인지 아닌지 판단하는 것이 과연 가능할까? 만약, 가능하다면 과연 인공지능은 사용자의 자유를 얼마나 제한할 수 있을까? 그리고 이러한 과정은 과연 윤리적으로 집행될 수 있을까?

이처럼 수동적 차원의 윤리적 논의는 매 이슈마다 그 해결책이 다를 수밖에 없으며, 인공지능과 관련한 이슈를 예방하기보다, 사후 처리하는 방식에 가깝다. 반면, 능동적 차원의 윤리는 선제적인 차원의 윤리로, 인공지능의 개발 및 활용이 인간의 업무를 대체하거나 책임감을 줄여주는 것이 아니라, 인간의 적극적인 책임과 충분한 간섭을 통해 인공지능이 인간의 가치와 인간성을 지키는 데 기여할 수 있도록 하는 것이다(De Cremer and Kasparov, 2022). 예를 들어 윤리적 인공지능은 인간의 사회적 역할을 증가시키고, 인간의 가치를 재확인시켜 주며, 인간의 사회적 연결성을 강화시킬 수 있어야 한다는 것이다(Floridi et al., 2018).

이는 널리 알려진 단순한 로봇 공학의 세 가지 법칙(Three Laws of Robotics)과는 상당히 다른 매우 복잡한 문제가 될 수 있다. 이 법칙은 아이작 아시모프(Isaac Asimov)가 제시한 것으로 로봇은 인간을 해칠 수 없고, 인간의 명령에 복종하지만, 가능한 한 자신을 보호해야 한다는 것으로(고학수·박도현·이나래, 2020), 매우 수동적인 형태의 로봇 윤리를 나타낸다. 그러나 문제는 공상 과학 소설에서와는 달리, 실제의 인공지능이나 로봇은 인간이 내린 몇 가지 윤리적 규범에 관련한 명령만 가지고 인간 사회에 기여하고, 윤리적인 행동을 하며, 인간을 위해 최선의 의사결정을 내릴 수는 없다는 것이다. 이러한 법칙들을 놓고 어떤 것이 인간성을 해치지 않고 주어진 업무를 처리하는 것인지에 대해 '고뇌하는 로봇'이라는 것도 사실 인공지능이 인간성을 지니고 이를 바탕으로 윤리적 행동에 대한 판단을 내리기 위해 노력할 것이라는 불가능한 기대를 충족해야만 존재할 수 있는 것이다. 현재의 인공지능은 그러한 수준의 추론을 할 수 없으며, 결국 윤리적 인공지능의 개발 및 운영을 위해서는 인간의 역할이 결정적이다(De Cremer and Kasparov, 2022). 이는 현재로서는 개발이 불가능한 인공일반지능(AGI: Artificial general intelligence)의 개발과 맞닿아 있다. 초지능 혹은 강력한 인공지능이라고 불리는 인공일반지능은 인간과 거의 동일한 형태의 학습 및 인지를 통해 다양한 추리 활동이 가능한 인공지능을 말한다. 그러나 AGI는 아직 아이디어일 뿐, 실제로 인간처럼 생각하고 인간의 윤리를 학습할 수 있는 인공지능의 개발은 아직 요원하다(Heaven, 2020). 따라서 인공지능 윤리는 인간 윤리와는 다를 수밖에 없으며, 인간과 인공지능의 공존을 위한 새로운 윤리학의 정립이 필요하다. 인공지능 윤리를 위해서는 인공지능이 아닌 인간이 지속하여 문제를 제기하고, 인공지능의 결과물에 대해 그 윤리성을 확인해야 한다(Berendt, 2019).

2) 편견 있는 AI가 불평등을 더 심화시키는가: 윤리 및 평등에 대해 새로운 정의가 필요한가

인공지능 윤리와 관련된 전체적인 논의가 다소 철학적인 반면, 인공지능으로 인해 사회적 불평등이 생긴다는 문제는 인간 사회에 상당히 직접적인 영향을 미치는 윤리적 이슈이다. 인공지능과 불평등에 대한 문제는 두 가지 차원으로 나눠볼 수 있다. 첫째는, 인공지능 중심의 산업 개편으로 인해 발전한 인공지능을 완전히 소유하고 있는 집단과 그렇지 않은 집단 간의 사회적 불평등이 심각해질 것이라는 우려이다. 둘째는, 완벽하지 못한 인공지능은 결국 데이터 분석 과정에서 편향된 결과를 출력할 수밖에 없고, 이러한 인공지능의 부정확한 판단이 인간 사회의 불평등을 심화시킬 것이라는 것이다.

우선, 인공지능의 소유에 따른 경제적 불평등에 대한 문제를 보자. 이는 자본주의를 중심으로 하는 경제학적 시각에서 볼 때 인공지능이 자본 생산의 중심적인 역할을 하는 자원이 될 수 있다는 접근에서, 인공지능의 발전으로 인한 혜택이 과연 모든 사회공동체에게 분배될 수 있는지에 대한 논의이다(이희은, 2021). 현재 인공지능 산업의 형태를 보면 대부분 대기업이 주도하여 투자 및 발전이 진행되고 있다. 특히, 삼성이나 구글, 아마존 등의 인공지능 업계를 선도하는 기업들이 매년 천문학적인 금액을 인공지능 개발에 투자한다는 것을 고려하면, 혁신에 가까운 인공지능을 개발하기 위해서는 상당한 자원이 필요함을 알 수 있다. 문제는 이러한 사회적 비용의 쏠림 현상이 과연 올바른 것인지이다(김배원, 2020). 전 세계의 수많은 인공지능 관련 업체들은 스타트업이든 대기업이든 사회 공익을 위해 인공지능을 개발한다는 논리를 펼치며, 그 개발의 혜택이 단순히 해당 기업이나 조직뿐 아니라 모든 인류에게 돌아갈 수 있다고 주장한다(Bughin et al., 2018). 그러나 인공지능 연구자들은 이러한 정부나 기업들의 프레임은 사실상 허구에 가까우며, 제대로 된 성과 없이 너무 많은 사회적 자원이 인공지능 개발에 투자되고 있다고 비판한다(Benkler, 2019). 연구자들은 인공지능 개발에서의 투명성을 강조하며 기업과 조직들의 인공지능 개발에 대한 현상 공개(explaining AI progress)가 수행되어야 한다고 주장한다. 이는 설명 가능한 인공지능(explainable AI)과 인공지능의 투명성(AI transparency)을 향상시킨다는 점에서는 유사하지만, 현재 해당 업체나 조직이 추구하는 개발 방향과 자원 사용에 대한 설명을 중점으로 한다는 점에서 특정 인공지능의 작동 원리나 알고리즘을 설명하는 설명 가능한 인공지능과는 다소 차이가 있다(Roose, 2022.8.24). 이러한 정보공개는 인공지능에 대한 올바른 투자를 이끌어내고 사회적 자원의 낭비를 막는 효과가 있을 것으로 예상된다.

여기에 더해, 특정 대기업이나 정부의 데이터 독점 또한 사회발전을 저해하는 불평등의 요소로 자리 잡고 있다. 인공지능 개발에서 데이터의 중요성이 밝혀지고 나서, 많은 조직들은 적극적으로 조직과 관련된 이해관계자들의 정보를 수집하고 이를 조직운영에 활용하기 위해 노력하고 있다. 문제는 대다수의 정보가 개인신상과 관련된 것이거나 공적인 형태의 정보라는 것이다. 그럼에도 다수의 조직들은 해당 정보 수집이 자기 조직에서 진행된 것임을 구실로 정보를 독점하고 이를 외부로 유출하는 것을 상당히 꺼리고 있다. 예를 들어 많은 소셜미디어는 이용자 정보를 수집하고 이를 광고 게시나 콘텐츠 추천 알고리즘에 활용하고 있으나, 이용자 본인조차 자신의 정보가 어떻게 활용되고, 어떤 정보가 수집되고 있는지 알기 상당히 어렵게 되어 있다(이기호, 2019). 정부 조직의 경우 공익을 위해 공공 정보를 공개하고 이를 사회적 기업이나 개인들이 활용할 수 있도록 하고 있다고는 하지만, 실제로 많은 유용한 정보들이 정부의 관리 속에 비공개로 남아 있다. 이는 새로운 유형의 게이트키퍼로, 인공지능 플랫폼의 소유와 마찬가지로 인공지능 개발을 가능하게 하는 정보를 소유하는 집단이 향후 인공지능 사회의 권력을 소유할 수 있을 것이라는 우려를 낳는다. 정보 접근에 대한 차별 속에 정보를 독점한 집단과 그렇지 못한 집단 간의 정보 격차는 점차 커질 것이다. 따라서 어떻게 공공 정보를 공유하고 관리하는 것이 사회 공공성과 사적 이익 추구의 균형을 해치지 않는 것인지에 대해 논의가 지속되어야 한다.

다음으로, 인공지능이 가져올 사회적 불평등에 대한 문제는 인권 및 소수집단에 대한 다양성 이슈와 맞닿아 있다(DEI: Diversity, Equity and Inclusion). 인공지능의 현재 기술 특성상, 인공지능 발전의 중심을 이루는 머신러닝은 일정한 수 이상의 데이터를 필요로 한다. 그러나 결국 다수 집단을 중심으로 데이터가 수집될 수밖에 없으며, 인공지능의 학습은 다수 집단에 대한 내용을 중심으로 진행될 가능성이 크다(Ferrer et al., 2021). 이는 데이터에 따라 인공지능이 특정 집단의 사회적 가치를 무시하거나 차별하도록 학습할 수 있다는 우려이다(Belenguer, 2022). 예를 들어, 현재 개발되고 유행하고 있는 많은 버추얼 인플루언서들은 인공지능이 대량의 데이터를 분석하여 대다수의 소비자들이 좋아할 만한 외모와 성향을 선택하여 만든 가상의 인격이다. 그렇게 만들어진 버추얼 인플루언서들은 대부분 연예인처럼 예쁜데, 이를 보면 인공지능이 획일화된 '아름다움'을 추구함을 알 수 있다. 이처럼 인공지능이 사회 주류에 대한 데이터를 주로 이용하여 학습하는 경우, 인공지능은 소수집단의 성향을 단순히 비정상적인 것으로 여길 가능성이 크다(Parikh, Teeple and Navathe, 2019). 광고나 PR과 관련한 인공지능뿐 아니라, 의학이나 법률적 판단과 관련한 인공지능 또한 이러한 편향에서 자유로울 수 없어, 인공지능의 편향이 야기할 사회적 심각성에 대한 우려는 더욱 커지고 있다(Howard and Borenstein, 2018).

게다가 인공지능의 학습 데이터에 암묵적인 혐오와 차별이 포함된 경우, 이를 발견하고 제거하는 것에는 상당한 노력이 필요하다(김배원, 2020). 인공지능의 이러한 학습을 감시하는 인간 관리자들도 편향되어 있을 수 있다는 점은 더 큰 문제이다(Belenguer, 2022). 예를 들어 A가 정의가 아니라고 생각하는 관리자에게 인공지능이 A가 정의가 아니라는 결과를 보여주면, 관리자는 이 내용의 정확성이나 공정성을 고려하기보다는 본인의 관점에 따라 인공지능의 학습이 적절하다고 평가할 가능성이 있다. 이러한 편향성은 단순히 개인의 취향을 넘어서 한 세대나 집단, 혹은 국가 차원에서도 공유가 가능한 문화적인 것이다. 따라서 인공지능의 불평등 문제를 해결하기 위해서는 인공지능 자체의 기술적인 개선뿐 아니라, 개발자에 대한 적절한 교육 및 관리감독도 필요하다(Sloane, 2019). 또한, 인공지능 개발이 인종, 성적 취향, 세대, 종교, 국적 등의 장벽을 넘어 다양성과 통합에 대한 이해를 포함할 수 있도록 규제도 필요하다(Selbst and Barocas, 2022).

3) 인공지능에 대한 정책·법 논쟁

인공지능과 관련한 정책과 법안을 제정해야 한다는 목소리가 커지는 가운데, 이러한 정부 주도의 규제 및 지원의 방향에 대한 논의도 지속되고 있다. 관련한 이슈를 정리해 보면 다음과 같다. 첫째, 인공지능 산업에 대한 규제의 필요성과 규제 범위에 대한 논의이다. 인공지능에 대한 대부분의 법적 규제는 인공지능이 초래할 수 있는 물리적 혹은 재산적 피해에 대한 것에 초점을 맞추고 있다(김민우, 2020). 인공지능에 의한 사회적 피해(liability)를 방지하기 위해서 전 세계적으로 법적 논의가 진행되고 있는데, 공통적으로 인공지능 개발을 어느 정도 정부가 규제해야 한다는 공감대가 형성되고 있다(Petit and De Cooman, 2021). 문제는 이를 어떻게 규제할 것인가에 대한 것으로, 인공지능의 법적 주체성을 인정해야 하는지, 자연인으로의 인간을 넘어서 인공지능을 규제하기 위해서는 어떻게 지금의 법체계를 개선해야 하는지, 인공지능을 법적 주체(agency)로 인정하는 경우 인공지능에게도 인간과 동일한 수준의 법적 지위(존엄성 등)를 부여해야 하는지에 대해서도 활발한 논의가 지속되고 있다(김배원, 2020). 이와 관련하여, 인공지능의 책임 능력과 행위 능력에 대한 법적 정의도 논의될 필요가 있으며, 과연 인공지능이 초래한 피해에 대한 민사적 보상이나 책임을 누가 져야 하는지(개발자, 이용자, 인공지능 자체), 그리고 형사적으로는 과연 인공지능을 어떻게 형사 처벌할 수 있을지에 대해서도 논의가 필요하다(김민우, 2020).

둘째, 인공지능 사용자에 대한 규제 및 계도에 대한 내용이다. 인공지능의 오류나 법적 책임뿐 아니라, 인공지능을 활용해 불법적이거나 비윤리적인 행위를 하는 이용자에 대한 규제도 논의되어야 하는 내용이다. 인공지능은 기존의 다른 도구들과 다르게, 단순히 이용자가 온전히 사용한다고 볼 수 없고, 행위의 주체자로서 일종의 연대책임을 질 수 있으므로, 인간이 인공지능을 오용하여 발생하는 피해를 과연 어떻게 처벌하고 보상을 청구할 수 있을지에 대해서도 복잡한 논의가 필요하다(Cerka, Grigiené and Sirbikyté, 2015). 이와는 반대로, 인공지능이 법적 주체성을 부여받는 경우(아니면 부여받지 않더라도), 인공지능에 대한 인간의 범죄나 비윤리적 행위를 어떻게 처벌할 수 있을지에 대해서도 충분한 논의가 필요하다. 여성형 인공지능 챗봇(chatbot)인 '이루다'와 관련한 예를 살펴보면, 이용자들이 인공지능에게 성적인 희롱을 하거나 인종차별 혹은 성차별적 폭언을 하는 경우(그리고 이를 소셜미디어 등에 공유하는 것까지도), 과연 어떠한 법률로 이를 처벌하거나 계도할 수 있을 것인지에 대해서도 숙의가 필요하다(최새솔·홍아름, 2021).

셋째, 인공지능과 관련한 개인정보 보호에 관한 법률이다. 인공지능을 활용한 행동 추적 정보의 활용에 대한 규제가 필요할 수 있다. 온라인 공간을 중심으로, 인공지능은 인간의 행동과 관련해 상당한 정보를 수집하고 이를 활용해 이용자의 의사결정 과정과 행동 패턴을 읽는다. 이를 통해 광고를 집행하고(OBA: Online Behavioral Advertising) 콘텐츠를 추천하는 것(AI-based recommendation system)은 이제 당연해졌다(Boerman, Kruikemeier and Zuiderveen Borgesius, 2017). 미국의 연방거래위원회(FTC: Federal Trade Commission)의 기준으로 볼 때 OBA는 소비자의 온라인 행동을 지속적으로 추적하여 그 정보를 광고 타깃팅에 적합하게 정제한 후 활용하는 것으로 정의된다(FTC, 2007). 대다수의 광고주가 OBA를 자사 캠페인에 활용하고 있으며, 현재 OBA에 대한 규제는 전반적으로 산업계의 자기규제를 통해 집행된다(IAB, 2014). 문제는 이러한 자기규제에도 불구하고 OBA를 비롯해 추천 알고리즘을 활용한 인공지능 커뮤니케이션에서 다양한 개인정보 유출 및 사생활 침해가 발생할 수 있다는 점이다(Boerman, Kruikemeier and Zuiderveen Borgesius, 2017). 인공지능의 학습은 대부분 데이터를 기반으로 수행되며, 이 과정에서 많은 인공지능들이 개인의 사생활 정보나 민감함 정보(의료, 쇼핑, 카드 사용 내역 등)를 학습에 활용한다(소병수·김형진, 2021). 이러한 정보는 대부분 합법적인 절차를 따라 정보제공자로부터 동의를 얻은 것들이며 이를 학습에 이용하기 전에 법적 규제에 따라 익명 처리된다(Young et al., 2019). 그러나 많은 조직 및 기업들이 인공지능 학습에 정보를 제공하는 것을 의무화한 소비자 정관을 제시하고 이에 동의하지 않는 고객에게 서비스를 제공하지 않는, 이른바 서비스를 볼모로 개인정보를 반강제적으로 제공하도록 하는 행태는 나아지지 않고 있어, 과연 이런 방식으로 수집·생산된 정보를 진정한 의미로 정보제공자가 정보 공유에 동의한 것으로 볼 수 있는지는 의문이며, 이러한 정보를 기업이 사적이익을 취득하는 데 이용하는 경우 과연 어떠한 방식으로 소비자에게 보상이 이뤄질지에 대한 논의도 지속될 필요가 있다(ASH center, 2017).

광고뿐 아니라, 범죄 예방을 위한 감시카메라의 활용, 경찰에 의한 범죄 위험도 예측 분석 등에서도 인공지능이 적극적으로 활용되고 있으며, 여기에는 다양한 형태의 지역정보 및 개인정보가 활용된다(경찰청, 2021. 4.29). 이러한 정보가 해당 인공지능 시스템에서 규정에 따라 안전하게 보관되는 경우에는 별다른 문제가 발생하지 않겠지만, 정보가 유출되거나 남용되는 경우에는 여전히 개인 신상정보의 침해에 대한 논란이 발생할 우려가 있다. 이와 관련해 사이버 보안(cyber security)을 지키기 위해 다양한 형태의 법과 조직(예, 사이버수사국)이 생겼지만, 지속적인 기술발전으로 사이버 범죄의 양상이 점차 다양해지고 교묘해지고 있으므로(특히, 인공지능의 발전에 따라), 이에 대한 피해 우려는 점차 커지고 있다(Li, 2018). 게다가 정부에서 이러한 정보를 수집 및 관리하는 경우, 이러한 정보가 정부의 필요에 따라 국민을 억압하고 통제하는 일에 쓰이지 않을 것이라고 보장하기 힘들다는 점에서, 개인정보에 대한 이슈는 단순히 규제와 처벌의 강화로 해결할 수 있는 문제는 아니다(Cyphers and Schwartz, 2022.3.21). 이처럼 인공지능과 관련한 사생활 침해 및 개인정보 보호에 관한 문제는 개인정보의 상업적 활용이나, 유출 우려를 넘어서 사회집단들과 개인들 간 정보 권력에 대한 논의로도 이어질 수 있다(Timmers, 2019). 누가 인공지능을 활용해 정보를 수집할 수 있는지, 또 누가 이 정보에 대한 접근권을 갖고 있는지에 따라 인공지능 개발과 활용 격차는 점차 커질 것이다. 이러한 관점에서 개인의 온라인 행위 정보가 과연 공공재 성격을 띠고 있는지, 개인의 정보보호에 공공기관이 얼마나 관여해야 하는지 등 인공지능과 사생활 보호에 관한 법적 논쟁은 다양한 형태의 사회적, 철학적 논의를 담고 있다(김민우, 2020). 그러므로 현재의 인공지능의 기술력 한계로 인공지능으로 인한 사생활 정보 유출 우려가 완전히 없어지지 않는 이상, 인공지능의 정보 수집 및 처리에 대한 법적 논의는 지속될 것으로 보인다.

넷째, 인공지능이 생산한 창작물에 대한 저작권 및 표현의 자유 논쟁이다. 많은 인공지능들은 이용자들의 간단한 명령어를 토대로 다양한 방식의 시청각 자료를 생산한다. 예를 들어 오픈AI(OpenAI)에서 제공하는 달리2(DALL-E2)는 이용자가 간단한 내용의 수사적 표현을 제공하면, 자연어 처리를 통해 이를 이해하고, 이와 관련하여 이미지를 픽셀 단위로 재구성하여 제시한다(이를 위해 달리2는 수천억 개의 파라미터를 통해 언어와 이미지를 학습했다). 문제는 과연 달리 2가 제작한 작품의 저작권은 누구에게 속하느냐 하는 것이다. 달리 2에게 명령어를 제공한 사용자는 그림을 '그린' 것이 아니고 단순히 언어를 통해(그것도 매우 단순하고 추상적인 문장을 가지고) 자신이 상상하는 그림의 형태를 제시한 것뿐이다. 그렇다면 이러한 그리는 행위 없이 사용자가 그림에 대한 저작권을 가질 수 있을까(Roose, 2022.9.2.)? 만약 저작권이 달리 2에게 속하는 경우, 그림에 대한 아이디어를 사용자가 제시했다는 점을 무시할 수는 없다. 달리 2는 분명 해당 작품을 제작한 주체이지만, 이를 그리라고 명령하고 이 결과물에 대한 확인은 사용자가 하기 때문이(Kaminski, 2017). 반면에 달리 2를 제작한 오픈AI가 저작권을 가져야 한다는 주장도 있다. 이 논리는 인공지능이 법적 주체가 되지 못하는 경우에, 작품 제작의 책임은 작품이 제작될 수 있도록 알고리즘을 설계하고 유지하는 인공지능 개발사에 있다는 것이다. 아직까지 이 문제에 대한 해답은 명확하게 내려지지 않았으며 점차 다양한 인공지능이 창작의 영역에서 인간을 돕거나 대체할 예정이므로, 더 많은 논쟁이 발생할 것으로 예상된다(Bridy, 2012). 이 외에도 인공지능과 관련하여 더 많은 법적·정책적 논쟁이 발생하고, 향후 인공지능의 사회적 역할이 증대됨에 따라 점차 인공지능과 인간 사이의 분쟁과 관련한 법적 이슈도 늘어날 것으로 예상된다.

4) 인공지능에 대한 공중의 오해와 편견

앞서 우리는 인공지능과 관련해 철학적 윤리, 사회적 영향, 인공지능 관련 법과 정책 등의 거시적 관점에서의 인공지능 이슈에 대해 살펴보았다. 그러나 인공지능을 사용하는 일반 이용자들의 태도나 교육 훈련에 대해서도 다양한 이슈가 있다(Kelley et al., 2021). 개인의 지식 및 태도에 따라 인공지능에 대해 긍정적(인공지능은 인간의 삶을 개선시킨다, 인공지능은 반복 업무로부터 인간을 해방시킨다, 인공지능은 다양한 일상 문제 해결에 도움을 준다 등)이거나 부정적인(인공지능으로 인해 인간성이 상실될 수 있음, 인공지능에 대한 의존도가 너무 심해질 수 있음, 인공지능에 대한 오용 등), 다양한 기대가 존재하는데(Kerr, Barry and Kelleher, 2020), 여기서 문제가 되는 것은 인공지능에 대한 정도를 벗어난 기대감이나 무조건적인 거부이다. 이는 인공지능이 윤리적이고 사회적인 영향을 고려하여 제작되었더라도, 이용자의 잘못된 이해나 기대에 따라 인공지능이 제대로 활용되지 않을 수 있다는 이야기이다. 따라서 인공지능과 관련한 네 번째 이슈는 인공지능 이용자가 얼마나 정확하게 인공지능을 이해하고 있는지에 대한 부분이다.

먼저, 인공지능에 대한 이용자의 부족한 지식은 인공지능 활용에 많은 문제를 야기한다. 인공지능을 이용하기 위해서 인공지능에 대한 원리를 완전히 이해할 필요는 없지만, 자신이 사용하는 인공지능이 어떻게 그러한 결과를 도출했는지 충분히 이해하지 못하는 이용자는 해당 인공지능이 출력한 결과의 타당성이나 신뢰성을 자신하기 힘들 것이다. 또한 인공지능에 대해서도 더닝 & 크루거 효과가 적용되는데(Dunning, 2011), 인공지능이라는 단어에 많은 공중들이 익숙해지고, 또 인공지능이 사회 전반에서 사용됨에 따라 인공지능을 잘 알고 있다고 착각하는 사람들이 늘어날 수 있다(Schaffer et al., 2019). 실제로 인공지능의 신뢰성이나 윤리성에 대한 설문조사를 보면 일반 공중과 인공지능 전문가 간의 견해 차이가 상당함을 알 수 있다(Zhang et al., 2021). 이는 인공지능 산업의 이면이나 개발 과정 등을 이해하는 전문가와, 인공지능 상용 제품만을 접하는 사용자 간에 인공지능의 발전 방향에 대해 의견 차이가 있을 수 있음을 암시한다.

또한 인공지능에 대해 너무 많은 기대를 갖는 것 또한 문제이다. 인공지능에 대해 명확한 지식이 없는 경우, 사람들은 인공지능의 능력을 실제보다 과대평가하거나 인공지능의 가능성을 너무 무리하게 추산하는 경우가 있다. 심지어 인공지능 전문가도 인공지능에 대한 편향에서 자유롭지 못하다(Parasuraman and Manzey, 2010). 예를 들어 인공지능에 과한 신뢰성을 갖는 사람의 경우, 인공지능의 편향 가능성이나 시스템적 문제점을 간과하는 경우가 많다(Zerilli, Bhatt and Weller, 2022). 이는 특정한 경우에, 아무런 근거도 없이 인공지능이 내린 판단이 인간 전문가가 내린 판단보다 더 편견이 없고, 정확할 것이라는 생각을 갖도록 한다. 이는 일반적으로 기계에 대한 막연한 믿음(machine heuristic 혹은 automation bias) 때문에 발생하는데, 이를 긍정적인 방향으로 활용할 수 있다는 연구도 있다(Moon, Chung and Jones-Jang, 2022). 그러나 인공지능에 대한 초과된 믿음(over-trust)은 인공지능이 제시하는 정보에 대한 맹목적인 믿음을 가져올 수 있고, 사용자가 인공지능의 한계에 대해서 정확하게 파악하고자 하는 노력을 감소시킬 가능성이 있다는 점에서 경계해야 한다(Buçinca, Malaya and Gajos, 2021).

인공지능에 대한 과한 믿음은 이용자가 인공지능과 관계를 형성하는 것에도 좋지 않은 영향을 미칠 가능성이 있다. 인공지능과 사람의 커뮤니케이션(Human-Machine Communication)에서 인공지능이 사람에게 보내는 메시지나 신호(cue)들은 모두 알고리즘에 따라 계산된 것으로 인공지능이 실제로 인간이 입력한 신호를 완전히 이해하여 응답하는 것이 아니다. 그러나 인공지능과 상호작용이 늘어나고 의인화가 강해질수록 인간은 인공지능이 출력한 내용이 기계가 갖고 있는 어떠한 생각이나 진심을 담고 있다고 생각할 수 있다(Proudfoot, 2011). 이러한 심리를 활용하여 이용자들이 기계에서 정서적 위안을 얻는 것은 긍정적인 효과로 볼 수 있고(Meng and Dai, 2021), 또한 노약자 돌봄이나 간호 등의 영역에서 인공지능을 활용하는 경우가 많기 때문에 그러한 인간의 '오해' 자체가 나쁜 것은 아니다(Hung et al., 2019). 그러나 실제로 인공지능은 진정성을 갖고 있지 않기 때문에, 인간이 이러한 사실을 깨닫게 되는 경우에 기대 배반으로 인해 인공지능 자체에 부정적인 태도를 가질 수 있다(Bisconti Lucidi and Nardi, 2018). 심한 경우, 인공지능으로 인해 심리적 충격(betrayal trauma)을 가질 수도 있으며, 인공지능에 대한 회의감이 생길 수도 있다(예: 영화 〈그녀 (Her)〉).

마지막으로 인공지능과 관련하여 근거 없이 부정적인 태도를 갖는 경우도 문제가 될 수 있다(Zerilli, Bhatt and Weller, 2022). 인공지능은 만능이 아니고, 아직도 발전할 수 있는 부분이 많이 존재하는 과학기술이다. 다시 말해, 향후 발전이 기대되는 미래 인공지능의 수준에 비하면, 현재의 인공지능 기술은 아직 초창기의 형태라고 볼 수 있다. 그러나 이 장의 앞부분에서 살펴본 것과 같이, 이러한 아직 완벽하지 않은 인공지능도 인간 사회에 많은 기여를 하고 있다. 특히, 인공지능이 커뮤니케이션 영역에서 미치고 있는 영향은 상당하다. 예를 들어, 온라인 광고 영역에서 인공지능의 역할(광고 게재, 타기팅 등)은 이제 절대적이고(Perez-Vega et al., 2021), 뉴스나 소셜미디어에서의 인공지능 알고리즘에 의한 콘텐츠 추천이나 인공지능 프로그램을 이용한 소셜 리스닝(social listening)은 대부분의 커뮤니케이션 전문가가 꼭 이해해야 하는 영역으로 자리 잡았다(Hayes et al., 2021). 이 외에도 많은 분야에서 일상적으로 인공지능을 활용하고 있다. 따라서 사용자가 인공지능을 비판적으로 이해하고 기술의 한계점을 이해하려는 노력을 기울이는 것은 매우 바람직한 덕목이지만, 별다른 이유 없이 인공지능 기술을 배척하거나 무시하는 행위는 변화하는 미디어 환경에서 도태될 가능성을 높일 것이다.

5) 인공지능과 신뢰: 우리는 AI를 얼마나 믿어야 하는가

마지막으로, 우리는 인공지능의 신뢰성에 대한 논의를 시작해야 한다. 앞의 논의들을 모두 정리하면, 인공지능은 아직 무한한 가능성이 있으며, 인공지능이 올바르게 개발될 수 있도록 많은 사회적 관심과 노력이 필요함을 알 수 있다. 이는 단순히 몇몇 기업에 의해서 수행될 수 없으며, 사회의 각 분야에서 참여해야 하는 일이다. 결과적으로 이러한 이슈들은 과연 인간은 인공지능을 얼마나 신뢰해야 하는가에 대한 의문으로 이어진다(김길수, 2020). 이전의 다른 컴퓨터와 다르게 인공지능은 인간이 분석하기 힘든 비선형 데이터를 인간의 뇌와 유사한 형태(하지만 특정 계산에 있어서 더 발전된 형태)로 인간을 대신해 분석하고, 인간이 이해하기 쉽게 그 결과물을 제시한다. 인공지능은 의사결정을 돕는 존재에서 점차 의사결정을 대행하는 수행자의 역할을 하고 있다(De Cremer and Kasparov, 2022). 그러나 문제는 인공지능이 데이터를 수집, 분석하고 결과를 도출하는 과정에서 다양한 형태의 잡음이 있다는 점이다. 예로, 코로나19를 막기 위해 다양한 형태의 초대형 데이터가 이용된 인공지능 분석이 수행되었다. 그중 일부를 살펴보면 코로나19에 대한 공중의 의견 분석, 코로나19의 전파 가능성 예측도 제작, 코로나19 치료제 및 백신 개발, 인공지능 의사, 공중보건 정책을 위한 개인의 의료 정보 수집 등이 있다(Naudé and Dimitri, 2020). 그러나 분석에 활용된 AI 알고리즘은 여러 이유로 (잘못된 개발 혹은 사용자의 요구 등) 편향된 결과를 도출할 수 있는데, 이러한 편향된 결과가 의료나 정책 수립 등 중요한 의사결정에 활용될 때 그 피해는 상당할 것이다(Röösli, Rice and Hernandez-Boussard, 2021). 게다가 인공지능은 정부 및 기업들이 개인을 감시하고 개인정보를 유출하는 것을 용이하게 만들 수 있어, 이에 대한 우려도 커지고 있다(Lobera, Fernández Rodríguez and Torres-Albero, 2020). 이러한 사례들은 인간 사회에 대한 인공지능의 부정적인 영향력을 보여준다.

인공지능에게 무한한 신뢰를 보내지 말아야 하는 이유는 다음과 같다. 첫째, 인공지능이 분석 및 학습에 사용하는 데이터가 수정·훼손될 수 있다. 아직까지 머신러닝을 기반으로 하는 인공지능의 다양한 학습 기능들은 데이터의 편향성이나 오류를 쉽게 알아채지 못하며, 이를 이용해 생산된 결과는 부정확한 정보 혹은 완전히 사실과 다른 정보가 될 수 있다. 예를 들어, 코로나19와 관련해 많은 가짜 정보가 퍼졌을 때, 소셜미디어의 알고리즘은 가짜 정보와 진짜 정보를 명확하게 구분하지 못했다. 게다가 가짜 정보와 관련한 키워드를 이용해 정보 탐색을 하는 이용자에게 사실이 확인된 과학적 정보가 아니라 오히려 코로나19와 관련한 가짜 정보를 지속해서 추천하여 공중이 잘못된 정보를 얻도록 조장하기도 했다(Graham and Hopkins, 2022). 둘째, 알고리즘의 한계(algorithmic bias) 등으로 앞에서 이야기한 것과 같이 인공지능의 학습이 편향될 수 있다(De Cremer and Kasparov, 2022). 인공지능은 아직 성숙기에 접어들지 못한 성장하는 기술로(emerging technology), 인공지능의 학습법이나 윤리적 자기규제에 대해서 통일된 규칙이 따로 없다. 따라서 수준 미달인 인공지능 프로그램이나 로봇들 또한 인공지능이라는 이름을 달고 상용화될 수 있다. 이 경우, 인공지능의 알고리즘 자체에 성능적인 문제가 있음에도 사용자는 이를 알아차리지 못하고 그 결과물을 중요한 의사결정에 활용할 수 있다. 인공지능의 프로그래밍이 수준 미달이 아닌 경우에도 다양한 알고리즘 문제가 발생할 수 있는데, 예를 들어 인공지능 알고리즘을 개발하는 단계에서 정치적 편견이나 사회적 편견을 제거하고 사회적으로 '옳은 선택'을 하도록 디자인하지 못한다면, 아무리 추가적인 학습을 지속한다고 하더라도, 인공지능이 사회적으로 올바른 선택을 할 수 있을지에 대해서는 불분명하다(Baum, 2021). 이와 관련해 한 연구에서는 소셜미디어 리스닝 플랫폼(SMLPs: Social Media Listening Platforms)을 이용한 온라인 여론 분석 및 이슈 분석이 실제 데이터가 의미하는 것과 상당히 다를 수 있음을 밝혀냈다(Hayes et al., 2021). 연구 팀은 인공지능 알고리즘을 활용한 소셜미디어 리스닝 플랫폼인 크림슨 헥사곤(Crimson Hexagon)의 소셜미디어 데이터 분석과 사람이 코딩한 것을 기반으로 하는 분석을 비교했을 때, 크림슨 헥사곤의 결과는 다소 신뢰성이 떨어진다는 증거를 제시했다. 이처럼 인공지능의 결과물은 완벽한 것이 아니며, 매우 다양한 이유로 그 결과가 잘못될 수 있다. 셋째, 인공지능이 생산하는 결과물이 (특히 시각 자료) 사용자의 감각을 속이는 경우가 있다(Naudé and Dimitri, 2020). 딥페이크(Deepfake) 등 인공지능을 활용한 기술들은 인간의 감각을 속이고 실제가 아닌 정보를 실제인 것처럼 만들어낼 수 있다. 이는 중요한 정치적·사회적 의사결정 과정에 다양한 형태의 가짜 뉴스가 개입할 수 있도록 돕고, 다른 사람의 명예를 훼손하는 것에도 활용될 수 있다. 이렇게 인공지능이 만들어낸 조작된 현실은 영상이나 음향 전문가와 같은 인간 혹은 다른 인공지능을 활용해서 발견할 수 있으나, 이러한 방법이 항상 성공하는 것은 아니다.

이처럼 인공지능을 신뢰하기에 앞서 해결해야 하는 문제가 아직 산재하지만 인공지능 개발을 주도하는 기업들이나 심지어 정부기관들은 인공지능의 활용이 사회문제를 대부분 저절로 해결해 줄 수 있는 수준의 '만능의 기술'처럼 홍보한다(Köstler and Ossewaarde, 2022). 인공지능의 그 가능성에도 불구하고 현재의 인공지능 기술은 정해진 수준의 계산과 학습만이 가능한 상태로, 인공지능에게 기업이나 조직의 의사결정을 완전히 대리시키는 것은 아직 무리이다(Stanford, 2016). 또한 앞서 논의한 많은 이슈들을 통해 볼 수 있듯이, 인공지능은 윤리적 문제를 야기하고 불평등을 심화할 수 있으며, 사용자의 편견에 따라 그 결과가 실제 의미와는 다르게 해석될 수도 있다. 따라서 인공지능의 의사결정을 활용할 때는 매우 주의해야 하며, 인공지능 개발자와 투자자들은 이러한 부분을 공공이익을 위해 투명하게 공개해야 한다. 설명 가능한 인공지능, 혹은 XAI(Explainable AI)는 이제 선택이 아니라 필수이다(Arrieta et al., 2020).

인공지능 관련 이슈에 대처하기

이 장에서 우리는 인공지능의 한계 및 위험성에 대해 살펴보고 있다. 그러나 인공지능과 관련한 부정적인 이슈들이 인공지능의 활용성이나 긍정적 영향력을 단순히 억제하는 것은 아니다. 오히려 인공지능이 가져올 위기에 대해 사회적으로 미리 논의하고 그 해결책을 찾아보는 과정은 인공지능을 더 잘 활용하는 방법을 제시할 수 있도록 하는 기회이다. 3절에서는 인공지능과 관련한 이슈를 관리하기 위해서 우리 사회는 어떤 노력을 하고 있으며 또 어떤 노력을 해야 하는지 살펴보고 광고PR 분야의 실무자들이 조직을 위해서 어떤 목표를 세우고 노력을 기울여야 하는지 구체적으로 알아본다.

1. 사회적 해결

1) 인간 중심의 인공지능 개발·운영·사용

많은 전문가들은 인공지능 윤리에 대한 논의는 다소 추상적이고, 이를 실제 현장에서 활용하기 위해서는 많은 어려움이 수반된다고 말한다

(Whittlestone et al., 2019). 이는 인공지능을 윤리적인 방향으로 개발하기 위해서는 전 인류적 차원의 노력이 필요하며(ÓhÉigeartaigh et al., 2020), 인공지능 개발자와 이용자 모두가 인공지능을 윤리적으로 이용하고 발전시키고자 공통의 이해를 가져야 함을 의미한다. 이를 위해, 인공지능과 인간의 협업에 대한 지속적인 연구가 필요하다(Martin, 2019).

이러한 연구를 바탕으로 정부, 인공지능 개발사, 과학 및 교육계 등에 속한 인공지능 전문가들은 지속해서 인공지능이 추구해 나가야 하는 윤리성, 투명성, 공정성, 설명 가능성, 공중 친화성, 지속가능성 등에 대한 가이드를 제시할 수 있다. 인공지능에 투자되는 직간접적인 사회적 자원은 천문학적이지만, 인공지능 산업계가 이 막대한 자원을 이용해 실제로 공중의 삶에 얼마나 긍정적인 영향을 미칠지는 아직 미지수이다. 물론 시작 단계에 있는 과학기술에 대해 즉각적인 성과를 기대하는 것은 힘들지만, 공적 자원이 투자되는 만큼 인공지능의 개발과 그 기술의 발전에 있어서는 명확한 가이드라인이 있어야 하며, 이 가이드라인은 사회 대부분의 영역에서 동의할 수 있는 정도의 수준이어야 한다. 이는 국가 차원의 논의를 넘어서 국제적인 표준(International standard)과도 연결될 것이며, 향후 인류의 미래에 큰 영향을 미칠 것이다(Jobin, Ienca and Vayena, 2019). 실제로 한국 정부는 다른 국제기구들과 함께 2020년 12월 국가적 차원의 인공지능 윤리 기준['인공지능(AI) 윤리기준']을 발표했으며, 이 기준은 인간의 존엄성과 공공선을 지키면서 인공지능의 발전을 장려하기 위한 목적으로 제시되었다(과학기술정보통신부, 2020.12.22). 이러한 가이드라인은 새롭게 추가되는 인공지능에 대한 윤리적, 사회적 논의가 충분히 들어가 있어야 할 것이다. 이러한 기준을 바탕으로 앞으로 더욱 자세하고 정확한 인공지능 개발·운영 가이드라인이 제시될 것으로 예상된다. 앞에서 언급한 인공지능 챗봇 이루다의 개발사 스캐터랩은 이루다와 관련해 발생한 사회적 물의를 해결하고 이후에 이러한 이슈가 발생하지 않도록 자사를 위한 자체적인 가이드라인을 작성 및 공개했다(최광민, 2022.8.26). 이 가이드라인은 과학기술정보통신부와 함께 개발된 것으로 스캐터랩의 인공지능 개발 및 운영 과정에 윤리적 인공지능에 대한 기준이 포함될 수 있도록 한다. 이처럼 정부나 산업계 가이드라인을 바탕으로 각 기업과 조직들은 인공지능의 투명성(transparency)이나 설명력(accountability)을 업계 표준으로 만들기 위해 자체적으로 규제안을 제작하여 활용할 수 있을 것이다(Pöschl, 2012; Wachter, Mittelstadt and Floridi, 2017).

추가적으로, 인공지능의 개발이나 운영뿐 아니라 사용자에 대한 가이드라인도 마련될 필요가 있다. 점차 공중들이 인공지능과 친숙해지고, 많은 공중들이 프로그래밍 능력을 보유하게 됨에 따라, 인공지능을 스스로 개선하고 개인화시켜서 사용하는 공중이 늘어날 것으로 예상된다. 아직까지 인공지능의 개발 및 활용은 개발사를 중심으로 하는 중앙 집중적 형태를 유지하고 있으나, 앞으로도 그 형태가 지속될 것이라는 보장은 없다. 소셜미디어 시대에 콘텐츠 크리에이터와 미디어 이용자가 구분되기 힘들듯, 인공지능 개발자와 사용자도 점차 명확하게 구분되기 힘들 것이다. 따라서 인공지능 사용에 대한 잘못된 결과의 책임은 단순히 어느 사회집단에 귀속되는 것이 아니라 사회 전체의 연대책임 형태로 변화해야 한다(Hedlund and Persson, 2022). 이러한 변화는 컴퓨터 프로그래밍 교육의 열풍에 힘입어 더욱 가속화될 것으로 예상된다. 개인 차원의 인공지능 사용에서 윤리 및 사회적 영향에 대해서 구체적으로 다루는 인공지능 사용자 가이드라인도 제시될 필요가 있다.

2) 인공지능을 위한 통섭(consilience)

인공지능과 관련해 사회과학 분야에서 출판된 연구는 많으나, 이러한 연구들을 활용할 방안은 구체적으로 연구되지 않았다(최영훈·신영진·김두현, 2021). 기존의 인공지능에 대한 사회과학 연구는 인공지능의 존재를 개별 학문에서 정의하는 데 그치며, 인공지능이 직접적으로 어떠한 역할을 하고 또 학술적으로 이를 어떻게 적용할 수 있을지에 대한 연구는 일부 실무적인 분야를 제외하면 많이 발표되지 않았다(Elliott, 2019). 특히 인공지능의 문제점에 대해서는 그 이론적 논의가 아직 상당히 미진하다(Wirtz, Weyerer and Sturm, 2020). 법학 및 공학적인 측면에서는 인공지능이 촉발할 수 있는 다양한 오류와 부정확성을 중심으로 인공지능의 문제점을 다룬 연구가 이미 다수 발표되었으나(Kazim and Koshiyama, 2021; Manheim and Kaplan, 2019), 이를 광고PR을 비롯해 다양한 사회과학 분야에 바로 적용시키기에는 학술적 접근법이 달라, 무리가 따른다(Rodgers, 2021). 따라서 개별 분야에서 발표되고 있는 연구들 중 상당수는 그 한계가 명확하다고 볼 수 있다.

위에서 논의한 바와 같이 우리 사회는 인공지능의 역할과 가능성에 대해 좀 더 전문적이고 구체적으로 연구할 수 있는 역량이 필요하다(Stanford, 2016). 우선 학제 간 연구를 통해 인공지능, 사회과학, 인문학 연구자들 간 연구를 촉진할 필요가 있다(황수림·오하영, 2021). 인공지능의 긍정적·부정적 효과에 대한 논의는 사회 전반에 걸친 이해를 필요로 하고, 이에 대한 해결책을 찾기 위해서는 법적, 윤리적, 철학적, 사회학적 이해가 모두 필요하다(Baum, 2021). 여기에 인간과 인공지능의 공존에 대해서도 더 많은 학제 간 연구가 필요한데(Pan and Froese, 2022), 인공지능과 인간의 협업은 단순히 인간이 인공지능이라는 기술을 '사용'하는 것이 아니라 '협력'하는 형태로 나아가기 때문이다(Seeber et al., 2020). 더 나아가 인공지능의 활용과 이해와 관련한 융합 학문의 개발이 필요할 수 있다. 기존 학문의 전문가들이 모여서 진행하는 학제 간 연구와 달리, 학문 간 경계에 자리 잡은 학자들을 중심으로 새로운 접근법을 지닌 학문 분야를 만드는 것이다(NSF, 2022). 융합 학문은 좀 더 적극적인 형태의 학제 간 연구라고 볼 수 있으며, 특정한 이슈(예: 인공지능 윤리)에 관심이 있는 연구자들이 다양한 연구 배경에도 불구하고 하나의 목적을 위해 연구·교육을 진행하는 것으로 볼 수 있다(Bainbridge and Roco, 2015). 융합 학문은 복합적이지만 다소 좁은 영역에 집중하기 때문에, 이에 적합한 연구자를 찾는 것이 힘들고, 또한 다양한 분야의 지식을 모두 습득해야 하므로 후속 세대를 육성하기도 쉽지 않다는 점에 그 한계가 있을 수 있다. 그러나 학제 간 연구와 융합 학문 모두 인공지능과 관련한 사회 이슈를 해결하고 인간 중심의 인공지능 개발을 위해 절대적으로 필요한 학술적 변화라고 볼 수 있다(Posner and Fei-Fei, 2020).

이처럼 학문 간 협업뿐 아니라, 산업계와 교육계의 협업도 중요하다. 인공지능은 그 어떤 분야보다 실용적인 기술로, 학술적 발견이 바로 실무에서의 인공지능 개선으로 이어질 수 있다. 따라서 인공지능 전문가들을 교육(학계)하거나 재교육(산업계)하는 과정에 모두 이러한 윤리 및 사회책임에 대한 훈련이 포함되어야 하며, 이를 위해 산업계와 학계가 서로 긴밀한 관계를 형성하는 일이 중요하다(Eynon and Young, 2021). 비슷한 맥락에서, 과학자와 일반 공중 간의 장벽을 허무는 일도 중요하다(Neri and Cozman, 2020). 과학자들은 일반 공중이 인공지능에 대한 이해를 증진시키는 데 큰 역할을 할 수 있다(Cave, Coughlan and Dihal, 2019). 그러나 이를 위해서는 과학자와 공중의 관계를 개선할 필요가 있고, 이 과정에서 정부의 지원뿐 아니라 사회 전체의 노력이 필요하다(Fast and Horvitz, 2017). 따라서 인공지능을 위한 통섭을 위해서 우리 사회는 학술적 변화, 공중관계의 변화, 사회구조적인 변화에 모두 대비해야 한다.

3) 전문가·개발자 윤리교육 및 사용자 의식 강화

인간 중심의 인공지능을 개발하기 위해서, 또 이러한 인공지능 개발을 감독하고 관리하기 위해서, 인공지능 전문가는 컴퓨터 과학이나 공학을 넘어서 인문사회 분야에 대해 충분히 이해해야 한다(Garrett, Beard and Fiesler, 2020). 인간 중심의 인공지능은 인간이 인간성을 지킬 수 있게 돕고, 인간이 인간을 이해하는 데 기여한다(Riedl, 2019). 이러한 개발 방향을 추구하기 위해서 근래 미국의 많은 IT 대기업들은 인공지능에 대한 이해와 인문사회학적 소양을 동시에 지닌 인재를 선호하며, 이들이 인공지능 개발 과정에 관여함으로써, 윤리적·사회적 이슈를 해결하는 데 크게 기여할 것이라고 기대한다. 이처럼 인공지능과 관련한 많은 문제를 관리하고 해결하기 위해서, 그리고 궁극적으로 윤리적·사회적 인공지능을 개발하는 개발자를 키우기 위해서, 우리 사회는 인공지능 전문가·과학자들에게 과학 윤리 및 지속가능성에 대해 충분히 교육하는 사회적 환경을 만들어야 한다(van Wynsberghe, 2021). 그러나 특히 국내에서 이러한 인공지능 윤리나 사회적 책임에 대한 교육에는 별로 관심이 없으며 이를 강조하는 인공지능 교육 프로그램은 많지 않다(Lee et al., 2022).

개발자 혹은 과학자의 교육이나 훈련에서 가장 중요한 점은 회사나 조직의 PR를 위해 진행되는 생색내기식 교육이 아닌, 진정성을 갖고 교육 및 훈련을 수행해야 한다는 점이다(Borenstein and Howard, 2021). 이를 위해 각 조직은 자기 조직에 적합한 체계적인 교육 및 윤리강령을 마련하는 것이 중요하다(Garrett, Beard and Fiesler, 2020). 이 과정에서 이전에 수행되던 기본적인 과학 윤리에 대한 수준을 넘어서, 개발자의 역량 평가에 윤리성 및 인공지능의 사회적 효과에 대한 이해를 포함시켜야 하며, 사회적 함의나 지속가능성을 인공지능을 평가하는 중점 항목으로 추가해야 한다(Cihon et al., 2021). 궁극적으로는 인공지능 개발자의 윤리의식과 사회적 역할을 의사나 과학자와 동일한 수준으로 보아야 하는데, 의학이나 다른 과학 분야들과 같이 인공지능은 사회 전체에 직접적인 위험을 초래하고 사람의 생명에 위협을 가할 수 있기 때문이다(범죄 지역 모니터링, 자동 운전, 신문기사 작성, 사실 확인, 정책 개발, 의학 로봇, 구조 로봇 등).

인공지능 개발이 윤리적이고 사회책임을 고려하도록 하는 직접적인 요인 중 하나는 사용자들이 인공지능에 대해 갖고 있는 의식이나 요구이다. 다른 말로 하면, 인공지능을 직접 업무에 사용하는 전문직(professional) 사용군들이 인공지능의 윤리나 사회적 영향력 등에 신경 쓰지 않는다면, 인공지능 개발사들은 인공지능 개발 과정에서 이러한 부분을 간과할 가능성이 크다. 따라서 인공지능 사용자들은 개발사가 인공지능 알고리즘이 사회적 평등과 공정에 대해 고려하도록 요구하고, 나아가 인공지능이 어떻게 결과물을 산출하는지 알고리즘의 작동에 대해 투명하게 정보(transparency AI)를 제공하도록 적극적으로 개발 과정에 관여해야 한다(Raji et al., 2020). 또한 유권자로서, 일반 공중들도 정부가 인공지능 개발을 장려하고 규제하는 과정에서 공적 이익을 고려하도록 하지 않는다면, 정부도 자신들의 업무 효율에 인공지능 발전의 주안점을 맞출 가능성이 크다. 따라서 인공지능 개발 과정에서 윤리 및 사회적 영향력이 고려되게 하기 위해서는 인공지능 개발자에 대한 교육뿐 아니라, 인공지능 사용자들의 교육도 필요하다. 이러한 인공지능 사용자 교육에는 인공지능과 관련한 사회 이슈들을 이해하고, 인공지능 개발사들에 설명 가능한 인공지능의 개발을 지속적으로 요구하고 인공지능의 알고리즘을 이해하려는 노력이 필요하다. 정부는 또한 이러한 개발자·사용자 인식 변화에 발맞춰서 인공지능의 개발 및 사용에 있어서 이해관계자들이 윤리적·사회적 측면에 대한 충분한 사회적 합의를 가질 수 있도록 지원해야 할 것이다. 이러한 사회적 차원에서의 통합적인 노력이 없다면, 사회적 책임을 다하는 윤리적 인공지능은 그저 철학적 논의로 그칠 수 있으므로, 이를 실제로 구현하고 인공지능 개발의 기본원칙으로 자리 잡게 하기 위해서는 장기적으로 부단한 노력이 필요할 것으로 보인다(Mittelstadt, 2019).

4) 인공지능을 위한 위기관리·과학 커뮤니케이션

다른 과학 이슈들과 마찬가지로 인공지능과 관련한 대부분의 사회적 문제들을 해결하기 위해서는 과학 혹은 위기 커뮤니케이션의 역할이 필수적이다(Bubela et al., 2009). 인공지능과 관련한 이슈들이 사회적으로 부정적인 영향을 끼칠 것으로 예상하는 이유는 인공지능의 위험성에 대한 논의가 아직 활발하게 이뤄지지 않고 있기 때문이다. 대다수의 공중은 막연하게 인공지능이 유용하다고만 생각할 뿐 실제로 인공지능의 기술적 측면을 제대로 이해하고 있는 사람은 많지 않다(Kurenkov, 2021). 따라서 인공지능과 관련한 문제를 해결하기 위해 우리 사회는 관련 이슈들에 대해 더 많이 이야기하고 교육할 필요가 있다. 그렇다면 인공지능에 대해서 어떻게 커뮤니케이션할 수 있을까? 우선, 인공지능 개발자나 전문가, 혹은 연구자들에게 공중과 만나서 이야기를 나눌 수 있는 기회를 더 많이 제공해야 한다(The Royal Society, 2020). 또한 공중과 커뮤니케이션하기를 원하는 인공지능 관련 전문가들에게 커뮤니케이션 교육을 제공해야 한다. 인공지능의 위험성을 이해하고 이와 관련한 이슈를 체계적으로 관리할 수 있는 사회적 기관(혹은 거버넌스)도 필요하다(고학수·박도현·이나래, 2020).

앞서, 인공지능 관련 이슈들을 대비하고 해결해 나가기 위해서는 인공지능 개발사와 공중들뿐 아니라 정부의 역할도 매우 중요하다고 언급했다(Naudé and Dimitri, 2020). 특히 한국과 같이 정부 주도의 산업 발전이 아직 시행되고 있는 국가에서는 정부의 법적·정책적 규제 및 지원안이 인공지능 전체 산업에 미치는 영향이 상당하다(이진, 2022.1.19). 또한, 이러한 정부의 영향은 교육 및 다른 유관 산업 분야에도 강력한 영향을 미칠 것이므로 인공지능 정책을 수립함에 있어서 정부는 인공지능의 사회적 역할과 이슈를 충분히 논의해야 한다(Schiff et al., 2020). 인공지능과 같은 첨단 과학기술은 비전문가인 정책 입안자들이 이해하기에는 상당히 어려움이 많다(Taeihagh, 2021). 따라서 인공지능 개발자들과 사용자들은 정치 참여를 활발히 하여 인공지능 관련 정책에 정확한 과학적 사실이 반영될 수 있도록 노력해야 한다. 만약 인공지능 관련 정책이 과학적 지식이 아닌 정치경제학적 논리에 따라 좌우되면 사회 전체가 그 피해를 떠안아야 하며, 국가 경쟁력을 상실할 뿐 아니라 사회 불평등이나 국민의 안전과 경제적 안정에 많은 문제를 야기할 위험이 크다. 여기에는 학계뿐 아니라 언론의 역할도 중요하다(Chuan, Tsai and Cho, 2019). 실제로 인공지능과 관련해 언론의 편향적인 보도나 부정확한 보도에 불만을 제기하는 과학자들이 많다(Köstler and Ossewaarde, 2022). 일반 공중은 언론을 통해 인공지능에 대한 정보를 얻는 경우가 아직 많기 때문에, 부정확하고 비과학적인 보도는 인공지능에 대한 오해나 잘못된 지식을 키울 가능성이 크다(Zeng, Chan and Schäfer, 2022). 여기에 소셜미디어에서 무분별하게 퍼지는 가짜 뉴스나 부정확한 정보들도 인공지능에 대한 공중의 이해를 방해한다(Moon, Chung and Jones-Jang, 2022). 따라서 인공지능과 관련한 위기 이슈들을 관리하기 위해 이러한 이슈들을 적확하게 보도하고 분석할 수 있는 역량이 있는 저널리스트들과 과학 커뮤니케이터들을 양성해야 한다. 추가로, 유관 기관들이나 조직들은 인공지능과 관련해 부정적 이슈가 발생하면 적극적으로 나서서 과학적인 정보를 제공하고, 그 사회적 영향력을 최소화시킬 수 있도록 노력해야 한다. 이때, 과학 커뮤니케이터 혹은 저널리스트들은 인공지능의 과학적 사실뿐 아니라, 인공지능 윤리 및 사회적 책임에 대해서도 충분한 이해를 갖도록 훈련받아야 하며, 이러한 이해를 바탕으로 인공지능 관련 논의에서 인공지능의 윤리나 사회적 책임을 중요 이슈로 다룰 수 있도록 해야 한다(Aizenberg and Van Den Hoven, 2020).

이러한 노력들은 결과적으로 사회 전체가 인공지능과 관련한 과학 리터러시를 키워주기 위함으로 볼 수 있다(Long and Magerko, 2020). 인공지능을 활용하는 업무가 늘고, 인공지능과 관련한 일자리가 증가하면서 인공지능에 대한 교육은 이제 선택이 아닌 필수이다(문화체육관광부, 2021). 그럼에도 인공지능의 올바른 활용에 대한 교육은 아직 전 세계적으로 부족하며, 일부의 인공지능 관련 교육도 컴퓨터 프로그래밍 교육에 그치고 있어, 인공지능 윤리 및 사회적 함의에 대한 교육 프로그램 개설이 시급하다(교육부, 2022; Schiff, 2021).

2. 인공지능 시대의 광고PR 실무를 위한 제언

여기서는 좀 더 미시적인 관점에서 광고PR 실무 팀의 인공지능 활용에 대한 부분을 논의해 본다.

1) 인공지능과 관련한 위기 예견 및 관리

조직의 디지털화(혹은 인공지능 수용) 과정에서 커뮤니케이션 담당자로서 광고PR 실무자가 수행해야 하는 가장 중요한 일 중 하나는 인공지능의 한계 및 위험성에 대한 정보를 지속적으로 업데이트하여 조직 전체에 알리는 것이다(Almeida, Santos and Monteiro, 2020). 잘못된 인공지능의 활용으로 공중의 이익을 해치게 되는 경우, 기업이나 조직은 그 이미지나 명성이 상당히 훼손될 것이다. 게다가 인공지능 관련 조직의 경우, 인공지능을 활용한 제품이나 서비스에서 신뢰도가 하락할 수 있고 이는 조직에 회생하기 어려운 피해를 줄 가능성이 있다(Puntoni et al., 2021). 따라서 인공지능 이슈를 지속적으로 관리하고 이를 활용해 조직에 영향을 줄 수 있는 위기를 사전에 예방하는 것이 중요하다(Davenport et al., 2020). 그러한 노력의 일환으로, 커뮤니케이션 실무자는 인공지능이 가져오는 새로운 가치에 집중하면서도, 이와 관련하여 불필요한 논쟁에 조직이 휘말리지 않도록 해야 한다. 앞서 살펴보았듯이 인공지능의 발전은 곧 새로운 사회적 이슈와 직결된다. 따라서 새로운 인공지능 기술을 활용하기 전에 이 기술이 어떠한 사회적 이슈를 야기하는지, 또 이 문제가 어떻게 우리 조직과 관련이 있을지 미리 살펴보고 조직을 이슈로부터 보호해야 한다(Kumar et al., 2019).

그럼에도 만약 조직에 인공지능과 관련하여 위기가 발생하는 경우, 커뮤니케이션 전문가는 우선적으로 인공지능 전문가들에게서 이슈에 대한 정확한 정보를 획득해야 한다(Brock and Von Wangenheim, 2019). 많은 인공지능 관련 이슈는 개별 조직이나 기업이 스스로 해결하기 힘든 것들로, 그 책임은 기술적 한계나 사회 구조에 있을 확률이 높다(Wamba et al., 2021). 따라서 조직 스스로 그 문제를 해결하려고 무리하기보다는 다른 이해관계자들과 함께 해당 이슈의 책임이 사회 전체에 있음을 명확하게 밝히는 한편 그 이슈를 해결하기 위해 조직의 자원을 활용하여 사회적 책임을 다하는 모습을 보일 필요가 있다.

더 나아가 조직의 커뮤니케이션 혹은 마케팅 실무자는 인공지능이 처리한 정보를 실제 업무에 활용하기에 앞서 비판적으로 살펴볼 필요가 있다. 해당 정보가 윤리적인 원칙을 지키면서 수집되었는지, 또 개인의 정보보호와 관련한 문제는 없었는지, 인공지능이 내린 결정이나 정보처리 과정이 충분히 공정하게 설명 가능한 것인지 등에 대해 자문하고 답을 할 수 있어야 한다(Kozinets and Gretzel, 2021). 이를 위해, 조직에는 인공지능을 충분히 이해하고 있는 커뮤니케이션 전문가가 필요하다. 커뮤니케이션 전문가의 역할은 다양할 것으로 예상되는데, 인공지능을 통해 얻은 정보를 재구성하여 조직 내 다양한 구성원들이 동일한 이해를 갖도록 할 수 있고, 대외적으로 인공지능과 관련한 커뮤니케이션(광고나 보도자료)을 생산할 때도 정확한 사실을 바탕으로 작성될 수 있도록 도움을 줄 수 있을 것이다. 게다가 인공지능에 대한 이해가 충분한 커뮤니케이션 전문가는 조직이 인공지능을 활용해 의사결정 과정에 적극적으로 개입하여 인공지능을 윤리적으로 사용하는지 등을 항상 관찰하고, 이에 대한 내부 커뮤니케이션을 이끌 수 있어야 한다. 다시 말해, 커뮤니케이션 전문가는 조직 내 인공지능과 관련한 의사소통의 흐름을 원활하게 하고 인공지능 활용에 있어 조직 구성원 간 문제가 생겼을 때 중재자(liaison) 역할을 할 수 있어야 한다. 이러한 커뮤니케이션 전문가의 중재자 역할은 인공지능의 잘못된 이용으로 인해 발생할 수 있는 부정적인 이슈를 내부적으로 방지하며, 혹시 발생할 수 있는 외부적 요인의 위기에 대해 능동적이고 기민하게 대처하도록 한다(Brock and Von Wangenheim, 2019).

2) 마케팅, 광고 및 PR을 위한 과학 커뮤니케이션

인공지능의 활용이 사회 전 분야에서 증가한다는 것은, 인공지능과 관련한 산업의 발달과 또 이에 따른 인공지능 관련 광고PR 업무가 증대할 것임을 시사한다(Campbell et al., 2022). 따라서 광고PR 실무자는 인공지능의 사용자로서뿐만 아니라 인공지능 과학기술 및 유관 조직에 대한 커뮤니케이션 담당자로서 인공지능을 과학적, 사회적으로 모두 이해할 수 있어야 한다(Rodgers, 2021). 커뮤니케이션 담당자는 사회적 이슈를 계속 추적하는 한편, 인공지능으로 인해 변화하는 소비자나 공중들의 행동과 의사결정 과정 변화도 놓치지 말아야 한다(Mariani, Perez-Vega and Wirtz, 2022). 따라서 조직은 커뮤니케이션 전문가에게 지속적으로 소비자 행동이나 인지과학에 대한 재교육을 제공해야 하며, 추가로 이들이 심리학이나 행동과학적 지식뿐 아니라 인문사회학적 이해를 함양하여 이러한 사회 변화의 숨어 있는 의미를 해석하여 업무에 적용할 수 있도록 도와야 한다(Wu et al., 2022). 이는 마케팅 및 광고PR 실무에 과학 커뮤니케이션의 영역을 도입하는 것으로, 인공지능을 활용하는 캠페인이나 인공지능에 대한 캠페인의 경우 정확한 과학지식이 최우선시되어야 하기 때문이다(Ferrell and Ferrell, 2020). 인공지능 이용자에 대한 이해와 새롭게 밝혀지는 과학 정보를 바탕으로 매 시각 변화하는 소비자의 행동 유형을 분석하고, 이를 정확하게 이해하는 조직이 소비자의 욕구를 충족시키고 그들의 선택을 더 많이 받을 것임은 자명하다.

이러한 융합 학문적 이해는 통합적 브랜딩 혹은 마케팅 커뮤니케이션 차원에서 인공지능 사용자를 위한 소비자·이용자 경험(CX/UX: Consumer/ User Experiences) 디자인에서도 중요하다(Sundar, 2020). 인공지능은 사용자의 행동 데이터와 피드백을 바탕으로 수많은 분석 결과를 제시하지만, 이를 심도 있게 이해하고 통찰력을 발휘할 수 있는 실무자만이 소비자·이용자 경험을 유의미하게 개선할 수 있다. 인공지능이 가져오는 분석은 소비자나 이용자의 행동 변화나 이들의 이용 경험에 대한 피드백일 뿐, 이를 어떻게 개선하여 전체적인 브랜드 경험에 반영시킬 수 있을지에 대한 대안은 결국 인간 커뮤니케이터가 고안해야 한다(Huang and Rust, 2021). 따라서 커뮤니케이션 전문가들은 인공지능을 활용하고 인공지능과 함께하는 소비자 분석, 캠페인 제작, 커뮤니케이션 활동에 점차 더 익숙해져야 한다.

3) 인공지능 중심사회에서 공중관계에 대한 재정의하기

인공지능의 훌륭한 분석력은 조직들이 공중을 더 잘 이해할 수 있도록 했다. 공중의 미디어 이용 패턴이나 여론 형성 과정을 분석하여 소비자 혹은 공중을 더 다양한 차원에서 분석하고 이러한 데이터를 바탕으로 개인화된 커뮤니케이션 캠페인이 가능하도록 한다(Huang and Rust, 2021). 인공지능은 소셜미디어나 온라인상의 행동을 분석함으로써 실시간으로 타깃 소비자를 분류하고 타깃 소비자에게 광고 메시지가 가장 이상적인 시간에 전달될 수 있도록 돕는다(Boerman, Kruikemeier and Zuiderveen Borgesius, 2017). PR 분야에서, 인공지능은 공중의 행동 및 특성을 다층적으로 분석하여 조직이 숨겨져 있던 세부적인 공중 집단을 분류해 낼 수 있도록 돕는다. 이는 조직이 더 정확한 정보를 갖고 해당 집단과 커뮤니케이션할 수 있도록 돕고, 향후 관계관리에 공중에 대한 정보를 활용할 수 있도록 한다(Galloway and Swiatek, 2018). 여기에 더해, 인공지능은 공중과 조직이 시간적·물리적 제약에서 벗어나 항상 연결되어 있도록 돕는다. 인공지능은 조직과 공중의 커뮤니케이션 접점을 늘려주며, 정보 획득에 드는 비용도 적어 공중-조직 관계에서의 문제해결에 기여할 수 있다(Androutsopoulou et al., 2019). 따라서 커뮤니케이션 전문가들은 인공지능을 활용해 광고와 PR의 두 영역에서 관계관리에 도움을 받을 수 있다.

그러나 인공지능과 메타버스(그리고 VR·AR 등 유관 기술)의 도래는 숨어 있던 인간 이해관계자들에 대한 재발견을 도울 뿐 아니라, 완전히 새로운 형식의 이해관계자들의 출현도 예고한다. 이제 조직들은 현실에서의 인간 이해관계자뿐 아니라 가상 공간에서의 비인간 이해관계자들까지도 그 관계를 관리해야 할 필요성을 느끼고 있다. 예를 들어 버추얼 인플루언서로 대표되는 가상 인간들은 새로운 형태의 유명인 모델로 조직의 각종 PR 및 광고 커뮤니케이션에 이용될 수 있다(Liu and Lee, 2022). 이들과의 관계관리라는 것은 실무적으로는 이들을 실제로 제작하고 운영하는 회사와의 관계를 의미하는 것일 수 있지만, 소비자 관점에서 가상 인간과 기업(혹은 조직)의 관계는 조직이 이러한 가상 인간과 어떠한 형태의 커뮤니케이션을 주고받고, 어떠한 스토리를 만들어내는지에 대한 부분이라고 할 수 있다. 근래에는 광고 중심의 일방적인 브랜딩을 넘어서 브랜드와 관련한 스토리를 제공하고 이를 갖고 다양하게 소비할 수 있도록 하는 것이 중요한 전략으로 자리 잡고 있다(Hong et al., 2021). 최근의 소비자들은 브랜드가 단순히 고정된 것이 아니라 자신의 활동 영역을 유기적으로 조정할 수 있음을 이해하고 있다. 이러한 소비자들에게 브랜드에 대한 신뢰나 호감은 더이상 전문성이나 역사에만 기반하지 않는다(Ha, 2004; Habibi, Laroche and Richard, 2014). 가상 인간과의 컬래버레이션은 단순하게는 브랜드 콘텐츠의 노출과 가상 인간을 팔로우하는 MZ세대에 대한 접점을 늘리는 정도로 그칠 수도 있으나, 궁극적으로 이러한 활동은 브랜드의 유연함을 보여주는 것으로, 브랜드의 영향력을 다양한 분야로 넓히는 데 기여할 것이다. 앞서 살펴본 것처럼 일반 공중들이 비인간 행위자에 대해 갖는 의인화와 관계 형성의 효과는 의사결정의 결과에 영향을 미칠 정도로 중요하다(Moon, Chung and Jones-Jang, 2022). 여기에 더해 인공지능 및 유관 기술의 발전은 표면적으로는 드러나지 않는 새로운 이해관계자들에 대한 관계 형성 및 관리의 필요성도 암시한다(Mir, Kar and Gupta, 2021). 따라서 조직들은 새로운 형태의 이해관계자들과 어떻게 관계를 형성하고 관리해야 할지 전략을 세워야 한다.

4) 인공지능에 대한 커뮤니케이션에 참여하기

조직의 커뮤니케이션 담당자들은 인공지능에 대한 이슈에는 되도록 관계하지 않아야 하지만, 이 말이 인공지능과 관련한 사회적인 커뮤니케이션으로부터 거리를 두라는 말은 아니다. 다시 말해, 조직들은 인공지능과 관련해 부정적인 이슈가 발생할 수 있는 가능성은 최대한 줄여야 하지만, 인공지능과 관련된 다양한 사회 이슈에 능동적으로 참여하고 이를 해결하는 데 기여해야 한다(Cath, 2018). 이러한 활동은 첫째, 조직이나 기업이 인공지능과 관련해 더 많은 정보를 얻도록 하며, 문제해결 과정에서 이슈와 관련한 소중한 정보를 획득할 가능성을 높여준다. 둘째, 공중들에게 해당 조직에 대한 긍정적인 인식을 심어줄 수 있다. 인공지능과 관련한 문제를 해결하는 조직의 모습은 공중에게 조직이 디지털 친화적이고 혁신적이라는 이미지를 심어줄 수 있다. 또한 사회적 책임을 다하는 조직으로 브랜딩이 가능하도록 한다(Ferrell and Ferrell, 2020). 셋째, 인공지능에 대한 사회적 커뮤니케이션에 참여하는 것은 인공지능과 관련한 위기관리에 능동적으로 대처하는 방법이기도 하다. 인공지능과 관련한 사회적 이슈는 대부분 인공지능의 윤리적 활용이나 사회적 책임에 그 방점이 있다(Schiff et al., 2020). 사회적 이슈에 능동적으로 참여하는 과정에서 조직들은 조직 구성원들을 교육하고 조직의 시스템을 개선하는 기회를 얻게 될 것이다(Hameed et al., 2016). 이를 통해, 인공지능과 관련해 친밀도가 높아지고, 기술 활용에 대한 이해가 높아진다면, 이 조직이 사회적 이슈를 야기할 가능성은 줄어들 것이다. 따라서 인공지능과 관련한 공공 커뮤니케이션에 참여하는 것은 조직에 다양한 이점을 제공할 것이다.

같은 이유로, 조직과 기업들은 인공지능을 업무에 활용하는 것에서 그치지 않고, 인공지능의 공적 활용에 대해서도 큰 관심을 가질 필요가 있다(Popkova and Sergi, 2020). 공중들은 점차 인공지능을 소유한 조직들이 인공지능을 이용해 사회문제를 해결하는 데 기여해야 한다고 생각한다. 이러한 기대를 충족시키고, 조직의 브랜딩이나 관계관리를 개선하기 위해서 인공지능을 사회적으로 이용하는 방안을 충분히 숙고해야 한다. 이러한 공익을 위한 인공지능 활용은 단순히 캠페인 차원에서 그쳐서는 안 되며, 조직의 중요한 경영전략 중 하나로 자리 잡아야 한다. 따라서 인공지능을 개발하고 이용하는 데 있어서 정부의 윤리적 이용 기준을 충족시키고 이를 조직의 핵심 가치로 삼을 수 있어야 한다. 이처럼 인공지능의 사회적 목적을 위한 활용은 사회적 책임이나 상생 가능한 경영의 일환이 될 수 있으며, 조직이 인공지능을 이용해 사회적 문제를 해결하는 역량이 있는지 여부는 향후 조직의 지속가능성을 평가하는 데 중요한 항목이 될 것이다.

3. 결론

인공지능의 발전은 미디어나 정보통신기술 차원의 발전을 넘어서, 산업뿐 아니라 사회 전체적인 변화를 야기하고 있으며, 커뮤니케이션 전문가는 단순히 인공지능을 도구로 인식하는 것을 넘어서 인공지능이 사회 전반에 가져올 변화를 이해하고, 이를 바탕으로 조직의 올바른 발전을 이끌어낼 수 있어야 한다. 따라서 이 장에서는 인공지능과 인간 사회의 결합에 대해 알아보고, 이러한 만남이 인간 사회에 어떤 변화를 가져올지, 또 이와 관련하여 어떠한 문제들이 등장하고 있는지 알아보았다. 인공지능은 그 발전을 거듭함에 따라 단순한 도구로서의 기술이 아닌 사회 구성원으로서 인공지능이 존재할 수 있도록 돕고 있으며, 이에 대한 사회적 기대도 나날이 증가하고 있다. 따라서 인공지능을 활용하거나 인공지능에 대한 커뮤니케이션 연구의 필요성도 증대하고 있으며(Russell et al., 2015), 이러한 수요를 충족하기 위해 다양한 영역의 연구자들이 협업을 통해 새로운 응용 학문으로 인공지능 연구의 영역을 확장하고 있다. 그럼에도 앞서 살펴본 것과 같이 인공지능의 위기와 윤리에 대해서는 해결해야 할 문제가 아직도 많다. 이 장에서 제시한 것처럼 많은 인공지능 이슈들은 개별 조직이나 일부 공중이 아닌, 사회 전체의 변화를 통해 해결할 수 있는 것이므로, 이러한 문제들을 조기에 해결하고 공공의 이익을 최대화하기 위해서 연구자, 실무자, 조직들은 인공지능의 윤리적 활용과 사회적 영향력에 대해 공감대를 형성하고 사회적 논의를 지속해야 한다. 특히, 이 장에서는 조직 내 커뮤니케이션 전문가로서 광고PR 실무자가 어떻게 미래사회에 대처해야 할지 논의해 보았다. 그러나 인공지능과 관련한 이슈는 지속해서 변화하고 있고, 기술적·산업적 차원에서 매일같이 새로운 문제가 제기되고 있다는 점에서 이 글은 이러한 이슈들에 대해서 답을 제시하기보다, 다양한 방식으로 이슈에 접근하는 방식에 도움을 주고자 한다. 광고 PR 실무자들이 이 글을 시작으로 인공지능과 관련한 다양한 사회적 이슈에 관심을 갖고, 어떻게 이러한 이슈들이 향후 조직의 인공지능 개발 및 이용에 영향을 미칠 것인지에 대해 고민하는 기회가 되길 바란다.

참고문헌

경찰청. 2021.4.29. "경찰, 빅데이터? 인공지능(AI) 활용한 범죄예방활동 전국 확대". https://www.korea.kr/news/pressReleaseView.do?newsId=156449499(검색일: 2022.9.5).

고학수·박도현·이나래. 2020. 「인공지능 윤리규범과 규제 거버넌스의 현황과 과제」. ≪경제규제와 법≫, 13(1), 7~36쪽.

과학기술정보통신부. 2020.12.22. "과기정통부, 사람이 중심이 되는 '인공지능(AI) 윤리기준' 마련". https://www.msit.go.kr/bbs/view.do?sCode=user&mPid=112&mId=113&bbsSeqNo=94&nttSeqNo=3179742(검색일: 2022.9.5).

교육부. 2022. "'성장을 지원하는 인공지능'… 교육분야 AI 윤리원칙 마련, 대한민국 정책브리핑". https://www.korea.kr/news/policyNewsView.do?newsId=148904612&pWise=sub&pWiseSub=B12(검색일: 2022.9.5).

김길수. 2020. 「인공지능의 신뢰에 관한 연구」. ≪한국자치행정학보≫, 34(3), 21~41쪽.

김민우. 2020. 「지능정보사회에서의 인공지능의 현안과 입법 과제」. ≪공법학연구≫, 21(2), 145~167쪽.

김배원. 2020. 「지능정보사회와 헌법-인공지능(AI)의 발전과 헌법적 접근」. ≪공법학연구≫, 21(3), 67~108쪽.

문화체육관광부. 2021. 「인공지능(AI)」. 대한민국 정책브리핑. https://www.korea.kr/special/policyCurationView.do?newsId=148868542(검색일: 2022.9.5).

소병수·김형진. 2021. 「소셜미디어상의 개인정보 활용과 보호-AI 채팅로봇 '이루다'의 개인정보 침해 사건을 중심으로」. ≪법학연구≫, 24(1), 179~207쪽.

이기호. 2019. 「지능정보사회에서의 디지털 정보 격차와 과제」. ≪보건복지포럼≫, 274, 16~28쪽.

이승택. 2021. 「뉴미디어 시대의 알고리즘과 민주적 의사형성」. ≪법학논총≫, 33(3), 543~588쪽.

이진. 2022.1.19. "한국 정부, AI 반도체 분야에 1.4조 쏟아붓는다". ≪IT조선≫. https://it.chosun.com/site/data/html_dir/2022/01/19/2022011901149.html(검색일:

2022.9.5).

이희은. 2021. 「"기계는 권력의 지도": AI와 자동화된 불평등」. ≪문화과학≫, 105, 127~
142쪽.

최광민. 2022.8.26. 「인공지능 챗봇 이루다 제작사 '스캐터랩' AI 챗봇 윤리점검표 발표」. ≪인
공지능신문≫. https://www.aitimes.kr/news/articleView.html?idxno=25865(검
색일: 2022.9.5).

최새솔·홍아름. 2021. 「AI 챗봇 '이루다' 논란의 이슈 변화와 시사점」. ≪전자통신동향분석≫,
36(2), 93~101쪽.

최영훈·신영진·김두현. 2021. 「사회과학분야의 인공지능에 관한 문헌분석」. ≪한국지역정
보화학회지≫, 24(1), 61~94쪽.

황수림·오하영. 2021. 「인간 및 인공지능의 초지능 협력사회 실현을 위한 현대 인공지능 기술
의 한계점 분석과 인문사회학적 통찰력에 대한 메타 연구」. ≪한국정보통신학회논문
지≫, 25(8), 1013~1018쪽.

Aizenberg, E. and J. Van Den Hoven. 2020. "Designing for human rights in AI." *Big Data
& Society*, 7(2), 2053951720949566.

Almeida, F., J. D. Santos and J. A. Monteiro. 2020. "The challenges and opportunities
in the digitalization of companies in a post-COVID-19 World." *IEEE Engineering
Management Review*, 48(3), pp.97~103.

Androutsopoulou, A., N. Karacapilidis, E. Loukis and Y. Charalabidis. 2019. "Trans-
forming the communication between citizens and government through AI-
guided chatbots." *Government information quarterly*, 36(2), pp.358~ 367.

Arrieta, A. B., N. Díaz-Rodríguez, J. Del Ser, A. Bennetot, S. Tabik, A. Barbado, S. Garcia,
S. Gil-Lopez, D. Molina, R. Benjamin, R. Chatila, F. Herrera and F. Herrera. 2020.
"Explainable Artificial Intelligence (XAI): Concepts, taxonomies, opportunities
and challenges toward responsible AI." *Information Fusion*, 58, pp.82~115.

Arsenyan, J. and A. Mirowska. 2021. "Almost human? A comparative case study on the
social media presence of virtual influencers." *International Journal of Human-*

Computer Studies, 155, 102694.

ASH center. 2017. "Artificial Intelligence for Citizen Services and Government." https:// ash.harvard.edu/files/ash/files/artificial_intelligence_for_citizen_services.pdf (검색일: 2022.9.5).

Bainbridge, William Sims and Mihail C. Roco. 2015. *Handbook of Science and Technology Convergence*. New York, NY: Springer.

Bao, L., N. M. Krause, M. N. Calice, D. A. Scheufele, C. D. Wirz, D. Brossard, T. P. Newman and M. A. Xenos. 2022. "Whose AI? How different publics think about AI and its social impacts." *Computers in Human Behavior*, 130, 107182.

Baum, S. D. 2021. "Artificial Interdisciplinarity: Artificial Intelligence for Research on Complex Societal Problems." *Philosophy & Technology*, 34(1), pp.45~63.

Beal, R., T. J. Norman and S. D. Ramchurn. 2019. "Artificial intelligence for team sports: a survey." *The Knowledge Engineering Review*, 34.

Belenguer, L. 2022. "AI bias: exploring discriminatory algorithmic decision-making models and the application of possible machine-centric solutions adapted from the pharmaceutical industry." *AI and Ethics*, 2(4), pp.771~787.

Benkler, Y. 2019. "Don't let industry write the rules for AI." *Nature*, 569(7755), p.161

Berendt, B. 2019. "AI for the Common Good?! Pitfalls, challenges, and ethics pen-testing." *Paladyn, Journal of Behavioral Robotics*, 10(1), pp.44~65.

Bisconti Lucidi, P. and D. Nardi. 2018. "Companion robots: the hallucinatory danger of human-robot interactions." in Proceedings of the 2018 AAAI/ACM Conference on AI, Ethics, and Society.

Boerman, S. C., S. Kruikemeier and F. J. Zuiderveen Borgesius. 2017. "Online behavioral advertising: A literature review and research agenda." *Journal of advertising*, 46(3), pp.363~376.

Borenstein, J. and A. Howard. 2021. "Emerging challenges in AI and the need for AI ethics education." *AI and Ethics*, 1(1), pp.61~65.

Boring, R. L. 2002. "Human-computer interaction as cognitive science." in *Proceedings of the Human Factors and Ergonomics Society Annual Meeting*, 46(21), pp.1767~1771.

Bridy, A. 2012. "Coding creativity: copyright and the artificially intelligent author." *Stanford Technology Law Review*, 5.

Brock, J. K. U. and Von F. Wangenheim. 2019. "Demystifying AI: What digital transformation leaders can teach you about realistic artificial intelligence." *California Management Review*, 61(4), pp.110~134.

Bubela, T., M. C. Nisbet, R. Borchelt, F. Brunger, C. Critchley, E. Einsiedel, G. Geller, A. Gupta, J. Hampel, R. Hyde-Lay, E. W. Jandciu, S. A. Jones, P. Kolopack, S. Lane, T. Lougheed, B. Nerlich, U. Ogbogu, K. O'Riordan, C. Ouellette, M. Spear, S. Strauss, T. Thavaratnam, L. Willemse and T. Caulfield. 2009. "Science communication reconsidered." *Nature biotechnology*, 27(6), pp. 514~518.

Buçinca, Z., M. B. Malaya and K. Z. Gajos. 2021. "To trust or to think: cognitive forcing functions can reduce overreliance on AI in AI-assisted decision-making." in Proceedings of the ACM on Human-Computer Interaction, 5(CSCW1), pp.1~21.

Bughin, J., Jeongmin Seong, J. Manyika, M. Chui and R. Joshi. 2018. "Notes from the ai frontier modeling the impact of ai on the world economy." https://www.mckinsey.com/featured-insights/artificial-intelligence/notes-from-the-ai-frontier-modeling-the-impact-of-ai-on-the-world-economy(검색일: 2022.9.5).

Campbell, C., K. Plangger, S. Sands and J. Kietzmann. 2022. "Preparing for an era of deepfakes and AI-generated ads: A framework for understanding responses to manipulated advertising." *Journal of Advertising*, 51(1), pp.22~38.

Cath, C. 2018. "Governing artificial intelligence: ethical, legal and technical opportunities and challenges." *Philosophical Transactions of the Royal Society A: Mathematical, Physical and Engineering Sciences*, 376(2133), 20180080.

Cath, C., S. Wachter, B. Mittelstadt, M. Taddeo and L. Floridi. 2018. "Artificial intelligence and the 'good society': the US, EU, and UK approach." *Science and Engineering*

Ethics, 24(2), pp.505~528.

Cave, S., K. Coughlan and K. Dihal. 2019. "'Scary Robots' Examining Public Responses to AI." in Proceedings of the 2019 AAAI/ACM Conference on AI, Ethics, and Society.

Čerka, P., J. Grigienė and G. Sirbikytė. 2015. "Liability for damages caused by artificial intelligence." *Computer Law & Security Review*, 31(3), pp.376~389.

Chi, O. H., S. Jia, Y. Li and D. Gursoy. 2021. "Developing a formative scale to measure consumers' trust toward interaction with artificially intelligent (AI) social robots in service delivery." *Computers in Human Behavior*, 118, 106700.

Chuan, C. H., W. H. S. Tsai and S. Y. Cho. 2019. "Framing artificial intelligence in American newspapers." in Proceedings of the 2019 AAAI/ACM Conference on AI, Ethics, and Society.

Cihon, P., M. J. Kleinaltenkamp, J. Schuett and S. D. Baum. 2021. "AI certification: Advancing ethical practice by reducing information asymmetries." *IEEE Transactions on Technology and Society*, 2(4), pp.200~209.

Cyphers, B. and A. Schwartz. 2022.3.21. "Ban Online Behavioral Advertising." EFF. https://www.eff.org/deeplinks/2022/03/ban-online-behavioral-advertising

Davenport, T., A. Guha, D. Grewal and T. Bressgott. 2020. "How artificial intelligence will change the future of marketing." *Journal of the Academy of Marketing Science*, 48(1), pp.24~42.

De Cremer, D. and G. Kasparov. 2022. "The ethical AI — paradox: why better technology needs more and not less human responsibility." *AI and Ethics*, 2(1), pp.1~4.

Delecraz, S., L. Eltarr, M. Becuwe, H. Bouxin, N. Boutin and O. Oullier. 2022. "Responsible Artificial Intelligence in Human Resources Technology: An innovative inclusive and fair by design matching algorithm for job recruitment purposes." *Journal of Responsible Technology*, 11, 100041.

Duffy, B. R. 2003. "Anthropomorphism and the social robot." *Robotics and Autonomous Systems*, 42(3~4), pp.177~190.

Dunning, D. 2011. "The Dunning-Kruger effect: On being ignorant of one's own ignorance." in J. Olson and M. P. Zanna(eds.). *Advances in Experimental Social Psychology*, 44, pp.247~296. New York, NY: Elsevier.

Elliott, A. 2019. *The culture of AI: Everyday life and the digital revolution*. New York, NY: Routledge.

Eynon, R. and E. Young. 2021. "Methodology, legend, and rhetoric: The constructions of AI by academia, industry, and policy groups for lifelong learning." *Science, Technology, & Human Values*, 46(1), pp.166~191.

Eyssel, F. and D. Kuchenbrandt. 2012. "Social categorization of social robots: Anthropomorphism as a function of robot group membership." *British Journal of Social Psychology*, 51(4), pp.724~731.

Fast, E. and E. Horvitz. 2017. "Long-term trends in the public perception of artificial intelligence." in Proceedings of the AAAI conference on artificial intelligence. 31(1).

Ferrell, O. C. and L. Ferrell. 2020. "Technology challenges and opportunities facing marketing education." *Marketing Education Review*, 30(1), pp.3~14.

Ferrer, X., van T. Nuenen, J. M. Such, M. Coté and N. Criado. 2021. "Bias and Discrimination in AI: a cross-disciplinary perspective." *IEEE Technology and Society Magazine*, 40(2), pp.72~80.

Floridi, L. and J. Cowls. 2022. "A unified framework of five principles for AI in society." in S. Carta(ed.). *Machine Learning and the City: Applications in Architecture and Urban Design*.

Floridi, L., J. Cowls, M. Beltrametti, R. Chatila, P. Chazerand, V. Dignum, C. Luetge, R. Madelin, U. Pagallo, F. Rossi, B. Schafer, P. Valcke and E. Vayena. 2018. "AI4People—An ethical framework for a good AI society: Opportunities, risks, principles, and recommendations." *Minds and machines*, 28(4), pp.689~707.

FTC. 2007. "Ehavioral Advertising: Tracking, Targeting, and Technology." https://www.ftc.gov/sites/default/files/documents/public_statements/online-behavioral-ad

vertising-moving-discussion-forward-possible-self-regulatory-principles/p859
900stmt.pdf(검색일: 2022.9.5).

Galloway, C. and L. Swiatek. 2018. "Public relations and artificial intelligence: It's not (just) about robots." *Public Relations Review*, 44(5), pp.734~740.

Garrett, N., N. Beard and C. Fiesler. 2020. "More Than 'If Time Allows' The Role of Ethics in AI Education." in Proceedings of the AAAI/ACM Conference on AI, Ethics, and Society.

Graham, S. S. and H. R. Hopkins. 2022. "AI For social justice: New methodological horizons in technical communication." *Technical Communication Quarterly*, 31(1), pp.89~102.

Guzdial, M., N. Liao, J. Chen, S. Y. Chen, S. Shah, V. Shah, J. Reno, G. Smith and M. O. Riedl. 2019. "Friend, collaborator, student, manager: How design of an ai-driven game level editor affects creators." in Proceedings of the 2019 CHI conference on human factors in computing systems.

Guzman, A. L. and S. C. Lewis. 2020. "Artificial intelligence and communication: A Human–Machine Communication research agenda." *New Media & Society*, 22(1), pp.70~86.

Ha, H. Y. 2004. "Factors influencing consumer perceptions of brand trust online." *Journal of Product & Brand Management*, 13(5), pp.329~342.

Habibi, M. R., M. Laroche and M. O. Richard. 2014. "The roles of brand community and community engagement in building brand trust on social media." *Computers in Human Behavior*, 37, pp.152~161.

Haladjian, H. H. and C. Montemayor. 2016. "Artificial consciousness and the conscious-ness-attention dissociation." *Consciousness and Cognition*, 45, pp.210~225.

Hameed, I., Z. Riaz, G. A. Arain and O. Farooq. 2016. "How do internal and external CSR affect employees' organizational identification? A perspective from the group engagement model." *Frontiers in Psychology*, 7, p.788.

Hayes, J. L., B. C. Britt, W. Evans, S. W. Rush, N. A. Towery and A. C. Adamson. 2021.

"Can social media listening platforms' artificial intelligence be trusted? Examining the accuracy of Crimson Hexagon's (now Brandwatch Consumer Research's) AI-Driven analyses." *Journal of Advertising*, 50(1), pp.81~91.

Heaven, W. D. 2020. "Artificial general intelligence: Are we close, and does it even make sense to try?" *MIT Technology Review*. https://www.technologyreview.com/20 20/10/15/1010461/artificial-general-intelligence-robots-ai-agi-deepmind-googl e-openai/(검색일: 2022.9.5).

Hedlund, M. and E. Persson. 2022. "Expert responsibility in AI development." *AI & SOCIETY*, pp.1~12.

Hengstler, M., E. Enkel and S. Duelli. 2016. "Applied artificial intelligence and trust — The case of autonomous vehicles and medical assistance devices." *Technological Forecasting and Social Change*, 105, pp.105~120.

Ho, S. S., A. D. Leong, J. Looi, L. Chen, N. Pang and E. Tandoc Jr. 2019. "Science literacy or value predisposition? A meta-analysis of factors predicting public perceptions of benefits, risks, and acceptance of nuclear energy." *Environmental Communication*, 13(4), pp.457~471.

Hong, J. J., J. Yang, B. R. Wooldridge and A. D. Bhappu. 2021. "Sharing consumers' brand storytelling: influence of consumers' storytelling on brand attitude via emotions and cognitions." *Journal of Product & Brand Management*, 31(2), pp.265~278.

Howard, A. and J. Borenstein. 2018. "The ugly truth about ourselves and our robot creations: the problem of bias and social inequity." *Science and engineering ethics*, 24(5), pp.1521~1536.

Huang, M. H. and R. T. Rust. 2021. "A strategic framework for artificial intelligence in marketing." *Journal of the Academy of Marketing Science*, 49(1), pp.30~50.

Hung, L., C. Liu, E. Woldum, A. Au-Yeung, A. Berndt, C. Wallsworth, N. Horne, M. Gregorio, J. Mann and H. Chaudhury. 2019. "The benefits of and barriers to using a social robot PARO in care settings: a scoping review." *BMC Geriatrics*,

19(1), pp.1~10.

Hurtienne, J. 2009. "Cognition in HCI: An ongoing story." *Human Technology*, 5(1), pp.12~28.

IAB. 2014. "Self-Regulatory Program for Online Behavioral Advertising." https://www. iab.com/news/self-regulatory-program-for-online-behavioral-advertising/(검색일: 2022.9.5).

Jobin, A., M. Ienca and E. Vayena. 2019. "The global landscape of AI ethics guidelines." *Nature Machine Intelligence*, 1(9), pp.389~399.

Juang, M. 2021. "IBM looks to ai to help brands plan and create ads for streaming." Adage. https://adage.com/article/digital/ibm-looks-ai-help-brands-plan-and-create-a ds-streaming/2331566(검색일: 2022.9.5).

Kaminski, M. E. 2017. "Authorship, disrupted: AI authors in copyright and first amendment law." *U.C. Davis Law Review*, 51, p.589.

Kaynak, O. 2021. "The golden age of Artificial Intelligence." *Discover Artificial Intelligence*, 1(1), pp.1~7.

Kazim, E. and A. S. Koshiyama. 2021. "A high-level overview of AI ethics." *Patterns*, 2(9), 100314.

Kelley, P. G., Y. Yang, C. Heldreth, C. Moessner, A. Sedley, A. Kramm, D. T. Newman and A. Woodruff. 2021. "Exciting, useful, worrying, futuristic: Public perception of artificial intelligence in 8 countries." in Proceedings of the 2021 AAAI/ACM Conference on AI, Ethics, and Society.

Kerr, A., M. Barry and J. D. Kelleher. 2020. "Expectations of artificial intelligence and the performativity of ethics: Implications for communication governance." *Big Data & Society*, 7(1). https://doi.org/10.1177/2053951720915939.

Khooshabeh, P. and G. Lucas. 2018. "Virtual human role players for studying social factors in organizational decision making." *Frontiers in Psychology*, 9(194).

Kim, J., K. Merrill Jr. and C. Collins. 2021. "AI as a friend or assistant: The mediating role of perceived usefulness in social AI vs. functional AI." *Telematics and*

Informatics, 64, 101694.

Köstler, L. and R. Ossewaarde. 2022. "The making of AI society: AI futures frames in German political and media discourses." *AI & society*, 37(1), pp.249~263.

Kozinets, R. V. and U. Gretzel. 2021. "Commentary: Artificial intelligence: The marketer's dilemma." *Journal of Marketing*, 85(1), pp.156~159.

Kumar, V., B. Rajan, R. Venkatesan and J. Lecinski. 2019. "Understanding the role of artificial intelligence in personalized engagement marketing." *California Management Review*, 61(4), pp.135~155.

Kurenkov, A. 2021. "In Favor of More Science Communication by AI Researchers." https://lastweekin.ai/p/in-favor-of-more-science-communication(검색일: 2022.9.5).

Lee, W. J., D. Kim, S. I. Kim and H. S. Kim. 2022. "A Study on the Standard AI Developer Job Training Track Based on Industry Demand." *Journal of the Korea Society of Computer and Information*, 27(3), pp.251~258.

Letheren, K., J. Jetten, J. Roberts and J. Donovan. 2021. "Robots should be seen and not heard··· sometimes: Anthropomorphism and AI service robot interactions." *Psychology & Marketing*, 38(12), pp.2393~2406.

Leung, F. F., F. F. Gu, Y. Li, J. Z. Zhang and R. W. Palmatier. 2022. "Influencer marketing effectiveness." *Journal of Marketing*, 86(6), 002224292211028.

Lewis, S. C., A. L. Guzman and T. R.Schmidt. 2019. "Automation, journalism, and human -machine communication: Rethinking roles and relationships of humans and machines in news." *Digital Journalism*, 7(4), pp.409~427.

Li, J. H. 2018. "Cyber security meets artificial intelligence: a survey." *Frontiers of Information Technology & Electronic Engineering*, 19(12), pp.1462~1474.

Lima, G., C. Kim, S. Ryu, C. Jeon and M. Cha. 2020. "Collecting the public perception of AI and robot rights." *Proceedings of the ACM on Human-Computer Interaction*, 4(CSCW2), pp.1~24.

Liu, F. and Y. H. Lee. 2022. "Unveiling Behind-the-Scenes Human Interventions and

Examining Source Orientation in Virtual Influencer Endorsements." in ACM International Conference on Interactive Media Experiences.

Lobera, J., C. J. Fernández Rodríguez and C. Torres-Albero. 2020. "Privacy, values and machines: Predicting opposition to artificial intelligence." *Communication studies*, 71(3), pp.448~465.

Long, D. and B. Magerko. 2020. "What is AI literacy? Competencies and design considerations." in Proceedings of the 2020 CHI conference on human factors in computing systems.

Madianou, M. 2021. "Nonhuman humanitarianism: when 'AI for good' can be harmful." *Information, Communication & Society*, 24(6), pp.850~868.

Manheim, K. and L. Kaplan. 2019. "Artificial intelligence: Risks to privacy and democracy." *21 Yale JL & Tech*, 106, p.83.

Mariani, M. M., R. Perez-Vega and J. Wirtz. 2022. "AI in marketing, consumer research and psychology: a systematic literature review and research agenda." *Psychology & Marketing*, 39(4), pp.755~776.

Martin, K. 2019. "Ethical implications and accountability of algorithms." *Journal of Business Ethics*, 160(4), pp.835~850.

Meng, J. and Y. Dai. 2021. "Emotional support from AI chatbots: Should a supportive partner self-disclose or not?" *Journal of Computer-Mediated Communication*, 26(4), pp.207~222.

Mikhaylov, S. J., M. Esteve and A. Campion. 2018. "Artificial intelligence for the public sector: opportunities and challenges of cross-sector collaboration." *Philosophical transactions of the royal society a: mathematical, physical and engineering sciences*, 376(2128), 20170357.

Mir, U., A. K. Kar and M. P. Gupta. 2021. "AI-enabled digital identity-inputs for stakeholders and policymakers." *Journal of Science and Technology Policy Management*, 13(3).

Mittelstadt, B. 2019. "Principles alone cannot guarantee ethical AI." *Nature Machine*

Intelligence, 1(11), pp.501~507.

Monllos, K. 2020. "'Don't set it and forget it': Artificial intelligence's role in media buying is taking shape." Digiday. https://digiday.com/marketing/ai-used-media-buying-just-not-expected/(검색일: 2022.9.5).

Moon, W. K. and L. A. Kahlor. 2022. "Nanoscientists' perceptions of serving as ethical leaders within their organization: Implications from ethical leadership for responsible innovation." *Journal of Responsible Innovation*, 9(1), pp.74~ 92.

Moon, W. K., M. Chung and S. M. Jones-Jang. 2022. "How can we fight partisan biases in the COVID-19 pandemic? AI source labels on fact-checking messages reduce motivated reasoning." *Mass Communication and Society*, pp.1~25. https://doi.org/10.1080/15205436.2022.2097926.

Nass, C. and Y. Moon. 2000. "Machines and mindlessness: Social responses to computers." *Journal of Social Issues*, 56(1), pp.81~103.

Nath, R. and V. Sahu. 2020. "The problem of machine ethics in artificial intelligence." *AI & Society*, 35(1), pp.103~111.

Naudé, W. and N. Dimitri. 2020. "The race for an artificial general intelligence: implications for public policy." *AI & Society*, 35(2), pp.367~379.

Neri, H. and F. Cozman. 2020. "The role of experts in the public perception of risk of artificial intelligence." *AI & Society*, 35(3), pp.663~673.

NSF. 2022. https://beta.nsf.gov/funding/learn/research-types/learn-about-convergence-research#definition(검색일: 2022.9.5).

ÓhÉigeartaigh, S. S., J. Whittlestone, Y. Liu, Y. Zeng and Z. Liu. 2020. "Overcoming barriers to cross-cultural cooperation in AI ethics and governance." *Philosophy & Technology*, 33(4), pp.571~593.

Pan, Y. and F. J. Froese. 2022. "An interdisciplinary review of AI and HRM: Challenges and future directions." *Human Resource Management Review*, 100924.

Parasuraman, R. and D. H. Manzey. 2010. "Complacency and bias in human use of automation: An attentional integration." *Human Factors*, 52(3), pp.381~ 410.

Parikh, R. B., S. Teeple and A. S. Navathe. 2019. "Addressing bias in artificial intelligence in health care." *Jama*, 322(24), pp.2377~2378.

Pauw, L. S., D. A. Sauter, G. A. van Kleef, G. M. Lucas, J. Gratch and A. H. Fischer. 2022. "The avatar will see you now: Support from a virtual human provides socio-emotional benefits." *Computers in Human Behavior*, 136, 107368.

Perez-Vega, R., V. Kaartemo, C. R. Lages, N. B. Razavi and J. Männistö, 2021. "Reshaping the contexts of online customer engagement behavior via artificial intelligence: A conceptual framework." *Journal of Business Research*, 129, pp.902~910.

Petit, N. and J. De Cooman. 2021. "Models of Law and Regulation for AI." in A. Elliott(ed.). *The Routledge Social Science Handbook of AI*. New York, NY: Routledge.

Popkova, E. G. and B. S. Sergi. 2020. "Human capital and AI in industry 4.0. Convergence and divergence in social entrepreneurship in Russia." *Journal of Intellectual Capital*, 21(4).

Pöschl, U. 2012. "Multi-stage open peer review: scientific evaluation integrating the strengths of traditional peer review with the virtues of transparency and self-regulation." *Frontiers in Computational Neuroscience*, 6, p.33.

Posner, T. and L. Fei-Fei. 2020. "AI will change the world, so it's time to change AI." *Nature*, 588(7837), pp.S118~S118.

Proudfoot, D. 2011. "Anthropomorphism and AI: Turing's much misunderstood imitation game." *Artificial Intelligence*, 175(5~6), pp.950~957.

Puntoni, S., R. W. Reczek, M. Giesler and S. Botti. 2021. "Consumers and artificial intelligence: An experiential perspective." *Journal of Marketing*, 85(1), pp. 131~151.

Raji, I. D., A. Smart, R. N. White, M. Mitchell, T. Gebru, B. Hutchinson, J. Smith-Loud, D. Theron and P. Barnes. 2020. "Closing the AI accountability gap: Defining an end-to-end framework for internal algorithmic auditing." in Proceedings of the 2020 conference on fairness, accountability, and transparency.

Riedl, M. O. 2019. "Human-centered artificial intelligence and machine learning." *Human Behavior and Emerging Technologies*, 1(1), pp.33~36.

Rodgers, S. 2021. "Themed issue introduction: Promises and perils of artificial intelligence and advertising." *Journal of Advertising*, 50(1), pp.1~10.

Roose, K. 2022.8.24. "We Need to Talk About How Good A.I. Is Getting." *The New York Times*. https://www.nytimes.com/2022/08/24/technology/ai-technology-prog ress.html(검색일: 2022.9.5).

Roose, K. 2022.9.2. "An A.I.-Generated Picture Won an Art Prize. Artists Aren't Happy." *The New York Times*. https://www.nytimes.com/2022/09/02/technology/ai-art ificial-intelligence-artists.html?campaign_id=190&emc=edit_ufn_20220908&in stance_id=71337&nl=updates-from-the-newsroom&regi_id=82477657&segme nt_id=105692&te=1&user_id=7cf7f1594556bd34c171f02c79084e72(검색일: 2022.9.5).

Röösli, E., B. Rice and T. Hernandez-Boussard. 2021. "Bias at warp speed: how AI may contribute to the disparities gap in the time of COVID-19." *Journal of the American Medical Informatics Association*, 28(1), pp.190~192.

Russell, S., S. Hauert, R. Altman and M. Veloso. 2015. "Ethics of artificial intelligence." *Nature*, 521(7553), pp.415~416.

Sands, S., C. Ferraro, V. Demsar and G. Chandler. 2022. "False idols: Unpacking the opportunities and challenges of falsity in the context of virtual influencers." *Business Horizons*, 65(6), pp.777~788.

Schaffer, J., J. O'Donovan, J. Michaelis, A. Raglin and T. Höllerer. 2019. "I can do better than your AI: expertise and explanations." in Proceedings of the 24th International-al Conference on Intelligent User Interfaces.

Scheufele, D. A. 2022. "Thirty years of science – society interfaces: What's next?" *Public Understanding of Science*, 31(3), pp.297~304.

Scheufele, D. A., N. M. Krause, I. Freiling and D. Brossard. 2021. "What we know about effective public engagement on CRISPR and beyond." *Proceedings of the National*

Academy of Sciences, 118(22)..

Schiff, D. 2021. "Education for AI, not AI for Education: The Role of Education and Ethics in National AI Policy Strategies." *International Journal of Artificial Intelligence in Education*, 32(3), pp.527~563.

Schiff, D., J. Biddle, J. Borenstein and K. Laas. 2020. "What's next for ai ethics, policy, and governance? a global overview." in Proceedings of the AAAI/ACM Conference on AI, Ethics, and Society.

Seeber, I., E. Bittner, R. O. Briggs, T. De Vreede, G. J. De Vreede, A. Elkins, R. Maiera, A. B. Merza, S. Oeste-Reiβe, N. Randrupf, G. Schwabeg and M. Söllnereh. 2020. "Machines as teammates: A research agenda on AI in team collaboration." *Information & management*, 57(2), 103174.

Selbst, A. D. and S. Barocas. 2022. "Unfair Artificial Intelligence: How FTC Intervention Can Overcome the Limitations of Discrimination Law." *171 University of Pennsylvania Law Review*(forthcoming). https://ssrn.com/ abstract=4185227(검색일: 2022.9.5).

Sloane, M. 2019. "Inequality is the name of the game: thoughts on the emerging field of technology." *Ethics and Social Justice.* in Proceedings of the Weizenbaum Conference 2019. https://doi.org/10.34669/wi.cp/2.9(검색일: 2022.11.6).

Stone, P., R. Brooks, E. Brynjolfsson, R. Calo, O. Etzioni, G. Hager, J. Hirschberg, S. Kalyanakrishnan, E. Kamar, S. Kraus, K. Leyton-Brown, D., W., A. Saxenian, J. Shah, M. Tambe and A. Teller. "Artificial Intelligence and Life in 2030." One Hundred Year Study on Artificial Intelligence: Report of the 2015-2016 Study Panel, Stanford University, Stanford, CA, September 2016. Doc: http://ai100.stan ford.edu/2016-report(검색일: 2016.9.6).

Sullins, J. P. 2010. "RoboWarfare: can robots be more ethical than humans on the battlefield?" *Ethics and Information Technology*, 12(3), pp.263~275.

Sundar, S. S. 2020. "Rise of machine agency: A framework for studying the psychology of human-AI interaction (HAII)." *Journal of Computer-Mediated Communication*,

25(1), pp.74~88.

Taeihagh, A. 2021. "Governance of artificial intelligence." *Policy and Society*, 40(2), pp.137~157.

Tegmark, M. 2018. *Life 3.0: Being human in the age of artificial intelligence*. New York, NY: Vintage.

The Royal Society. 2020. "Communicating AI: the role of researchers in enabling public conversations about AI." https://royalsociety.org/-/media/policy/projects/ai-and-society/how-we-talk-about-ai-and-why-it-matters-workshop-notes.pdf?la =en-GB&hash=E79120CDC567BEC262F33E0320159F93(검색일: 2022.9.5).

Thelisson, E., J. H. Morin and J. Rochel. 2019. "AI Governance: Digital Responsibility as a Building Block: Towards an Index of Digital Responsibility." *Delphi*, 2, p.167.

Tigard, D. W. 2021. "Responsible AI and moral responsibility: a common appreciation." *AI and Ethics*, 1(2), pp.113~117.

Timmers, P. 2019. "Ethics of AI and cybersecurity when sovereignty is at stake." *Minds and Machines*, 29(4), pp.635~645.

van Wynsberghe, A. 2021. "Sustainable AI: AI for sustainability and the sustainability of AI." *AI and Ethics*, 1(3), pp.213~218.

Vanderelst, D. and A. Winfield. 2018. "The dark side of ethical robots." in Proceedings of the 2018 AAAI/ACM Conference on AI, Ethics, and Society.

Wachter, S., B. Mittelstadt and L. Floridi. 2017. "Transparent, explainable, and accountable AI for robotics." *Science Robotics*, 2(6), eaan6080.

Wamba, S. F., R. E. Bawack, C. Guthrie, M. M. Queiroz and K. D. A. Carillo. 2021. "Are we preparing for a good AI society? A bibliometric review and research agenda." *Technological Forecasting and Social Change*, 164, 120482.

Whittlestone, J., R. Nyrup, A. Alexandrova and S. Cave. 2019. "The role and limits of principles in AI ethics: towards a focus on tensions" in Proceedings of the 2019 AAAI/ACM Conference on AI, Ethics, and Society.

Wirtz, B. W., J. C. Weyerer and B. J. Sturm. 2020. "The dark sides of artificial intelligence:

An integrated AI governance framework for public administration." *International Journal of Public Administration*, 43(9), pp.818~829.

Wu, L., N. A. Dodoo, T. J. Wen and L. Ke. 2022. "Understanding Twitter conversations about artificial intelligence in advertising based on natural language processing." *International Journal of Advertising*, 41(4), pp.685~702.

Youn, S. and S. V. Jin. 2021. "'In AI we trust?' The effects of parasocial interaction and technopian versus luddite ideological views on chatbot-based customer relationship management in the emerging 'feeling economy.'" *Computers in Human Behavior*, 119, 106721.

Young, M., L. Rodriguez, E. Keller, F. Sun, B. Sa, J. Whittington and B. Howe. 2019. "Beyond open vs. closed: Balancing individual privacy and public accountability in data sharing." in Proceedings of the Conference on Fairness, Accountability, and Transparency.

Zeng, J., C. H. Chan and M. S. Schäfer. 2022. "Contested Chinese dreams of AI? Public discourse about Artificial intelligence on WeChat and People's Daily Online." *Information, Communication & Society*, 25(3), pp.319~340.

Zerilli, J., U. Bhatt and A. Weller. 2022. "How transparency modulates trust in artificial intelligence." *Patterns*, 3(4), 100455.

3장

소비자의 심리적 · 정서적 특성과 AI 및 메타버스 산업

부수현

01

인간과 인간을 닮아가는 디지털 기술

디지털 기술은 우리의 일상적인 삶의 모습을 크게 바꿨다. 특히, 코로나19 바이러스로 인한 팬데믹은 디지털 기술이 활용되는 범위를 크게 넓혔고 디지털 기술에 대한 소비자들의 적응력을 높였다. 구체적으로, 온라인을 활용한 비대면 회의가 '정상적인(normal)' 방식이 되었으며, 온라인 플랫폼으로 대부분의 일상적인 소비를 하는 소비자가 급격하게 늘었고, 다양한 유형의 온라인 스트리밍과 숏폼 콘텐츠(short-form contents)를 즐기는 것이 소비자 여가의 대세가 되었다. 그 결과 언젠가부터, 디지털 기술을 제외한 우리의 일상은 그리기가 어려워졌다. 조금 과장해서 보면, 디지털 기술을 사용하는 것이 일상이고, 디지털 기술을 전혀 사용하지 않는 것이 특별한 이벤트가 되었다. 지나친 비유일까? 쉬운 예로, 당신은 스마트폰 없이 몇 시간이나 보낼 수 있는가?

일상화된 디지털 기술은 하나의 거대한 산업군 혹은 기술·산업 생태계를 이루고 있다. 이와 같은 맥락에서, 디지털 기술을 선도하는 구글, 아마존, 메타, 애플 등을 빅테크(big tech) 기업이라 한다. 이들 모두 시장지배력이 막강한 대형 IT 기업이다. 하지만 단순히 기업의 규모가 크다고 해서 '빅'테크라고 부르는 것은 아니다.

먼저, 이 기업들은 각자가 자사 중심의 디지털 생태계를 구축하고 있다. 그 생태계가 폐쇄적인지 개방적인지는 그다지 중요한 문제가 아니다. 어차피 소비자가 그들이 만든 몇 개의 생태계를 벗어나 일상생활을 한다는 것이 거의 불가능하기 때문이다. 즉, 현대의 소비자는 빅테크 기업이 구축한 디지털 세상 속에서 살고 있다고 해도 과언이 아니다.

다음으로, 빅테크 기업은 산업 간 경계를 비교적 쉽게 뛰어넘을 수 있다. 예를 들어, 카카오 뱅크처럼, 구글도 금융업이나 보험업으로 진출할 수 있으며, 쿠팡 플레이처럼 아마존도 프라임 비디오를 통해 OTT 서비스 시장에서 경쟁력을 강화하기 위해 노력하고 있다. 몇 년 전부터 애플이 자동차 산업에 진출한다는 소문이 돌았으며, 메타가 부동산 중개업이나 공유경제 시장으로 뛰어들 수도 있다. 과거 전통적인 산업의 1위 기업, 예를 들어, 나이키나 폭스바겐 혹은 도요타조차도 산업의 경계를 뛰어넘는 것이 쉽지 않다는 것을 고려하면, 빅테크 기업의 잠재력 혹은 적응력은 두려울 정도이다.

빅테크 기업의 핵심은 뛰어난 디지털 기술력이다. 그리고 이들이 최근에 주목하고 있는 분야가 바로 AI(Artificial Intelligence: 인공지능)와 메타버스(Metaverse)다.

먼저, AI는 지각, 인지, 이해, 기억과 학습 그리고 판단 등과 같은 인간의 지적인 능력을 기계에 구현하는 것을 말한다. 다만, AI의 개념은 생각보다 오래되었다. 1950년대에 인간의 인지적 능력을 과학적으로 연구하기 시작하면서부터, 초보적인 정보처리장치와 컴퓨터가 고안되었고, AI의 개념도 구체화되었다. 그로부터 50~60년 후 급속하게 발전한 디지털 기술은 상상 속의 AI를 실체화시켰고, 최근에는 AI가 우리의 일상생활 곳곳에서 적용되거나 활용되고 있다. 특히, 클라우드컴퓨팅 기술의 발전과 대용량 정보통신 인프라의 확충은 소비자가 머무는 곳 어디에서든 그리

그림 3-1 AI 스피커와 IOT

자료: https://www.startuptoday.kr/news/articleV
iew.html?idxno=40601.

그림 3-2 자율주행차의 AI

자료: https://www.lufttkorea.com/automaticdriv
ing/.

고 어떤 기계나 장치에도 AI가 충실히 임무를 수행할 수 있는 새로운 차원
의 디지털 세상을 구현해 나가고 있다.

예를 들어, 집이나 회사에서 AI 스피커를 통해 정보를 탐색하거나 쇼핑
을 하고, 메일을 확인하거나 보내는 등의 간단한 업무도 수행할 수 있으
며, 중요한 회의 장소로 이동하는 중에 운전은 자동차의 지능형 에이전트
에게 맡기고 회의 자료를 검토하거나 보완할 수 있다. 퇴근 후에 스마트
워치의 지시에 따라 나에게 최적화된 운동을 하고, 귀가하는 길에 하루 종
일 비워뒀던 집안의 공기와 온도를 쾌적하게 맞춰둘 수 있으며, 집에 도착
하는 시간에 맞춰 집 근처 맛집의 음식을 배달시켜 놓을 수도 있다. 이러
한 일은 더 이상 미래의 공상이 아니다.

AI는 어느샌가 우리의 일상 깊숙이 관여하고 있으며, 가까운 미래에 그
역할이 더욱더 강화될 것으로 기대되고 있다. 하지만 AI에 대한 사회경제
적 기대가 큰 만큼 AI 기술 발달로 인한 부작용이나 문제점에 대한 우려의
목소리도 크다. AI와 관련된 윤리적 문제 혹은 철학적 관점을 차치하더라
도, AI 기술에 대한 소비자의 반발이나 저항에 대해서는 면밀하게 검토해
볼 필요가 있다.

1. 불쾌한 골짜기 이론

본질적으로 인간은 자신과 비슷한 능력을 갖춘 기계를 좋아하지 않는다. 이에 관한 대표적인 예로, 불쾌한 골짜기(uncanny valley) 이론을 들 수 있다. 인간은 인간이 아닌 존재(예, 기계나 인형 등)를 볼 때, 그것이 인간과 더 많이 닮을수록 호감도가 높아지지만, 일정 수준을 넘어서면 오히려 불쾌감을 느낀다는 이론이다(Mori, 1970). 간단한 예로, 〈그림 3-3〉과 〈그림 3-4〉의 사진 중에서 어떤 사진이 더 친근하고 편안한 느낌을 주는가?

〈그림 3-3〉은 도로교통공사에서 개발한 '왕눈이 스티커'를 트럭에 붙인 모습이다. 이것은 마치 사람이 지켜보고 있는 것처럼 느끼게 하여, 뒤따르는 운전자의 졸음운전을 방지하고 양보 운전을 촉진하기 위해 개발된 것이다. 실례로, 무인 자율 계산대 앞에 사람이 쳐다보고 있는 눈 사진을 붙여 놓을 경우, 더 많은 사람이 정직하게 요금을 냈는데, 이를 '감시자의 눈 효과'라 한다(Bateson, Nettle and Roberts, 2006). 여러분이 보기에는 어떤가? 아무것도 없는 트럭보다는 눈 스티커가 붙어 있는 트럭이 훨씬 친근하게 느껴지는 것이 정상이다.

그림 3-3 왕눈이 스티커를 부착한 트럭

자료: https://www.hyundai.co.kr/story/CONT00
00000000001692.

그림 3-4 휴머노이드 AI 소피아

자료: https://www.joongang.co.kr/article/2233
0356#home.

그림 3-5 불쾌한 골짜기 호오도 그래프

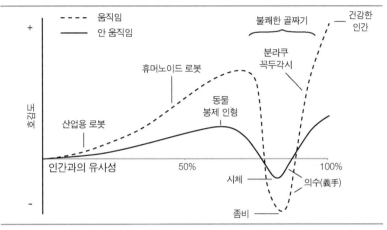

그림 3-5 불쾌한 골짜기 호오도 그래프

자료: 위키백과.

반면, 〈그림 3-4〉의 휴머노이드형 AI 소피아를 보면서 여러분은 어떠한 감정이 드는가? 뭔가 섬뜩하거나 흉물스럽지 않은가? 어쩌면 저런 기계에 '소피아'라는 이름을 붙인 것조차 마음에 들지 않을 수 있다. 왕눈이 스티커에 비하면 소피아가 인간과 훨씬 비슷한 모습(형상)을 하고 있음에도 불구하고 덜 매력적인 것이 아니라 혐오스럽다. 바로 이 지점이 불쾌한 골짜기에 해당한다.

〈그림 3-5〉의 불쾌한 골짜기 그래프에서 두 가지 시사점을 찾아볼 수 있다. 첫째, 움직이는 것에 대한 호오도 변화폭이 움직이지 않는 것에 대한 호오도 변화폭에 비해 훨씬 크다. 덧붙여, 사전에 입력되거나 녹음된 말을 반복하거나 몇 가지 정해진 표정을 짓는 것과 같은 단순히 작동하는 수준의 로봇에게는 그 움직임이 정교할수록 매력도가 높아지지만, 상황에 맞는 간단한 대화를 하기 시작하고, 맥락에 적절한 감정을 표현하기 시작하는 순간 깊은 혐오의 골짜기로 떨어진다. 아직 이러한 현상에 대한 경

험적 검증이 매우 부족하기에 원인을 단정하기 어렵지만, 경험해 보지 못한 낯선 존재에 대한 막연한 두려움 이상일 것이다.

둘째, 완전한 인간, 심지어 몸과 마음이 건강한 정상적인 인간에 매우 근접해야만 호감도가 회복된다. 하지만 이것은 어디까지나 가정에 지나지 않는다. 왜냐하면, 최근까지도 완전한 인간에 근접한 기계는 상상 속의 존재일 뿐이기 때문이다. 과연 실제로 이러한 효과가 나타날까? 아직 아무도 모른다.

2. 지각된 통제력과 선택 자율성

자신보다 뛰어난 지능을 가진 기계를 상상하는 것만으로도 두려움을 느낀다. 왜냐하면, 자신보다 뛰어난 지능을 가진 기계나 존재를 자신이 통제할 수 없다고 생각하기 때문이다. 다만, 여기서 주의해야 하는 것은 상황이나 대상에 대한 통제력은 객관적으로 측정되거나 평가되는 것이 아니라, 주관적으로 지각되는 것(perceived control)이라는 점이다. 즉, 실제로 통제할 수 있는지가 아니라 통제할 수 있다고 믿는지에 달려 있다. 예를 들어, 이번 달 안에 5kg 체중 감량을 할 수 있을까? 1년 안에 여유 자금 천만 원을 마련할 수 있을까? 혹은 평소에 마음에 두던 사람에게 고백한다면 연인이 될 수 있을까? 모두 주관적으로 지각되는 것이다. 만약, 통제력이 객관적으로 평가되는 것이었다면, 이 세상 누구도 자기가 스스로 세운 계획에 실패하는 일은 없을 것이다.

AI에 대한 통제력을 가지는 것은 소비자가 자신의 선택 자율성을 확보하는 것과 같다. 간단한 예를 들면, 오늘날 다양한 영역에서 AI 추천 서비스가 상용화되었다. 유튜브나 넷플릭스의 영상 추천, 인스타그램이나 페이스북의 맞춤형 광고, 아마존이나 쿠팡에서 나에게 추천되는 제품 모두 확장된 인공지능(혹은 알고리즘)에 의한 추천 서비스이다. 이러한 추천은 대부분 내가 과거에 선택(즉, 행동)했던 패턴에 기반하여 나의 관심사나 취향을 분석하고 그것에 적합한 대안, 즉 내가 선택할 확률이 가장 높은 대안을 선별하는 것이다. 대개의 경우, 이와 같은 추천은 소비자에게 유용하고 편리하다. 하지만 이것은 인간의 자기결정권 혹은 선택의 자율성을 침해하는 것으로, 심리적 반발을 유발하기도 한다(하대권·성용준, 2019).

바로 여기에 AI의 역설이 있다. AI에 의해 고도화된 자동화 서비스는 인간의 노력이나 수고를 획기적으로 줄여주기 때문에 소비자의 삶의 질을 높이는 데 결정적인 역할을 하지만, 소비자 자신과 직접 관련된 선택이나 결정에서 자율성이 침해되고 AI에 대한 의존도가 높아지기 때문에 역설적으로 소비자의 삶의 질은 떨어지게 된다(André et al., 2018).

3. 성공적인 AI를 위해 고려해야 하는 것

AI가 어떻게 그리고 얼마만큼 발전할지라도, 결국 소비자가 이용하는 것이다. 따라서 아무리 똑똑하고 출중한 AI일지라도 소비자가 불편함이나 혐오, 두려움을 느낀다면, 그 AI를 사용하는 소비자는 곧바로 줄어들 것이다. 반대로, 소비자가 친근함을 느끼거나 편안함이나 신뢰 그리고 그 수준을 넘어선 우정까지 느끼는 AI는 더 많은 소비자에게 채택될 것이고 그들과 더 밀접한 상호작용을 하게 될 것이다. 따라서 인간의 감정적인 측면을 고려하지 않는다면, 그리고 인간과의 상호작용에 초점을 두지 않는

그림 3-6 영화 〈엑스 마키나〉 속 AI

자료: https://aipharos.com/3033.

그림 3-7 영화 〈에이리언〉 속 AI

자료: https://brunch.co.kr/@milanku205/394.

다면, AI가 성공적으로 적용되기 어려울 것이다. 역설적으로, 성공적인 AI를 구현하기 위해서는 AI의 성능이 아니라 소비자의 인간적인 측면에 더 초점을 맞춰야 한다.

덧붙여, AI가 주로 소비자의 노력과 비용을 줄여주는 자동화 서비스에 적용될지라도, 소비자에게 선택의 자율성을 확보해 주어야 한다. 만약, 소비자가 AI를 충분히 혹은 적절하게 통제하고 있다고 느끼지 못한다면, 자신의 이익이나 위험과 관련된 중요한 문제에서 충분한 선택의 자율성을 가지지 못한다면, AI에 대한 심리적 반발이 강해질 것이고 이는 파괴적이고 공격적인 행동으로 연결될 가능성이 높다.

02
디지털 기술을 사용하는 소비자의 심리적 특성

    인간은 환경과 상호작용하는 존재이다. 대개의 경우, 상호작용의 대상은 다른 인간이지만, 때때로 인간이 아닌 대상과도 상호작용이 가능하다. 그 대표적인 예로, 2000년에 개봉한 톰 행크스 주연의 영화 〈캐스트 어웨이〉 속 배구공 윌슨과 2013년에 개봉한 〈그녀(Her)〉에서 인공지능 운영체제(OSI)인 사만다를 들 수 있다. 이와 같은 상호작용이 영화 속에서뿐만 아니라 현실에서도 가능한 이유는 인간의 상호작용이 능동적이면서 주관적이기 때문이다.

    먼저, 인간은 자신이 원하는 대상과 이루거나 얻고 싶은 것을 위해 '능동적으로' 상호작용한다. 때때로 상황적 요인 때문에 원치 않은 대상과 수동적으로 대응해야 할 때 스트레스를 받으며, 가능하다면 이러한 상황을 회피하려고 한다(Horowitz and Vitkus, 1986). 다음으로, 상호작용에 있어서 상대방의 의도나 동기보다 더 중요한 것은 내가 받아들인 결과이다. 물론, 언어적 혹은 문화적 차이가 없는 경우, 상대방의 의도나 동기를 비교적 명확하게 파악할 수 있을지라도, 상호작용의 질적인 측면에 영향을 미치는 것은 상대방의 의도나 행동보다 그것에 대한 나의 해석과 판단이다(Luckmann, 2008). 즉, 상대방이 웃으면서 인사했을지라도 내가 불쾌하게 받아들이면 상호작용이 중단될 수 있다. 반대로, 상대방이 불친절하고 무

그림 3-8 영화 〈캐스트 어웨이〉의 윌슨

자료: http://www.kbdaily.co.kr/news/articleVie
w.html?idxno=13785.

그림 3-9 영화 〈그녀〉의 한 장면

자료: https://www.hankyung.com/economy/ar
ticle/2020 0327701.

뚝뚝하게 굴어도, 심지어 욕쟁이 할머니처럼 나에게 욕설을 퍼붓더라도, 내가 정겹게 받아들이면 겉으로 저렇게 해도 속정은 깊은 사람으로 인식되며 그 사람과의 상호작용이 지속될 수 있다.

1. 소비자와 AI 간의 상호작용에 관해

AI 또는 지능형 에이전트를 활용하는 소비자는 그것과 상호작용하려고 한다. 실례로, 이은지와 성용준(2020)이 국내의 주요 포털, 블로그, 커뮤니티에 올라온 AI 관련 키워드 약 48만 개를 분석한 결과, 'AI 스피커(4만 5239건)', '대화(8712건)', '소통하다(2096건)'가 주요 연관어였으며, 사용자들은 대화와 소통을 바탕으로 '상호작용'할 수 있는, 마치 '친구와 같은' AI를 기대하고 있었다. 그렇다면 무엇이 친구 같은 AI에 대한 기대를 만들어낸 걸까?

무엇보다 소비자가 언어를 사용하여 AI와 상호작용을 반복하기 때문이다. 구체적으로, 소비자가 AI 스피커 또는 지능형 에이전트에게 무언가를 묻거나 지시하면, AI는 답변을 하거나 지시한 임무를 수행하고 결과를 보고한다. 처음에는 아주 간단하고 명확한 것부터 시작하지만 소비자가 반복적으로 사용할수록 AI는 소비자에 대해 더 많이 학습하게 되고 소비자가 원하는 것을 더 정확하게 제안할 수 있게 되며, 시간이 지날수록 소비자의 취향과 선호를 가장 잘 이해하고 있는 존재로 거듭나게 된다(Zhang et al., 2019). 따라서 학습 능력이 충분하다면, AI는 소비자와 상호작용할수록 그 소비자의 절친(best friend)이 되어간다.

다른 한편으로, AI가 소비자의 선호를 그다지 잘 맞추지 못하더라도, 지속적인 상호작용을 하는 것 자체가 특별한 관계를 만들어낼 수 있다. 구체적으로, 어떤 소비자는 AI 스피커에게 특별한 임무를 지시하지 않고, 단지 대화를 이어나가는 것만을 원하기도 한다. 즉, 이 소비자는 정서적 교감을 위해 AI를 사용하는 것이다. 마치 반려동물과 정서적 교감을 이루는 것처럼, 반응형 로봇이나 지능형 에이전트와 정서적 교감을 이루려는 사람들 역시 적지 않다. 실례로, 사용자의 손길에 반응하여 소리와 불빛을 내는 아주 초보적인 반응형 로봇과 함께 지냈던 사용자는 다른 사람들에 비해 스트레스 수준이 낮다(Wada and Shibata, 2007). 따라서 기초적인 수준의 상호작용만으로도 특별한 관계가 형성되며, 이것은 사용자에게 정서적 안정을 가져다준다.

특히, 사용자가 상호작용 대상을 의인화(anthropomorphism)할 수 있을 때, 혹은 인격화된 로봇과 상호작용을 할 경우, 그 대상에 대한 참여의 관여도를 높이고 라포르(rapport)[1]를 형성한다(Goetz, Kiesler and Powers, 2003).

---

1 양자 간 상호 신뢰 관계.

이것은 이후의 상호작용을 강화하고 관계의 질을 높이는 데 결정적인 역할을 할 수 있다. 따라서 인간과 유사한 형상을 하거나, 인간과 같은 목소리를 가진 AI 스피커나 지능형 에이전트는 의인화하기 쉽고, 이것은 상호작용성을 강화하여 사용자와의 정서적 교감을 높일 수 있다. 그러므로 AI와 같은 디지털 기술은 단순히 생활의 편의성만 강화하는 도구인 것이 아니라, 인간과의 상호작용을 통해 정서적으로 교감할 수 있는 특별한 존재로 봐야 한다.

2. AI 역할 및 성격과 소비자의 정서적 상호작용

이은지와 성용준(2020)에 따르면, AI 스피커의 음성은 AI의 성격(personality)이나 역할(role)을 지각하는 데 영향을 미친다. 구체적으로, AI 스피커의 목소리를 밝고 상냥하게 느낀 사용자는 그 AI가 따뜻하고 친절한 성격을 가지고 있다고 생각하며, AI에 친밀감을 느낀다. 더 나아가 이러한 친밀감은 AI를 지속하여 사용할 의도를 높이는 데 영향을 미쳤다.

흥미로운 것은 사용자들이 AI의 역할을 무엇으로 정의하는지에 따라서 상호작용하는 목적과 방식도 달라지고 정서적인 교감이나 반응이 달라진다는 점이다(Kim, et al., 2019). 일반적으로, 사용자는 AI의 역할을 크게 두 가지로 구분하는데, 첫째가 친구이고, 둘째가 비서나 조수(assistant)이다. 먼저, 사용자들은 비서보다 친구 역할을 하는 AI에 대해 더 사람 같다고 인식하고 더 따뜻하게 느꼈다. 더 나아가, 사용자들은 친구 역할을 하는 AI와의 상호작용이 비서 역할을 하는 AI와의 상호작용보다 더 즐거웠다고 평가했다.

특히, 김과 동료들의 연구(Kim, et al., 2019)에서 친구 역할의 AI와 비서 역할의 AI의 유능함을 평가하는 항목에서는 차이가 없었다는 점에 주목할 필요가 있다. 물론, 이 결과는 AI가 할 수 있는 것이 그리 많지 않은 현실적인 조건에 국한된 것이다. 만약, AI가 우리의 일상적인 장면에서 거의 모든 것을 대행할 수 있거나, 우리가 요구하는 거의 모든 명령 또는 지시를 수행할 수 있는 조건이라면, AI의 유능함은 가장 중요한 평가요인일 것이다. 하지만 머지않은 미래에 아무리 유능한 AI가 등장할지라도 '사람'인 사용자는 친구 같은 AI를 더 좋아하고 그와의 상호작용을 더 즐길 것이다. 왜냐하면, 지능이 아니라 정서적 교감 또는 공감(empathy) 능력이 인간을 인간답게 만들어주기 때문이다.

실례로, AI 스피커를 비서와 같은 존재로 인식한 사용자들은 감성적인 대화나 유머 또는 재미를 위한 장난치기와 같은 정서적 상호작용을 시도하는 빈도가 줄어든다. 즉, 비서 역할의 AI는 단지 사무적인 목적으로만 사용되는 것이다. 하지만 친구와 같은 존재로 인식한 사용자들은 AI의 어설픈 유머에도 긍정적으로 반응하며, 감정 표현을 더 많이 하고 상호작용하는 과정에서 AI와의 친밀감을 더 높게 느낀다. 특히, AI는 사람과 달리, 사회적 규범이나 관계적 압력을 느낄 필요가 없기에, 상호작용에 눈치를 보거나 부담을 느낄 필요도 없고, 상호작용의 주도권 역시 언제나 사용자가 가지고 있다. 따라서 사용자는 AI와의 상호작용을 (인간을 상대할 때보다) 더 쉽고 편하게 생각하며 즐긴다(이은지·성용준, 2020).

3. 왜 AI의 정서적 상호작용에 주목해야 하는가

유능한 AI를 싫어할 사용자는 없다. 아마도 디지털 기술은 앞으로도 비약적으로 발달해 나갈 것이고, 빠르면 몇 년 안에 사람들은 저마다 매우 유능한 AI를 가지게 될 것이다. 하지만 단언컨대 단지 유능한 것만으로는 부족할 것이다. 왜냐하면, 어려운 문제를 해결하고 급박한 욕구를 충족하는 것은 만족(satisfaction)을 주지만, 행복(psychological well-being)은 그것과 다른 차원의 것이기 때문이다(허청라·구재선·서은국, 2014).

구체적으로, 사람들은 자신이 봉착한 문제를 해결하는 것과 관계없이, 내 얘기를 잘 들어주고 내 상황과 심정을 잘 헤아려주는, 그리고 언제나 내 편인 존재가 내 곁에 있기를 꿈꾼다. 심지어, 사회경제적으로 어려운 환경에 처해 있을지라도, 가족이나 연인과 같은 중요한 주변인으로부터 교감과 지지를 얻을 수 있다면, 그 사람은 불행하지 않다. 오히려, 사회경제적으로 매우 풍족한 사람일지라도 심리적으로 고립되어 있다면, 그 사람은 불안장애에 시달리거나 우울증에 빠질 수 있다(김진영, 2021; Bell and Bell, 2012).

정리하자면, 유능한 AI를 싫어할 사용자는 없다. 하지만 사람들은 다정다감하고 재치 있고 언제나 나를 배려해 주는 AI를 사랑할 것이다. 따라서 AI를 비롯한 디지털 기술에 기반한 모든 비즈니스의 성공은 사용자와의 정서적 상호작용을 얼마나 성공적으로 이뤄내는지에 달려 있다.

03
사적 영역에서 디지털 기술을 사용하는 소비자의 심리

AI와 같은 디지털 기술을 사용하는 환경은 크게 두 가지로 구분해 볼 수 있다. 첫째는 소비자의 사생활(privacy) 또는 사적인 영역이고, 둘째는 사회적인 활동 또는 공적인(official) 영역이다. 어떤 사람은 사석과 공석에서 한결같이 사고하고 행동하기도 한다. 하지만 일반적인 사람들은 사적인 영역과 공적인 영역을 적절하게 구분하거나 분리하려고 애쓴다. 특히, 사람들은 자신의 사적인 영역에서 일어나는 일을 누군가 감시하거나 침해하는 것에 매우 민감하게 반응하며(Brehm and Brehm, 2013), 디지털 기술에 기반한 비즈니스에서도 이용자의 사생활 보호는 매우 중요한 과제이다. 이와 같은 맥락에서, 이번 절에서는 사적인 영역에서 디지털 기술을 사용하는 소비자의 심리에 초점을 두려고 한다.

1. 공감의 인지적 과정

사적 영역에서 디지털 기술을 사용하는 심리를 이해하기 위해서는 먼저, 공감에 대해서 이해할 필요가 있다. 구체적으로 공감이란 '타인이 느끼고 있는 것과 유사한 감정을 스스로 경험하는 것'을 말한다(Koestler, 1949).

공감은 인지적 과정과 정서적 과정을 모두 포함하고 있다. 누군가의 감정에 공감하기 위해서는 먼저, 타인이 처한 상황이나 상태를 그 사람의 입장(혹은 관점)으로 바라보거나 상상할 수 있어야 한다. 예를 들어, 강남대로 한복판에서 서둘러 뛰어가다가 살짝 튀어나온 보도블록에 걸려 앞으로 꼬꾸라진 어떤 사람을 봤다고 치자. 이 사람은 지금 어떤 감정일까? 고통스러울까? 아니면 창피할까? 이것은 전적으로 그 사람의 상황을 여러분이 머릿속으로 어떻게 그려봤는지에 달려 있다. 그 사람의 표정이나 몸짓, 행동 그리고 비명이나 혼잣말과 같이 그 사람의 감정을 추론할 수 있는 단서가 전혀 주어지지 않아도, 그 사람의 상태나 상황을 추론할 수 있다면 공감할 수 있다(Preston and de Waal, 2002).

이와 같은 맥락에서, 교육 장면에서 높은 성과를 거둔 사람들, 즉 인지능력이 뛰어난 사람들이 가장 높은 수준의 공감을 보인다(Clark, 1997; Nussbaum, 1996). 하지만 그보다 중요한 것은 타인에 대한 관심도가 높고 그들과 친밀하게 지내려는 사회적 동기가 높아야 비로소 상대방의 상태나 상황을 이해하려고 한다는 점이다. 즉, 똑똑하다고 해서 언제나 더 공감을 잘하는 것은 아니다. 왜냐하면, 타인에게 공감하는 것은 자신의 개인적인(혹은 이기적인) 목표를 추구하는 데 방해가 될 수도 있기 때문이다(Vorauer and Quesnel, 2016). 바로 이 지점에서 AI는 '옳은' 선택을 해야 한다. 바로 여기서 '인간적인(따뜻한)' 반응과 '비인간적인(차가운)' 반응으로 구분될 수 있기 때문이다.

더 중요한 것은 공감 능력이 뛰어날수록 지금 벌어지고 있는 상황(혹은 앞서 흘러온 맥락) 속에서 타인(즉, AI 이용자)이 어떤 반응과 선택 혹은 행동을 할지를 정확하게 예측할 수 있다는 점이다. 이것은 그 상황에서 그 사람이 나에게 무엇을 원하고 기대하는지를 정확하게 파악하는 것과 같으며, 결과적으로 그 상황에서 그(즉, AI 이용자)에게 가장 적절한 대응을 할 수 있게 된다. 더 나아가, 이처럼 타인을 위한 혹은 타인에게 초점을 둔 사회적 상호작용은 양자 간 친밀한 관계를 형성하는 기초가 되며, 친사회적 행동 또는 이타적 행동을 실행시키는 기제이기도 하다(Telle and Pfister, 2016).

2. 공감의 정서적 과정

다른 한편으로, 공감은 무의식적으로 감정이 전파(혹은 전염)되는 것으로 볼 수도 있다. 예를 들어, 어떤 사람들이 함께 웃고 있는 걸 봤을 때, 그들이 무슨 일로 웃고 있는지 전혀 알 수 없을지라도, 나도 같이 웃거나 미소 지었던 경험이 있을 것이다. 누군가 울고 있거나 우울해할 때, 어느새 나도 울고 있거나 우울한 기분이 들었던 경험도 있을 것이다. 물론, 아주 친밀한 관계일 때(예, 친구나 연인), 나와 유사하거나 동일시되기 쉬운 사람일 때(예, 성별, 나이, 국적, 직업, 계층) 이와 같은 감정적 공감이 쉽게 이뤄진다. 친구가 웃으면 함께 기뻐하고 가족이 울면 같이 울었던 경험은 아주 정상적이고 일반적이다.

대중적으로 널리 알려진 성격장애 유형인 사이코패스(psychopath)를 예로 들어보자. 사이코패스는 정서적 공감을 전혀 못 하는 사람이다. 다른 사람이 느끼는 고통과 슬픔에 무감각하다(Cleckley, 1982). 대개의 경우, 사이코패스의 인지능력에는 아무런 문제가 없으며, 때때로 매우 뛰어난 인지능력을 갖춘 사이코패스도 실제로 있다. 뛰어난 인지능력은 상대방의 입장이나 상황을 충분히 이해할 수 있도록 하며, 상황과 맥락에 적절한 감정표현이나 반응을 흉내 낼 수 있게 한다. 하지만 흉내 낸 정서적 공감만으로는 친밀하고 따뜻한 인간관계를 지속할 수 없다. 따라서 만약 AI의 정서적 공감 능력이 떨어진다면, 아주 똑똑한 사이코패스와 함께 지내는 것과 같다. 단언컨대, 그 누구도 사이코패스 AI와 그리 오래 지내려고 하지 않을 것이다.

일반적이고 정상적인 사람이라면, 전혀 모르는 낯선 사람의 감정도 공감할 수 있다. 심지어 특정한 감정이 표현된 어떤 사람의 사진을 잠깐 보는 것만으로 그 감정과 유사한 감정을 함께 느낄 수 있다(Small and Verrochi, 2009). 즉, 웃는 사람의 사진을 본 사람들은 기분이 좋아지고, 울고 있는 사람의 사진을 본 사람들은 기분이 가라앉는다는 것이다. 예를 들어, 만약 여러분이 길을 걷다가 우연히 고통스러워하는 사람을 보게 되었다면, 나도 모르게 표정을 찡그리게 되고(마치 자신이 고통스러운 것처럼), 아마도 여러분은 고통받는 사람을 도와주려고 다가가거나 황급히 그 자리를 피하려고(고통을 회피하기 위해) 할 것이다.

중요한 것은 이와 같은 정서적 공감이 인지적 과정과 전혀 관계없이 무의식적으로 혹은 자동적으로 이루어지는 일종의 정서적 반응이라는 점이다(Preston and de Waal, 2002). 인간이 왜 이러한 자동적 정서 반응 시스템을 가지게 되었는지는 정확하게 알 수 없으나, 한 가지 분명한 것은 타인과 유사한 정서를 함께 느끼는 것이 사회적으로 훨씬 적응적이라는 점이다. 더 친밀한 관계를 형성할 수 있으며, 집단의 일원으로서 수용될 가능성을 높이고, 이로 인해 주변으로부터 더 많은 지원과 더 적극적인 지지를 받을 수 있다. 쉬운 예를 들면, 함께 웃고 함께 울어야 한 팀이 될 수 있고, 그래야 그 팀으로부터 내가 보호받고 생존할 수 있다는 것이다.

이에 대한 반증으로 하인과 동료들의 연구(Hein et al., 2010)를 들 수 있다. 이들은 유럽 축구 팬을 대상으로 타인이 전기충격을 받는 모습을 보여주고 그들의 뇌 활동을 스캔했다. 통제 집단에게는 전기충격을 받는 사람이 같은 팀을 응원하는 팬이라고 알려주었고, 실험 집단에게는 라이벌 팀의 팬이 전기충격을 받고 있다고 알려주었다. 연구 결과, 전기충격을 받은 사람이 같은 팀을 응원하는 사람일 경우 (자신이) 고통을 느끼는 것과 관련된 뇌 영역이 활성화되었으나, 라이벌 팀의 팬이 전기충격을 받는 조건에서는 오히려 즐거움을 느끼는 뇌 영역이 활성화되었다. 즉, 우리 팀 팬의 고통은 내 고통이지만, 라이벌 팀 팬의 고통은 즐거움이다.

정서적 공감을 AI와 같은 디지털 기술 기반 비즈니스에 적용해 보면, 첫째, 사용자와 한 팀부터 되어야 할 것이다. 다만, 사용자의 정서와 유사하게 흉내 내는 것만으로는 결코 사용자와 한 팀이 될 수 없다는 점에 유의해야 한다. 즉, 따라 웃고 따라 우는 것만으로 사용자와 친밀한 관계를 형성하지 못한다는 것이다. 사용자의 각 감정과 상황에 따라 적합한 후속 조치가 적절하게 이뤄져야 하며, 이에 관한 체계적이고 심층적인 연구가 필요하다.

둘째, 사용자가 특정 상황에서 특정 대상에 대해 느끼는 정서적 공감역시 정확하게 예측하고 적절하게 대응해야 한다. 이와 같은 상황에서 어떤 감정을 어떻게 느끼는지를 파악하는 것도 중요하지만, 사용자가 이후에 어떤 선택이나 행동을 할지 초점을 두는 것이 더 바람직하다. 특히, 사용자와 AI의 상호작용이 사적인 영역에서 이뤄진다는 것을 고려할 때, 사회적으로 바람직하게 표현되는 반응과 사용자가 사적으로 혹은 비밀스럽게 취하려고 하는 반응이 다를 수 있다. 심지어, 이러한 차이는 무의식적으로 발생할 수도 있다.

3. 공감과 동정심의 차이

구체적으로, 동정심(sympathy)은 공감과 비슷한 개념으로 혼용되지만, 서로 다른 동기를 유발하고 서로 다른 행동을 하도록 하는 서로 다른 것이다. 공감-이타주의 가설(Batson, Fultz and Schoenrade, 1987)에 따르면, 타인의 고통을 접했을 때, 그 고통을 간접적으로 혹은 대리하여(vicarious) 느끼는 것이 바로 동정심이다. 동정심을 느낀 사람은 자신이 대리적으로 느낀 고통을 감소시키기 위한 이기주의적 동기가 유발되며, 그 결과로 단순히 자신의 고통을 경감시킬 수 있는 행동을 한다. 반면, 타인의 고통을 공감할 경우, 타인의 고통을 감소시키려는 이타적인 동기가 유발되며, 결과적으로 타인의 고통을 감소시키기 위한 행동을 한다(〈그림 3-10〉 참고).

실례로, 슬로빅과 동료들의 연구(Slovic et al., 2017)에 따르면, 그리스 해안에서 죽음을 맞은 시리아 난민 아이(Aylan Kurdi)의 사진이 공개된 후, 여론의 관심과 기부금이 폭발적으로 늘었다. 하지만 구글에서 사망한 아이의 이름을 검색한 빈도가 급속하게 줄어드는 것과 같이 기부금은 한 달도 못 가 원래의 수준으로 급락했다. 즉 기부금을 낸 사람들 대부분이 동정심이었던 것으로 추측해 볼 수 있다.

여기서 중요한 것은 무엇이 옳고 무엇이 바람직한지에 대한 것이 아니라, 어떤 대상에 대해 동정심을 느끼는 것과 공감하는 것은 전혀 다른 동기를 유발하고 결과적으로 서로 다른 선택이나 행동을 하게 한다는 것이다. 조금 단순화시켜서 예를 들어보면, 동정심을 느낀 AI 사용자에게 이타적 행동(예, 장기적인 후원이나 현장봉사 활동 등)을 추천할 경우, 그 사람은 겉으로 동의하고 어쩌면 따르기도 하겠지만, 속으로는 더 불편해질 것이다. 왜냐하면, '좋아요'를 누르고 '해시태그'를 다는 것만으로도 동정심은 제

그림 3-10 공감-이타주의 가설

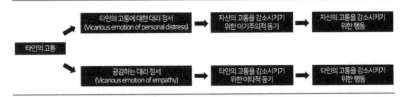

자료: Batson, Fultz and Schoenrade(1987).

그림 3-11 시리아 난민 관련 검색어 빈도와 기부금 변동

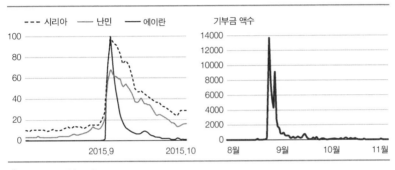

자료: Slovic et al.(2017).

할 일을 다 했기 때문이다. 반대로 공감을 하는 사용자에게 단지 자신의 불편한 감정을 해소하기 위한 이기적 행동을 추천할 경우, 나와 같이 공감을 하지 못하는 것이기 때문에, 거리감을 느끼게 할 수 있다. 예를 들어, 난민의 고통에 공감하는 사람들은 난민이 겪는 고통을 줄일 수 있는 실제적 방안을 찾아 나선다. 이들에게 난민기구 후원증 인증 샷을 SNS에 올리는 것은 미안하고 부끄러운 짓이다. 따라서 공감과 동정심의 미묘한 차이를 더 정확하게 이해하기 위해 노력할 필요가 있다.

4. 외로움과 AI

인간은 사회적 동물이다. 주변의 다른 사람들과의 사회적 관계를 맺는 것이 생존에 필수적인 조건은 아니지만, 사회적 혹은 관계적 고립은 삶의 질과 행복을 낮추는 치명적인 요인이다. 주변의 다른 사람들과 적절하게 소통하지 못하거나 우호적인 관계를 형성하지 못할 때, 인간은 외로움 (loneliness)을 느낀다. 외로움은 쓸쓸한 마음이나 느낌을 말하며, 이 감정 이 더 오래 지속되거나 강해질수록 우울증과 같은 부적응적인 심리 장애 가 유발되고 이는 종종 극단적인 선택(즉, 자살)으로 연결되기도 한다(Roy, 2003). 이미 세계적인 초고령사회에 진입한 우리나라의 환경에서, 그리고 가족이 분화되어 1인 가구 증가세가 지속되고 있는 상황에서, 사용자의 외로움은 앞으로 더 높은 관심을 가져야 할 필요가 있는 주제이다.

이은지와 성용준의 연구(2020)에 따르면, 외로움은 AI 스피커 사용을 촉 진하는 하나의 동기이다. 사용자들은 외로움을 느낄 때 AI 스피커를 더 자주 사용한다고 응답했으며, AI에게 "오늘 힘들었다"와 같은 감성적 대 화를 시도하고, 이러한 상호작용을 통해 AI로부터 정서적 위로를 받았다 고 느낀다. 더 나아가, 다른 가족과 함께 거주하는 경우보다 혼자 거주하 는 경우 AI와의 일상적인 대화를 더 자주 시도한다. 단순히 AI의 이름을 부르는 것에서부터 자기 일상의 시시콜콜한 이야기를 털어놓는 것까지, 설령 AI의 대답이나 반응이 부적절했을지라도, 계속해서 대화를 시도하 는 경향을 보인다. 물론, 이러한 결과는 외로움이 아니라 심심해서 혹은 재밌어서 나타난 것일 수도 있고, 집에 혼자 있기에 비정상적인 행동(즉, 기계와 대화하는 것)을 하는 것에 대한 사회적 규범이나 압력으로부터 자유 롭기 때문일 수 있다. 그럼에도 불구하고, 집에 혼자 있을 때, AI와의 상호작용 시도가 늘어나고, 더 허용적이라는 것에는 주목할 필요가 있다.

5. 초고령사회의 AI

대한민국은 이미 초고령사회이다. 따라서 노년층의 삶의 질을 높이는 것은 국가적 과제이며, AI와 같은 디지털 기술을 활용하여 노년층에 대한 사회적 안전망(의료, 복지, 행정 및 치안)을 확보하려는 시도와 노력이 점차 늘고 있다. 다만, 지나치게 기술적인 측면에서, 의료나 복지에 치중하여 디지털 인프라를 구축하는 것에만 초점을 두는 것이 우려된다. 예를 들어, 노년층이 AI 스피커나 집안의 각종 기기와 연동된 IoT를 얼마나 활용할 수 있을까? 물론, 독거노인에게 AI 스피커를 제공하는 것이 아무것도 없는 것보다 훨씬 낫지만, 인프라나 기술에만 초점을 맞추면 문제를 적절하게 해결하기가 어렵다.

무엇보다도 노년층의 심리를 먼저 파악할 필요가 있다. 고령자의 가장 대표적인 특징은 정서-조절 동기가 강하다는 것이다(Carstensen, 1995). 즉, 부정적 정서가 유발되는 상황을 피하고 긍정적 정서 상태를 유지하려는 노력을 많이 한다는 것이다. 예를 들어, 고령자는 은퇴, 사별, 건강상의 문제(거동의 불편함) 때문에 사회적 교류가 급격하게 줄어들면서 외로움을 많이 느낀다(송준아 외, 2007). 이와 같은 상황에서, 집에 혼자 있으면 외로움(부정적 정서)을 느끼기 때문에 밖으로 나와서 지나가는 사람 구경이라도 하려고 하며, 동물이나 사물 등을 마치 사람인 것처럼(즉, 의인화) 대한다. 이와 같은 맥락에서, 고령자는 외로움을 감소시키기 위해 AI 스피커를 인간처럼 생각하고 대할 가능성이 높다(송유진 외, 2021).

그림 3-12 연령에 따른 우선 추구 동기의 변화 패턴

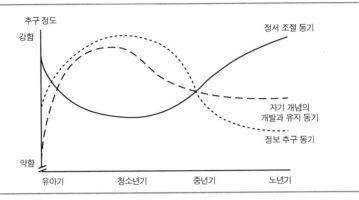

자료: Carstensen(1995: 152).

다만, 고령자는 정서-조절 동기가 높기 때문에, 당혹감이나 불안감을 느끼는 상황을 회피하려는 경향성이 있다. 쉬운 예로, 고령자는 키오스크를 사용하지 않고 점원에게 주문하려는 경향이 높은데, 그 이유는 키오스크를 잘 사용하지 못할 때의 당혹감을 피하고 싶고, 버벅대다가 뒷사람에게 핀잔이나 항의를 들을까 봐 불안하기 때문이다. 심지어, 고령자는 노인에 대한 부정적인 고정관념(예, "노인은 IT 기기를 못 쓴다" 등)에 매우 민감한 경향을 보인다(김효정, 2021). 다시 말해, 노인에 대해서 안 좋은 소리를 하는 것을 잘 알고 있기 때문에 그런 말을 들을 수 있는 상황을 아예 안 만들려고 한다는 것이다. 따라서 고령자는 AI와 같은 디지털 기술을 처음부터 사용하지 않으려고 할 가능성이 매우 높다.

정리하면, 고령자는 외로움과 같은 부정적인 감정을 해소하기 위해 AI를 활용하고 싶은 생각은 있다. 심지어, 고령자는 AI를 더 쉽고 더 편하게 의인화할 가능성이 높다. 다만, 문제는 AI와 같은 신기술을 사용하는 것을 꺼린다는 점이다. 인지능력이 부족해서가 아니라, 잘 쓰지 못할 때 느

끼는 당혹감이나 불안감, 그리고 노인에 대한 부정적인 인식과 평가를 피하고 싶기 때문이다. 따라서 이와 같은 고령자의 심리적 장벽을 쉽게 넘을 수 있는 '인간적인' 프로그래밍이 필요할 것이다(Blut et al., 2021).

04

사회적 영역에서 디지털 기술을 사용하는 소비자의 심리

이 장의 마지막 절은 사회적 영역에서 디지털 기술을 사용하는 소비자의 심리를 다루려고 한다. 사회적 영역에서의 소비자 행동은 개인적이거나 사적인 영역에서의 행동보다 역동적이다. 상황이나 맥락이 영향을 미치고, 타인 또는 집단과의 사회적 상호작용이 개인의 행동에 영향을 미치기 때문이다. 이와 관련된 요인은 매우 다양할 뿐만 아니라, 각각의 요인이 모두 중요한 역할을 한다. 이 절에서는 다음 두 가지 요인을 중심으로 살펴보려고 한다. 하나는 사회적 상황에서 유발되는 정서이고, 다른 하나는 소비자(즉, 사용자)의 사회적 욕구 또는 동기이다.

1. 사회적 상황에서 유발되는 정서와 AI

사회적 상황에서 우리가 경험하는 정서는 매우 다양하다. 여기서는 그중에서도 인간관계에서 경험하는 두 가지 유형의 정서에 초점을 두고 심층적으로 살펴보려고 한다. 먼저, 사회적 인간관계는 '나-자신'과 '주변의 타인(들)'으로 구성되며, '나-자신'이 느끼는 정서는 내가 타인을 의식해서 생기는 것과 내가 타인에게 느끼는 것으로 구분할 수 있다. 〈그림 3-13〉

그림 3-13 타인을 의식한 정서를 느끼는 상황

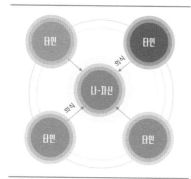

자료: 저자 작성.

그림 3-14 타인에게 정서를 느끼는 상황

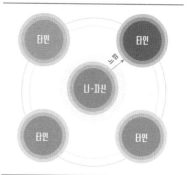

자료: 저자 작성.

과 〈그림 3-14〉에 이에 관한 개념을 간략하게 정리했다.

구체적으로, 어떤 사람이 주변에 있는 타인을 의식하는 일은 내가 무언가를 잘못했을 때 주로 벌어진다. 의도했든 의도하지 않았든 간에 자신이 잘못했다고 인식하는 것은 자의식(self-consciousness)과 같다. 즉, 나는 원래 좋은 사람이고 착한 사람이지만 그것을 지키지 못했다는 부끄러움에 가깝다. 따라서 타인을 의식할 때 느끼는 정서는 수치심(shame), 죄책감(guilt), 당혹감(embarrassment) 등이다(Takahashi et al., 2004).

다른 한편으로, 타인에게 정서를 느끼는 상황은 대부분 나보다 멋진 다른 사람의 모습이나 행동을 보았을 때이며, 나보다 나은 사람에게 또는 내가 이상적으로 생각하는 모습의 사람에게 우리는 부러움(envy)이나 질투심(jealousy)을 느낀다(정소라·현명호, 2017). 페이스북이나 인스타그램을 사용하는 사람들은 주로 자신이 생각할 때 이상적이고 멋진 모습의 사진을 올리고 자신을 표현한다. 하지만 그렇게 멋진 피드를 가장 열심히 보는 사람은 그에게 부러움을 느끼는 추종자이거나 그에게 질투심을 느끼는 경

쟁자 또는 안티(anti)이다.

여기서 중요한 것은 사회적 상황에서 유발되는 정서의 종류에 따라 메타버스와 같은 디지털 기술을 사용하는 소비자가 전혀 다른 방식으로 사고하고 행동한다는 점이다. 이에 관한 구체적인 상황을 간략하게 정리해 보면 다음과 같다.

2. 타인을 의식한 정서와 메타버스

타인을 의식할 때 유발되는 정서를 비교해 보면, 당혹감은 예상하지 못한 사소한 사건에 의해 발생하는 것으로, 주변에 타인이 많을 때 더 강하게 느낀다. 당혹감은 도덕적인 의미(즉, 당위적 자기)를 내포하고 있지 않으며, 수치심의 하위 범주에 포함되기도 한다. 하지만 수치심은 도덕적 의미를 내포하고 있다. 수치심은 공적인 상황에서 자신이 잘못한 것을 스스로 인식할 때 느끼는 부정적인 감정이며, 자기파괴적 평가, 자기주도적 분노, 혐오와 관련되어 있다. 이러한 수치심은 그 상황에 지인이 있을 때 더 커지며, 사건(즉, 자기 잘못)을 은폐하거나 벗어나려는 행동[2] 동기가 부여된다. 덧붙여, 당혹감은 일시적이지만, 수치심은 당혹감에 비해 오래 지속된다. 마지막으로 죄책감은 도덕성과 가장 밀접하게 관련된 부정적인 감정이며, 수치심이 다른 사람이 존재할 때 느끼는 감정인 반면, 죄책감은 혼자만 있는 상황에서도 느낄 수 있다. 또한 죄책감은 피해자에게 사과를 하고 용서를 구하거나 종교적으로 고해를 하는 등의 보상적 행동으로 연결된

---

2   흔히, 쥐구멍에라도 숨고 싶다는 표현을 쓴다.

다(Tangney et al., 1996).

따라서 타인을 의식할 때 유발되는 감정일지라도, 당혹감, 수치심, 죄책감은 서로 다른 유형의 부정적인 감정이며, 이를 경험한 사용자가 이후에 행동하려는 방향은 조금씩 다르다. 이 중에서도 당혹감과 수치심에 주목할 필요가 있다. 구체적으로, 메타버스와 같이 사회적 상호작용이 필수적인 서비스(혹은 플랫폼)에서, 사용자가 예상치 못하게 부정적인 상황에 직면했을 때 느끼는 당혹감을 적절히 해소할 수 있도록 하거나, 그와 같은 사소한 실수에 개의치 않는 규범을 만들어준다면, 플랫폼에 대한 사용자의 충성도를 높이고 더 적극적인 사회적 상호작용을 유도하여, 가상의 세계에서의 새로운 그리고 친밀한 인간관계를 맺는 데 도움을 줄 것이다. 수치심은 도덕적 측면에서 상처를 남기는 것이며, 사건을 은폐하거나 상황을 회피하려는 동기를 유발한다. 즉, 회원을 탈퇴하거나 아바타를 리셋할 가능성이 높아진다.

3. 타인에게 느끼는 정서와 메타버스

나보다 우월한 타인에게서 느끼는 정서는 부러움과 질투심으로 구분된다. 먼저, 부러움은 열등감, 갈망, 분함 등의 정서 또는 부러운 대상에 대한 악의로 표현된다. 하지만 선의의 부러움(benign envy)도 있다. 이것은 내가 부족하다는 것을 알고 부러운 대상과 같은 수준으로 나 자신을 끌어올리려는 동기를 유발한다. 반면, 악의적 부러움(malicious envy)은 나보다 나은 대상을 나와 같은 수준으로 끌어내리는 것, 즉 폄하를 하려고 한다(Van de Ven, Zeelenberg and Pieters, 2011). 다음으로 질투심은 상실에 대한 두려움, 불안, 의심이나 나를 떠난 사람에 대한 분노로 표현된다. 질투의 핵심은 자신이 가지지 못한 것을 다른 사람이 가지고 있을 때 느끼는 자존감(self-esteem) 손상이다. 따라서 자존감이 높을수록 또는 자존감 손상이 심할수록 더 큰 질투심을 느끼며, 상황에 더 적극적으로 관여하게 된다 (Sarkar and Sreejesh, 2014). 즉, 타인이 가지고 있는 것을 빼앗거나 망치려고 든다.

SNS를 비롯해, 메타버스와 같은 디지털 세계에서도, 사용자가 느끼는 부러움과 질투심은 매우 중요한 심리적 기제이다. 무엇보다도 SNS나 메타버스와 같은 디지털 세계에서는 자신이 이상적으로 생각하는 모습이나 이미지를 얼마든지 연출하고 표현할 수 있으며, 누구나 자신이 멋진 사람으로 인식되고 평가받고 싶기 때문에, 일반적으로 자신의 우월성을 과시하거나 비현실적으로 완벽한 모습이나 이미지를 유지하려고 한다. 이러한 특성이 비즈니스 측면에서 결정적인 역할을 하는 요인일지라도, 악의적 부러움과 질투심은 사회적으로 용인되는 정서가 아닐 뿐만 아니라, 악성 댓글이나 악의적인 루머 등과 같은 사이버 폭력 또는 테러가 이미 사회적 문제로 자리 잡고 있기도 하다. 따라서 이와 같은 부작용을 줄이기 위해서는 부러움이나 질투심에 관한 심층적인 연구가 체계적으로 이뤄져야할 필요가 있다.

4. 디지털 세계에서의 자기표현과 관계 형성 욕구

디지털 세계에서 다른 사람들과 사회적으로 상호작용을 할 때 가장 중요한 요인은 자신의 이상적인 모습을 다른 사람들에게 표현하고 이를 승

인받으려고 하는 욕구이다. 대부분 SNS 이용자를 대상으로 한 연구이지만, SNS를 이용하는 가장 중요한 동기가 자기표현을 통해 자존감을 높이는 것이다(Krasnova et al., 2008). 그다음으로 중요한 요인은 SNS 가입을 독려하는 주변인들의 사회적 압력이다. 이것은 SNS에서 자신을 표현하는 주요 전략이 자기과시, 관계관리, 감정 표출인 것과 일맥상통한다. SNS 사용자들은 자존감을 높이기 위해 자기과시를 하고, 친밀한 대인관계를 유지하고 확장하기 위해 좋아요를 누르고 댓글과 메시지를 보낸다. 그리고 자존감이 손상된 사람들은 자신이 느끼는 감정을 표현하고 그에 대한 사회적 지지와 격려를 얻으려고 한다(곽선혜, 2020).

덧붙여, 외향적이고 자기표현에 적극적인 사람들일수록 SNS에서의 대인관계에 더 만족하며, 그들로부터 얻는 긍정적인 피드백이 SNS에 대한 애착을 형성하고 SNS를 활용한 상호작용을 더 많이 시도하게 한다(최세경·곽규태·이봉규, 2012). 이와 관련하여, 실제 세계에서 자존감이 높고 외향적이고 사교적이며 주변인들에게 인기가 높은 사람이 온라인 디지털 세계에서도 그러한 관계를 확장함으로써 자신의 인기를 더 강화(social enhancement)하는 경향이 있다. 이와 대조적으로, 실제 세계에서는 사교적이지 못하고 내성적이며 인기와 자존감도 낮은 사람이 온라인 디지털 세계에서 실제 세계의 약점을 상쇄하기 위한 노력을 적극적으로 가하는 경우도 흔히 찾아볼 수 있다(Zywica and Danowski, 2008).

정리해 보면, 사회적 영역에서 메타버스와 같은 디지털 기술을 사용하는 소비자 심리의 핵심은 자존감과 긍정적인 관계 형성이다. 사람들은 자신이 꿈꾸는 이상적인 자기 이미지를 디지털 세계에서 표현하고 이에 대한 주변인들의 승인을 얻고자 한다. 이러한 경향이 종종 자기과시로 이어지고 이것이 주변인의 부러움이나 질투심을 유발하기도 하지만, 더 많은 경우에는 주변인들로부터 긍정적인 피드백을 얻게 된다. 이와 같은 긍정적인 상호작용이 지속될 때, 디지털 세계를 중심으로 한 긍정적인 대인관계가 형성되며, 이것은 디지털 세계에서 하는 다양한 활동에 대한 애착을 형성하고 디지털 세계에 대한 몰입을 높인다.

5. 메타버스에 관해

메타버스(Metaverse)란, 초월(Meta)과 현실 세계(Universe)의 합성어로 기존의 가상현실보다 확장된 개념으로 볼 수 있다(이병권, 2021). 이미 에픽게임즈, 마이크로소프트, 페이스북, SK텔레콤 등의 기업들이 공개적으로 메타버스 세계를 구축했으며, 국내에서는 과학기술정보통신부를 중심으로 '메타버스 얼라이언스'를 출범하는 등 관련 산업의 규모가 점점 확대되고 있다. 메타버스는 단순히 아바타를 활용한 게임이나 오락에 그치지 않고 실제 현실과 유사한 활동을 가능하게 한다. 즉, 단순한 3D 오락이 아니라 그 안에서 사회·문화 활동은 물론 경제활동이 이루어지는 새로운 확장 공간이라 할 수 있다(성영조·이영석, 2022). 다만, 현재 활성화된 메타버스 서비스가 게임이나 엔터테인먼트에 한정되어 있기에, 사용자들 역시 메타버스로 얻을 수 있는 다른 가치보다 즐거움이나 쾌락성에 더 집중하는 경향을 보인다(Lee, Kim and Choi, 2019). 즉, 아직까지 많은 이용자들이 메타버스를 비디오 게임의 확장형으로 받아들이고 있다는 것이다.

그럼에도 불구하고, 앞으로 메타버스는 온라인 가상 공간에서 사람들을 만나고 교류하는 장으로서 변화해 나갈 것으로 예측된다. 메타버스라는 이름 그대로 또 다른 세상을 디지털 기술로 구현해 내려는 것이다. 이와 같은 가상 세계에 대한 이용자의 참여와 즐거움을 높이는 요인은 공동체 의식과 구성원들과의 상호작용성이다(Barker, 2016). 구체적으로, 메타버스에서 활동하는 다른 사람들과 하나의 공동체를 구성하고 있다는 인식이 높을수록 더 적극적으로 다른 구성원들과 교류하려고 하며, 그들과의 상호작용이 잘된다고 인식할수록 메타버스에서의 활동에 더 몰입하여 메타버스 서비스에 대한 만족도가 높아진다(김준·유재현, 2021; 황인호, 2022). 더 나아가, 메타버스 이용 빈도가 높아질수록 메타버스 안에서의 사회적 관계와 현실에서의 사회적 관계가 자신에게 미치는 영향력 차이가 줄어드는 것으로 나타났다(이현정, 2021).

이를 종합해 보면, 초기의 메타버스는 증강현실 및 가상현실 기술의 발전에 힘입어 현실과 디지털 세계를 연결하는 개념으로, 게임이나 연예 콘텐츠의 실재감을 높이는 도구로 활용되었으나, 앞으로는 디지털로 구축된 공간에서 새로운 사람을 만나고 그들과 교류하며 새로운 차원의 삶을 살아가는 디지털 세상을 구현해 나갈 것이다. 이를 활성화하는 데 있어서 가장 중요한 요소는 메타버스에 함께 들어와 있는 다른 사람들과 공동체를 이루고 있다는 인식이다. 이러한 가상의 공동체가 현실 세계를 강화하는 것일 수도 있고 현실 세계를 보완하는 것일 수도 있으나, 모든 이용자를 하나로 묶는 특별한(혹은 차별적인) 세계관부터 구축할 필요가 있다.

이러한 세계관 혹은 공동체 인식은 그 메타버스 세계에서 바람직한 행동이나 긍정적인 상호작용을 정의하는 사회적 규범을 형성하며, 이러한 규범은 메타버스 내 다른 이용자들과의 상호작용 및 교류를 촉진하고, 결과적으로 그 메타버스 세계에 대한 만족감 및 몰입도를 높일 것이다(Han et al,. 2022).

덧붙여, 메타버스 안에서 아바타는 단지 이용자의 대용물인 것은 아니다. 그 메타버스의 세계관 또는 공동체 인식에 기초하여, 아바타는 현실 세계 이용자의 정체성을 그대로 반영하거나 기존과 완전히 다른 새로운 정체성을 탐색하는 자기표현의 도구로서 활용된다(Huh and Williams, 2010). 더 나아가, 아바타는 이용자의 자존감을 높이고 메타버스 내에서 교류하는 타인들과 친밀한 관계를 형성하는 데 도움이 되는 방향으로 활용될 것이며, 그 안에서 상호작용이 강화될수록 다른 차원에 존재하는 또 다른 자아와 같이 인식될 가능성이 높다. 다만, 이렇게 형성되는 새로운 차원의 정체성 혹은 자아가 현실 세계에서의 실제 삶에 긍정적 효과를 미칠 수 있도록 지속적으로 주의를 기울이고, 세심하게 관리할 필요가 있다.

참고문헌

곽선혜. 2020. 「페이스북 자기표현전략이 정서적 친밀감과 대인관계 변화에 미치는 영향」. ≪커뮤니케이션학 연구≫, 28(2), 109~137쪽.

김준·유재현. 2021. 「메타버스 서비스의 특성요인이 지각된 가치와 지속사용의도에 미치는 영향」. ≪산업경제연구≫, 34(6), 1339~1362쪽.

김진영. 2021. 「가구소득과 우울의 관계: 증폭요인으로서의 사회적 지지」. ≪한국인구학≫, 44(1), 25~46쪽.

김효정. 2021. 「키오스크 서비스 실패: 시니어들의 부정적인 키오스크 이용 경험을 중심으로」. ≪소비자학연구≫, 32(4), 135~158쪽.

성영조·이영석. 2022. 「메타버스, 우리의 일상을 바꾸다」. ≪경기연구원 이슈&진단≫, 503.

송유진·김정원·최세정·성용준. 2021. 「고령자의 인공지능 스피커 만족도와 지속사용 의도에 미치는 영향 요인」. ≪방송통신연구≫, 114, 9~37쪽.

송준아·장성옥·임여진·이숙자·김순용·설근희. 2007. 「노인 외로움이 영향요인 분석」. ≪기본간호학회지≫, 14(3), 371~381쪽.

이병권. 2021. 「메타버스(Metaverse) 세계와 우리의 미래」. ≪한국콘텐츠학회지≫, 19(1), 13~17쪽.

이은지·성용준. 2020. "헤이 카카오!": 소비자-인공지능 기기의 상호작용 요인에 대한 질적 연구」. ≪한국심리학회지: 소비자·광고≫, 21(1), 21~53쪽.

이현정. 2021. 「AI가 적용될 메타버스 시대를 위한 확장된 공감의 역할」. ≪한국콘텐츠학회 논문지≫, 21(11), 87~99쪽.

정소라·현명호. 2017. 「SNS 이용강도와 우울의 관계에서 인지적 유연성에 의해 조절된 상향 비교의 매개효과: 인스타그램을 중심으로」. ≪한국심리학회지: 건강≫, 22(4), 1035~1053.

최세경·곽규태·이봉규. 2012. 「커뮤니케이션 성향과 모바일 SNS 애착이 SNS 상호작용과 이용 후 대인관계 변화에 미치는 영향 연구」. ≪사이버커뮤니케이션학보≫, 29(1), 159~200쪽.

하대권·성용준. 2019. 「선택에 관여하는 인공지능이 사용자 평가에 미치는 영향」. ≪한국심

리학회지: 소비자·광고≫, 20(1), 55~83쪽.

허청라·구재선·서은국. 2014. 「기본적 욕구 충족 이후의 행복: 사회적 욕구의 중요성」. ≪한국심리학회지: 사회 및 성격≫, 28(2), 59~78쪽.

황인호. 2022. 「메타버스 공동체 의식이 메타버스 요청지원 의도에 미치는 영향: 디지털 역량의 조절 효과」. ≪디지털콘텐츠학회논문지≫, 23(4), 641~654쪽.

André, Q., Z. Carmon, K. Wertenbroch, A. Crum, D. Frank, W. Goldstein, J. Huber, L. Boven, B. Weber and H. Yang. 2018. "Consumer choice and autonomy in the age of artificial intelligence and big data." *Customer needs and solutions*, 5(1),, pp.28~37.

Barker, V. E. 2016. "Flow in virtual worlds: The interplay of community and site features as predictors of involvement." *Journal For Virtual Worlds Research*, 9(3).

Bateson, M., D. Nettle and G. Roberts. 2006. "Cues of being watched enhance cooperation in a real-world setting." *Biology letters*, 2(3), pp.412~414.

Batson, C. D., J. Fultz and P. A. Schoenrade. 1987. "Distress and empathy: Two qualitatively distinct vicarious emotions with different motivational consequences." *Journal of personality*, 55(1), pp.19~39.

Bell, L. G. and D. C. Bell. 2012. "Positive relationships that support elder health and well-being are grounded in midlife/adolescent family." *Family and Community Health*, 35(4), pp.276~286.

Blut, M., C. Wang, N. V. Wünderlich and C. Brock. 2021. "Understanding anthropomorphism in service provision: A meta-analysis of physical robots, chatbots, and other AI." *Journal of the Academy of Marketing Science*, 49, pp.632~658.

Brehm, S. S. and J. W. Brehm. 2013. *Psychological reactance: A theory of freedom and control*. New York: Academic Press.

Carstensen, L. L. 1995. "Evidence for a life-span theory of socioemotional selectivity." *Current Directions in Psychological Science*, 4(5), pp.151~156.

Clark, C. 1997. *Misery and company: Sympathy in everyday life*. Chicago: University of

Chicago Press.

Cleckley, H. 1982. *The mask of sanity*(Rev. ed.). St. Louis: Mosby.

Goetz, J., S. Kiesler and A. Powers. 2003. "Matching robot appearance and behavior to tasks to improve human-robot cooperation." in The 12th IEEE International Workshop on Robot and Human Interactive Communication, 2003.

Han, E., M. R. Miller, N. Ram, K. L. Nowak and J. N. Bailenson. 2022. "Understanding Group Behavior in Virtual Reality: A Large-Scale, Longitudinal Study in the Metaverse." in 72nd Annual International Communication Association Conference, Paris, France.

Hein, G., G. Silani, K. Preuschoff, C. D. Batson and T. Singer. 2010. "Neural responses to ingroup and outgroup members' suffering predict individual differences in costly helping." *Neuron*, 68(1), pp.149~160.

Horowitz, L. M. and J. Vitkus. 1986. "The interpersonal basis of psychiatric symptoms." *Clinical Psychology Review*, 6(5), pp.443~469.

Huh, S. and D. Williams. 2010. "Dude looks like a lady: Gender swapping in an online game." in W. S. Bainbridge(ed.). *Online Worlds: Convergence of the Real and the Virtual*. London: Springer.

Kim, A., M. Cho, J. Ahn and Y. Sung. 2019. "Effects of gender and relationship type on the response to artificial intelligence." *Cyberpsychology, Behavior, and Social Networking*, 22(4), pp.249~253.

Koestler, A. 1949. *Insight and Outlook: An Inquiry into the Common Foundations of Science, Art, and Social Ethics*. New York: The MacMillan Company.

Krasnova, H., T. Hildebrand, O. Guenther, A. Kovrigin and A. Nowobilska. 2008. "Why participate in an online social network? An empirical analysis." *ECIS 2008 Proceedings*. 33.

Lee, J., J. Kim and J. Y. Choi. 2019. "The adoption of virtual reality devices: The technology acceptance model integrating enjoyment, social interaction, and strength of the social ties." *Telematics and Informatics*, 39, pp.37~48.

Luckmann, T. 2008. "On social interaction and the communicative construction of personal identity, knowledge and reality." *Organization Studies*, 29(2), pp.277~290.

Mori, M. 1970. "Bukimi no tani [the uncanny valley]." *Energy*, 7, pp.33~35.

Nussbaum, M. 1996. "Compassion: The basic social emotion." *Social Philosophy and Policy*, 13(1), pp.27~58.

Preston, S. D. and F. B. De Waal. 2002. "Empathy: Its ultimate and proximate bases." *Behavioral and brain sciences*, 25(1), pp.1~20.

Roy, A. 2003. "Distal risk factors for suicidal behavior in alcoholics: replications and new findings." *Journal of affective disorders*, 77(3), pp.267~271.

Sarkar, A. and S. Sreejesh. 2014. "Examination of the roles played by brand love andjealousy in shaping customer engagement." *Journal of Product & Brand Management*, 23(1), pp.24~32.

Slovic, P., D. Västfjäll, A. Erlandsson and R. Gregory. 2017. "Iconic photographs and the ebb and flow of empathic response to humanitarian disasters." *Proceedings of the National Academy of Sciences*, 114(4), pp.640~644.

Small, D. A. and N. M. Verrochi. 2009. "The face of need: Facial emotion expression on charity advertisements." *Journal of marketing research*, 46(6), pp.777~ 787.

Takahashi, K., N. Kitajima, N. Abe and S. Mishiro. 2004. "Complete or near-complete nucleotide sequences of hepatitis E virus genome recovered from a wild boar, a deer, and four patients who ate the deer." *Virology*, 330(2), pp.501~505.

Tangney, J. P., R. S. Miller, L. Flicker and D. H. Barlow. 1996. "Are shame, guilt, and embarrassment distinct emotions?" *Journal of personality and social psychology*, 70(6), p.1256.

Telle, N. T. and H. R. Pfister. 2016. "Positive empathy and prosocial behavior: A neglected link." *Emotion review*, 8(2), pp.154~163.

Van de Ven, N., M. Zeelenberg and R. Pieters. 2011. "Why envy outperforms admiration." *Personality and social psychology bulletin*, 37(6), pp.784~ 795.

Vorauer, J. D. and M. Quesnel. 2016. "Don't bring me down: Divergent effects of being the target of empathy versus perspective-taking on minority group members' perceptions of their group's social standing." *Group Processes & Intergroup Relations*, 19(1), pp.94~109.

Wada, K. and T. Shibata. 2007. "Living with seal robots — its sociopsychological and physiological influences on the elderly at a care house." *IEEE transactions on robotics*, 23(5), pp.972~980.

Zhang, S., L. Yao, A. Sun and Y. Tay. 2019. "Deep learning based recommender system: A survey and new perspectives." *ACM Computing Surveys*, 52(1), pp.1~38.

Zywica, J. and J. Danowski. 2008. "The faces of Facebookers: Investigating social enhancement and social compensation hypotheses; predicting FacebookTM and offline popularity from sociability and self-esteem, and mapping the meanings of popularity with semantic networks." *Journal of Computer-Mediated Communication*, 14(1), pp.1~34.

4장

시작된 미래

초연결 공공 미디어

김성원

01

스마트시티의 공공 미디어

    미디어의 발전이 ICT와 밀착되어 있으며, 사회 발전 방향이 디지털로 가속화되는 추세에서 미디어(광고, PR)를 공부하는 사람들에게 ICT 지식은 더 이상 전문 지식이 아니다. 이 장에서는 ICT와 미디어 관계 이해를 위해 ICT를 중심으로 기술했다. ICT 지식과 정보가 부족하다면 조금 낯선 용어와 내용일 수 있다. 이 절에서는 ICT 관점에서 스마트시티와 공공 미디어(Public Media)에 대해 살펴보고 현재 우리 사회 전반에서 다루어지고 있는 스마트시티(SMART City) 추진에 관한 기본 내용을 알아본다. 또한 디지털 사이니지(Digital Signage)가 디지털 옥외광고에서 공공 미디어 서비스로 확장되는 과정과 그에 따른 ICT 내용도 다루었다.

1. 미디어와 광고, PR 그리고 기술

    기술발전에 따라 미디어 형태가 바뀌고 있지만 미디어 역할은 콘텐츠(정보, 뉴스 등)를 매개체를 통해 전달하는 것이다. 기술발전은 미디어 전달 방법을 다양화했을 뿐 미디어의 본질적인 가치에는 변화가 없다고 본다. 캐나다 미디어 이론가 마셜 매클루언(Marshall Mcluhan, 1911~1980)은 1964

년에 쓴 『미디어의 이해(Understanding Media)』라는 책에서 "미디어는 메시지다"라고 말하고 있다(매클루언, 1997). 미디어가 곧 메시지로, 어떤 미디어를 사용하고 활용하는지에 따라 메시지의 가치가 달라질 수 있음을 말하고 있다. 메시지의 가치는 사용자, 소비자에게 메시지 내용을 인지시키고 소비자의 행동을 유도하거나 전환시키는 것이다. 이러한 미디어 메시지 특성은 현재의 광고, PR 분야에서 적극 활용하고 있다.

과거 TV, 라디오, 신문 등의 미디어는 물리적인 매개체(TV 제품, 라디오 제품, 종이 신문 등)를 의미하며 이러한 물리적인 매개체의 특성을 고려한 콘텐츠를 제작, 생산, 배포했다. IT의 발전은 미디어를 물리적인 매개체에서 콘텐츠 서비스로 변화시켰다. 이는 과거 미디어가 매개체 특성에 따라 콘텐츠 제작을 통해 메시지 전달에 집중했다면, 오늘날 미디어는 콘텐츠 서비스 특성에 따른 메시지 전달에 중점을 두고 있다.

효과적으로 메시지를 전달하고 공유하기 위해서는 메시지의 목적에 따라 적정 미디어를 선정하고 특성에 따른 기획과 제작, 공유와 확산을 위한 전략이 수반되어야 한다. 그리고 이러한 일련의 과정을 수행하기 위해서는 ICT에 대한 이해와 습득이 필요하다. ICT는 도구이다. 창조적인 장인은 자신의 도구를 활용하여 아이디어를 미디어 콘텐츠를 제작, 개발하는 사람들에게 전달하고 공감하고 공유하기 위한 기술 이해가 있어야 한다. 좋은 미디어 콘텐츠는 ICT를 통해 재생산, 공유, 확산, 축적됨으로써 지속적인 생명력을 지니게 된다.

미디어 콘텐츠는 사용자의 상황과 관심에 따라 스팸, 휘발성 또는 킬러 콘텐츠가 되기도 한다. 특히 광고PR 분야에서 미디어 콘텐츠가 사용자에게 의미를 가진 콘텐츠로 전달되고, 공유되기 위해서는 사용자 타깃 설정이 중요하다. 사용자 타깃 설정을 위한 기술 역시 미디어 형태에 따라 달라지며, 여러 미디어를 활용, 연결하여 서비스될 수 있도록 기획·설계되어야 한다. 미디어 기술은 광고, PR 목적에 더욱 집중하게 한다. 무엇을 왜, 어떻게 할 것인가에 따라 광고, PR 콘텐츠의 기획, 설계, 배포, 확산을 고려하고, 사용자와 고객의 인지, 행동 유도 및 전환을 이끌어낼 수 있는 결과를 예측해야 한다. 이러한 일련의 과정들이 우리 사회에 어떻게 잠재적으로 이루어지고 실제로 활용되는지를 파악함으로써 향후 미디어 변화를 예측하고 이끌어갈 수 있다.

미디어 특성을 이해하고 메시지 가치를 설정하여 기술로 미디어 특성을 극대화시키고, 기술로 메시지 가치를 전파하기 위해서는 도구로서 기술을 바라보고 익히고 습득해야 한다.

2. 공공 미디어

디지털 사이니지는 공간(space)에 따라 기능과 역할이 구분되기 때문에 전문가에 따라 공간미디어(Space Media)라고 규정하기도 한다. 디지털 사이니지는 기능과 역할, 활용 산업에 따라 전자 간판, 옥외광고 미디어, 공간 미디어 등으로 정의된다. 디지털 사이니지가 공공(公共, public)의 다양한 분야와 산업에 적용·확산되면서 새로운 개념 정립이 필요했다. 포괄적인 개념에서 디지털 사이니지는 개인 미디어와 홈 미디어를 제외한 모든 미디어로, 공간을 기반으로 운영되는 공공 미디어로 규정할 수 있다.

공공은 '국가나 사회 구성원들에게 딸려 있거나 관계되는 것'을 의미하는 단어이다. 불특정 다수의 사회 구성원이 함께 이용하는 공간과 장소를 기반으로 ICT를 이용하여 미디어 역할을 수행하는 것을 공공 미디어라고

할 수 있다. 광의의 개념으로 본다면, 공공장소를 기반으로 정보를 제공하는 아날로그 미디어도 공공 미디어에 포함되며, 디지털 사이니지는 공공 미디어에 ICT를 적용한 일부 미디어이다. 본문에서는 공공 미디어를 ICT가 적용된 미디어에 국한하여 기술한다.

미디어는 사용자 환경을 기준으로 홈 미디어, 개인 미디어, 공공 미디어로 구분할 수 있다. 신문, TV, 라디오, 잡지와 같이 물리적 매개체에 따라 구분하는 과거의 기준이 아닌 사용자가 미디어 콘텐츠를 생산, 유통, 소비하는 방법에 따라 미디어를 구분했다. 이러한 구분은 기술발전과 미디어 콘텐츠 사용 환경에 따른 미디어를 이해하는 데도 효과적이다. 또한 홈 미디어, 개인 미디어, 공공 미디어의 개별 및 상호관계 분석과 평가에도 용이하다.

공공장소에서 불특정 다수가 공유하는 ICT가 적용된 공공 미디어는 스마트시티 측면에서 공공 서비스(public service)이다. 공공 서비스는 전기, 가스 등 일반 대중에게 긴요한 용역을 제공하는 일, 이윤을 추구하는 조직이 대가를 바라지 않고 제공하는 용역 등을 의미한다(Oxford English Dictionary, 1989: 774). 다시 말해, 일반적으로 국가가 공익을 목적으로 하는 모든 활동과 재화 및 서비스 공급을 포괄하는 개념이다. 인간의 문제를 해결하고 더 바람직한 환경을 조성하기 위해 정부가 사회 내 편익을 배분하는 활동이나, 공공 서비스를 사회의 공동의 목표를 달성하거나 문제를 해결하기 위한 정부의 노력이라고 정의하기도 한다(박상인 외, 2013: 6에서 재인용). 또한 정부 등 공공기관에 의해 원칙적으로 사회의 일반 공중이 모두 이용할 수 있게 공급되는 서비스나 공공의 재화와 용역으로 공급 주체가 공공부문이나 민간부문에 상관없이 일반 대중이 이용할 수 있게 제공되는 서비스라는 견해도 있다(박상인 외, 2013: 6에서 재인용).

표 4-1 공공 서비스로서 공공 미디어 유형

	스마트시티의 공공 미디어 서비스
공공 서비스 유형	보편적 서비스: 불특정 모든 사람들을 대상으로 제공되는 서비스
	욕구에 따른 서비스: 특정 욕구가 있는 사람들에게 제공되는 서비스
공공 서비스 공급 유형	정부가 직접 하는 서비스
	계약에 의한 서비스
	허가에 의한 서비스
	보조금에 의한 서비스

자료: Gaster(2003).

학자들마다 공공 서비스에 대한 정의가 조금씩 다르지만, 공공 서비스의 핵심 개념은 인간의 문제를 해결하고 사회 공동의 목표를 달성하거나 문제를 해결하기 위한 정부의 노력 및 활동이라고 볼 수 있다. 이러한 공공 서비스의 핵심 개념은 스마트시티의 핵심인 도심 문제를 해결하는 것과 일맥상통한다. 공공 서비스의 질적 향상과 운영 경제성을 확보하고 이를 지속 가능하게 하기 위해서는 민간 기업이 참여해야 한다. 이러한 방법은 현 국토부의 스마트 시티 정책 사업 방향성이다.

스마트시티는 지자체가 시도민의 편익을 위해 제공하는 공공 서비스의 일부이다. 도시라는 공간적 차원에서 전달되는 공공 서비스라는 성격 때문에 서비스의 구조나 공급 체계가 개별 도시에 따라 다를 수 있다(박수영, 1993). 이는 스마트시티가 도시마다 문제 정의를 하고 대안과 해결 제시에서 기술과 서비스를 다르게 적용하는 것과 같은 맥락이다.

공공 미디어를 공공 서비스 범주로 규정하기 위해 공공 서비스의 유형을 연구한 것으로 가스터(Gaster, 2003)의 연구를 보면, 공공 서비스를 서비스의 목적성과 제공 방식에 기반하여 완전 보편적 서비스, 욕구에 따른 서비스, 규칙에 기반 서비스, 자산 조사나 욕구 평가에 기반을 두어 배분되는 서비스, 강제적 서비스, 예방적 서비스, 선택에 의해 이용 가능한 서비스로 구분했다. 그리고 공급을 결정하는 역할은 주로 정부에 의해 이루어지고, 서비스를 공급, 전달하는 역할은 정부, 민간에 의해 이루어진다. 이에 따른 공급 유형은 정부가 직접 서비스를 공급하거나, 민간을 참여시키면서 계약·허가하거나, 보조금을 지급하는 방법이 있다.

공공 서비스 2가지 유형으로 나뉜다. 하나는 보편적 서비스이고, 다른 하나는 욕구에 따른 서비스이다. 공공 미디어의 보편적 서비스로는 도시 미관 및 환경 개선 서비스가 있다. 그리고 욕구에 따른 서비스는 시민이 도시 생활에 필요한 도시 정보를 제공하는 서비스가 있다.

3. 전자 간판에서 디지털 옥외광고로

2000년대 중후반까지 디지털 사이니지는 전자 간판 또는 디지털 간판으로 번역되었다. 2012년 방송통신위원회는 디지털 사이니지를 TV, PC, 휴대폰에 이은 옥외 IT 융합 미디어로 보고 제4의 미디어로 규정했다. 2015년 미래부는 '디지털 사이니지 산업진흥 특별법'을 추진하면서 기존 옥외광고 범주에서 확장하여 공간 기반 디지털 미디어로 산업을 성장시키고자 다양한 공간에서 메시지를 생산, 전달, 확산을 위한 IT 기반 융복합 미디어 역할을 계획했다. 하지만 '디지털 사이니지 산업진흥 특별법'은 제정되지 못했다.

2016년, 기술발전을 수용하지 못하던 법과 제도가 실질적인 변화를 맞이하게 되었다. 옥외광고물법 개정으로 디지털 디스플레이를 이용한 디

그림 4-1 강남 미디어 폴

주: 왼쪽은 2009년, 오른쪽은 2022년의 모습이다.
자료: 강남구청 홈페이지.

그림 4-2 2017년 삼성동 옥외광고 자유표시구역

자료: 강남구청 홈페이지.

지털 광고가 허용되기 시작한 것이다. 옥외광고법에 신설, 개정으로 광고
물 등의 자유표시구역 지정이 가능해졌다. 2009년 강남구 미디어 폴 구
축, 운영은 옥외광고법의 디지털 디스플레이를 이용 규제에 대한 논쟁의
계기가 되었다. 2017년 삼성동 코엑스·무역센터 일대가 개정 법률에 근
거하여 옥외광고 자유표시구역으로 지정되면서 디지털 디스플레이를 이
용한 옥외광고 사업의 저변이 확대될 수 있는 발판이 되었다. 현재 옥외광

고(OOH: Out Of Home media)는 디지털 옥외광고(DOOH: Digital Out Of Home Media)로 전환, 확장, 발전하고 있다.

4. 미디어 발전을 이끈 ICT 기술

ICT는 인프라를 형성하면서 새로운 서비스 개발과 기존 서비스 개선 및 확장을 유도한다. 이러한 측면에 스마트시티 관련 기술은 디지털 옥외 광고 및 공공 디지털 미디어 부문에 큰 영향을 끼치고 있다. 스마트시티 사업 추진으로 도시공간에 다양한 기능과 역할을 수행하는 공간 미디어 와 디지털 공공 서비스가 보편화되고 있다. 물리적 공간과 온라인 공간의 경계가 사라지는 스마트시티 환경에서 미디어에 대해 우리는 새롭게 접 근해야 한다.

기술발전으로 미디어 환경 변화를 경험하면서 기술과 미디어의 관계, 스마트시티 환경에 대한 이해가 필요하다. 이를 위해 기술과 미디어의 관 계와 그 관계의 변화, 발전 과정을 살펴보고자 한다.

미디어는 정보를 전송하는 매체를 의미한다. 전통적인 매체로 TV, 라 디오, 신문, 잡지, 전화, 우편, 광고물, 벽보, 옥외광고판 등이 있다. 디지 털 미디어는 콘텐츠를 디지털로 제작, 생산하고, 인터넷을 이용하여 콘텐 츠를 양방향으로 전송하면서 그 용어가 보편화되었다.

디지털 미디어는 매체, 기기 등의 특징에 따라 1, 2, 3 세대로 구분할 수 있다. 콘텐츠 서비스 제공 방식에 따라 단방향 1세대, 양방향 2세대, 지능 형 3세대로 분류된다. 3세대 지능형은 정부가 정의한 스마트 미디어와 개 념과 정의의 맥락이 닿아 있다. 1세대 미디어는 하드웨어를 이용한 콘텐츠 소비의 편의성을 지원했다. 2세대 미디어는 소프트웨어와 인터넷을 이용한 양방향 미디어를 구현했다. 2세대 미디어는 미디어와 미디어, 사람과 사람, 미디어와 사람 간의 관계를 형성시키며, 미디어 서비스를 개인화, 편리성, 즉시성, 참여 등으로 발전시켰다. 이는 미디어 사용자를 수용자에서 프로슈머로 전환시키는 계기를 마련했다. 3세대 미디어는 프로슈머로서 미디어 사용자가 생산과 소비에 있어서 콘텐츠를 효과적으로 운영하기 위해 기술의 적극적인 지원을 받게 된다. 사용자의 경험과 기술이 접목되어 환경, 공간, 사용자(사람), 기술, 콘텐츠, 서비스 등의 상관관계 분석을 통해 상황과 개인에게 맞는 최적의 미디어를 제공하게 된다. 우리가 경험하고, 앞으로 경험하게 될 3세대 지능형 미디어는 1세대의 하드웨어, 2세대의 소프트웨어와 인터넷을 기반으로 데이터 중심 서비스와 초연결을 지향한다.

3세대 스마트 미디어는 사용자와 미디어가 상호작용함으로써 사용자의 의도를 파악하여 사용자의 미디어 소비 욕구를 충족시킬 수 있는 맞춤형 미디어로 발전하고 있다. 데이터 양(Volume), 데이터 다양성(Variety), 데이터 입출력 속도(Velocity), 데이터 가변성(Variability)를 갖고, IoT, 인공지능 및 클라우드와 함께 다양한 콘텐츠 기술(AR, VR, MR, Media Facade, Media Curation)과 초고속 통신(5G) 및 네트워크 기술이 융합되고 있다. 스마트 미디어는 초연결된 사회에서 언제, 어디서, 어떠한 상황에서도 원하는 객관적 정보를 얻을 수 있고, 자신의 생각과 감정을 매체에 구애받지 않고 콘텐츠를 생산하거나 소비할 수 있는 개인 맞춤형을 지향한다. 스마트 미디어 구현에 필요한 핵심 키워드는 '초연결', '인공지능', '빅데이터', '초고속 통신'이다.

5. 스마트시티 이해

스마트시티는 물리적인 공간에서 사회, 경제, 문화, 산업이 사람 중심으로 효과적으로 구현될 수 있도록 ICT로 도시 문제를 해결하려고 한다. 그리고 초연결을 지향하면서 온라인과 오프라인의 경계가 사라지는 사회로 전환을 도모하고 있다. 물리적 공간과 동일하게 가상 공간을 구축하는 디지털 트윈, 물리적 공간과 가상 공간이 상호 연동되어 사용자의 삶에 영향을 메타버스 등은 우리가 경험하게 될 스마트시티 서비스 중 하나이다.

스마트시티 기술은 크게 5단계로 구분된다. 1단계로 기초와 기본이 되는 도시의 물리적 인프라이다. 이는 이미 건설, 건축되었거나, 앞으로 건설, 건축될 도시 환경을 의미한다. 2단계는 도시 인프라의 데이터를 수집,

그림 4-3 스마트시티 기술 구성 요소

도시 서비스 (Application Layer)	스마트 교통, 스마트 관광, 스마트 광고, 스마트 리테일, 스마트 에너지, 스마트 빌딩, 스마트 헬스, 스마트 안전 등
데이터 지원 (Data Support Layer)	IoT, 빅데이터(big data), 인공지능(AI), 지리 정보 시스템(GIS)
네트워크 (Networks Layer)	와이파이(WiFi), 백본망, 유무선 통신망
센서와 제어 (Sensor and Control Layer)	센서 노드 기기 제어 등
도시 인프라 (City Infra Layer)	시설관리 네트워크, 교통, 빌딩, 물리적 환경 등

자료: 박건철 외(2018).

제어하는 기능을 담당하는 부분이다. 3단계는 도시 안에 모든 것을 연결하는 네트워크, 통신 부분이다. 4단계는 도시의 데이터를 수집하여 네트워크를 통해 전송받아 분석하여 가치를 생산하는 단계이고, 5단계는 분야별로 분석된 가치를 활용하여 서비스화하는 단계이다.

도시 인프라(City Infra Layer)에서 도시 서비스(Application Layer)는 구축된 이후 계속 순환, 발전하는 구조를 가진다. 그리고 도시 서비스 간의 연결이 이루어지면서 도시 서비스는 상호 영향을 제공하는 단계로 발전하게 된다. 도시 서비스 기술발전 과정은 오프라인에서 가상 공간(Cyber)으로, O2O(Online to Offline)에서 온라인과 오프라인의의 경계가 사라진 OnLife(용건, 2019)[1]로, 초연결사회(Hyper connected Society)로 발전한다. 스마트시티는 초연결사회를 목표로 나아가고 있다. 현재 도시는 온라인과 오프라인, 오프라인과 온라인이 연결되어 온라인과 오프라인의 경계가 허물어지는 단계에 있다.

스마트시티는 다양한 혁신 기술을 도시 인프라와 결합하고 융복합할 수 있는 도시 플랫폼으로 인프라, 데이터, 서비스로 구분된다. 〈표 4-2〉는 7가지 세부 구성 요소인 도시 인프라, ICT 인프라, 공간 정보 인프라, IoT, 데이터 공유, 알고리즘 & 서비스, 도시 혁신에 대해 소개한다.

국내 스마트시티 인프라 부분은 유비쿼터스 정책을 통해 경험을 축적했다. 유비쿼터스와 스마트시티의 가장 큰 차이점은 도시 서비스 구현이다. 효율적인 도시 운영 기준을 기술과 공급자 중심의 유비쿼터스에서 서비스와 수요자 중심의 사용성이 좋은 스마트 시티로 변화·발전했다. 사용자 중심의 서비스 발전과 도시 혁신을 위한 문제 정의, 지속 가능한 도시

---

1 이탈리아 철학자 루치아노 플로리디가 처음 사용함.

플랫폼을 위해, 데이터 기반의 문제 접근과 정의, 그리고 수요자와 소비자의 참여방식은 스마트시티를 발전시키는 중요 요소이다.

표 4-2 스마트시티 구성 요소

구분		주요 내용	추진 체계
인프라	도시	스마트시티는 소프트웨어와 하드웨어가 함께 발전해야 함.	도시 개발 사업자, 건설 산업 등
	ICT	유무선 통신 인프라의 도시 전체 연결	ICT 산업
	공간 정보	현실 공간과 사이버 공간의 융합을 위해 공간 정보의 핵심 플랫폼 등장	공공의 GIS 주도에서 향후 민간 주도 GIS 산업으로 발전
		공간 정보 이용자가 사람에서 사물로 변화	
		지도 정보, 3D지도, GPS 등 위치 측정 인프라, 인공위성, 지오태킹(Geotagging)	
데이터	IoT	도시 내 각종 인프라와 사물을 센서 기반으로 네트워크에 연결	교통, 에너지, 안전 등 각종 도시 운영 주체가 주도
		스마트시티 전체 시장 규모에서 가장 큰 시장을 형성하므로 투자가 필요	
	데이터 공유	좁은 의미의 스마트시티 플랫폼	초기 공공 주도에서 데이터 시장 형성 후 민간이 주도
		데이터의 자유로운 공유 및 활용 지원	
		도시 내 스마트시티 리더들의 주도적 역할 필요	
서비스	알고리즘 & 서비스	실제 활용 가능한 품질 및 신뢰도의 지능 서비스 개발	공공 및 민간의 다양한 주체 등장
		데이터의 처리, 분석 등 활용 능력 중요	도시의 역할은 신뢰성 관리
		유럽의 리빙랩(Living Lab) 등에서는 다양한 시범 사업 전개	한국이 취약한 부문
	도시 혁신	도시 문제 해결을 위한 아이디어 및 서비스가 가능한 환경 조성	시민이 주도하고 정치권 지원
		정치적 리더십 및 사회 신뢰 등의 사회적 자본이 작용하는 영역	
		중앙정부의 법, 제도 혁신이 필요	

자료: 한국정보통신기술협회(2018).

정부 부처의 스마트시티 관련 업무 및 사업들은 데이터를 기반으로 연결하고 체계화하여 서비스 및 업무 효율성을 증대시키고, 사전 모니터링을 통한 리스크 대응에 초점을 맞추고 있다. 각 부처가 개별적으로 운영하지만 큰 틀에서는 하나의 관점에서 추진되고 있다는 점을 스마트시티 정

표 4-3 정부 부처별 스마트시티 정책 추진 현황

구분	정책 내용
국토교통부	• 스마트시티 발전 방향에 대한 중장기 로드맵 마련 • 자율주행차, 공간 정보 등의 사업을 통해 국내 스마트시티 인프라 구축 및 기반 마련에 초점을 두고 사업 수행. 개별 인프라 연계를 통한 요소 기술 고도화, 도시 빅데이터 통합 관리 공개를 통한 서비스 질 향상, R&D 국내 실증 및 해외 진출 기반 강화 등 핵심 과제를 중심으로 국가 전략 프로젝트 추진
과학기술정보통신부	• ICT, IoT, 빅데이터, 스마트시티 비즈니스 모델 실증 지원 등의 ICT, IoT 분야에서 공공 서비스 표준 모델 개발, 오픈 랩 구축 등 민간 협력을 통한 사업 확대 추진 • ICT, IoT, 빅데이터 기반의 주요 사업을 통해 플랫폼 개발, 서비스 모델 발굴, 기술 적용 등에서 성과를 보였으며, 관련 테스트 베드 구축 및 실증 단지 조성을 통해서는 실제 적용 서비스 및 사업 추진 체계 등의 방안을 마련
산업통상자원부	• 신재생에너지, 스마트 그리드, 자율주행차 부문에서 주요 사업들을 진행 • 신재생 에너지원별 융합, 산업기술과의 융복합, 범부처 협력 및 기후 변화 대응을 위한 신재생 에너지하이브리드 시스템(NRE-H) 핵심 기술 개발 및 사업화 추진 • 자율주행차 기반 기술을 위한 지원 사업 안전기준 및 품질 확보 등 국제화 기반을 마련 및 자동차 ICT 신산업 생태계 구축을 위한 기술 고도화 사업을 추진
행정안전부	• U-서비스, 전자정부 관련 지원 사업을 통해 CCTV 서비스 및 정보화 서비스를 지원해 실생활 체감 사업을 진행 • '전자정부지원사업' 추진 및 빅데이터 공통 기반을 활용하여 사회 현안 및 국민 요구 파악, 선제적 공공 서비스 제공 • **빅데이터 기반 옥외광고 서비스**
환경부	• '스마트 워터 시티 구축 사업' 추진(파주, 세종, 송산그린시티, 부산 에코델타시티 등) • 통합 관제 시스템 체계 구축 • 드론을 활용하여 넓은 지역의 다수 오염 배출원 추적, 드론과 실시간 대기질 분석이 가능한 이동 측정 차량을 활용

보건복지부	• 공공기관 보건의료 빅데이터 플랫폼 구축(2018년~2020년)과 진료 정보 전자 교류 확대[지역 거점 기관 2017년 6개 → 2018년 8개 → 2022년 19개, 사이버 관제센터 운영(2018년)], 전자의무기록 인증제 시범사업 등 보건의료 데이터 활용 기반 조성
문화체육관광부	• 가상현실 콘텐츠 기술 및 서비스, 인공지능과 정보 자료 활용 기술, 맞춤형 시니어 피트니스 서비스, 생활 스포츠 운동능력 요인 측정 및 트레이닝 기술 등을 제공 및 실시 • 관광 분야에서도 4차 산업혁명 핵심기술을 접목, 타 산업 융합 등을 통해 새로운 관광 서비스 제공 • 빅데이터 수집, 처리 시 저작권 책임 면책 규정을 마련(저작권법 개정)하여 빅데이터 산업을 활성화하고, 국민 운동, 체력 데이터 등 스포츠 분야의 체계적인 데이터 수집, 활용 시스템 구축을 위한 기본 계획 수립 • 경기력 향상을 위해 데이터 측정 센서 빅데이터 분석, 실감형 훈련 시스템 등 첨단기술 활용 • 스마트 경기장 조성을 위한 증강현실(AR), 사물인터넷(IoT) 등 첨단기술 활용 스포츠 관람 플랫폼 시범 구축
해양수산부	• 스마트 양식 클러스터 조성 사업 • '스마트 양식 클러스터'는 4차 산업혁명 기술을 활용하여 자동화·지능화한 스마트 양식 시범 단지와 배후 부지 기반을 구축하는 사업
산림청	• IoT 기술과 드론을 활용한 과학적 재난관리시스템 구축 • 산사태 무인 감시 센서, 드론 등을 활용한 과학적 산사태 예방 • IoT 기반의 산사태 무인 원격 감시 시스템을 구축하여, 대형 피해가 발생할 가능성이 있는 지역을 대상으로 정밀한 모니터링을 시행

책의 장점으로 볼 수 있다.

　스마트시티 연계 공공 미디어 서비스에 적용 가능한 기술로는 스마트 파킹, 버스 정보 시스템, 스마트 신호등, 스마트 쓰레기통, AR 서비스, 키오스크 등이 있다. 이들 솔루션은 사람과 서비스 간의 커뮤니케이션을 필요로 하는 분야이다. 이 외에도 공공 미디어 보드, 교통 통합 정보 서비스(공항, 항만, 지하철, 버스, 철도, 택시, 전기차, 자전거 등)와 긴급 상황 대응 미디어 및 미래형 공중전화, 관광 안내도, 도시 정보 서비스, 미디어 아트, 미디어 전시관 등이 적용 가능한 분야이다.

표 4-4 스마트시티 연계 디지털 옥외광고 공공 미디어 서비스에 적용 가능한 기술

스마트시티 신기술 분야

• 융합 서비스 • AR/VR • 산업 기반 • 블록체인 • 지능형 인프라 • 빅데이터 • 5G·10Giga
• IoT • 인공지능

스마트시티 재생 솔루션 분야

• 교통 • 스마트 파킹 • 버스 정보 시스템(BIS) • 스마트 신호등(횡단보도) • 에너지
• 스마트 쓰레기통 • 문화·관광 • AR 서비스 • 주거·공간 • 키오스크

공공 미디어 서비스 분야

• 공공 서비스 • 공공 미디어 보드 • 도시 정보 • 공중전화 • 길 안내 • 교통
• 교통 종합 정보 안내 • 문화·관광 • 관광 안내도 • 공공 미디어 아트 • 미디어 전시관

6. 스마트시티 연계 공공 미디어 서비스 적용 기술

스마트시티 연계 공공 미디어 서비스 구현을 위해서는 데이터 관련 센서, 알고리즘, 수집, 분석, 원격 관리, 콘텐츠 운영, 인식·인지, 네트워크, 인공지능 등의 기술이 필요하다. 스마트시티 서비스에서 공공 미디어 솔루션이 상황을 인지하고, 제어하고, 운영하기 위해서는 데이터에 기초한 알고리즘, 소프트웨어, 하드웨어 개발이 뒷받침되어야 한다. 이러한 기술이 구현되기 위해서는 '센서 기반 공공 미디어 솔루션'이 필요하다. 센서 기반 공공 미디어 솔루션은 '디바이스 플랫폼'과 연동 및 연결되어 안정적인 공공 미디어 서비스를 운영하게 한다.

스마트시티에서 공간, 장소, 사람, 콘텐츠, 환경 등의 연결과 관계 분석을 통해 상황에 따른 최적의 공공 미디어 서비스가 운영되어야 한다. 분산된 여러 공공장소에서 불특정 다수에게 상황에 맞는 정보와 경험을 제공하기 위해서는 지능화된 시스템 운영이 적합하다. 지능화된 시스템이 운영

그림 4-4 센서 기반 공공 미디어 기기

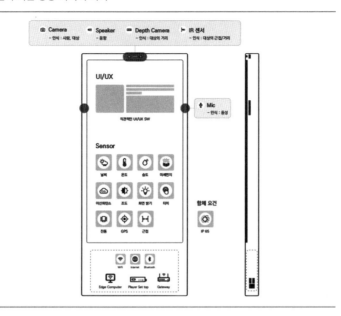

자료: 저자 작성.

그림 4-5 공공 미디어 서비스를 위한 디바이스 플랫폼 구성도

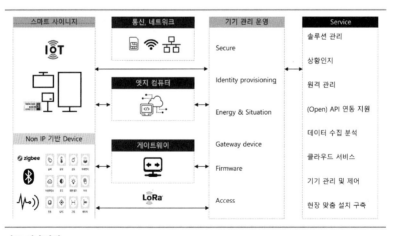

자료: 저자 작성.

되기 위해서는 스마트시티 적용 기술과 서비스를 연계하고 공공 미디어를 통해 데이터를 수집·분석하여 알고리즘 기반 지능형 구조가 되어야 한다.

〈그림 4-6〉은 스마트시티 기술을 적용한 공공 미디어 서비스 데이터 분석 시스템 구성도이다. 콘텐츠 운영 시스템(CMS)과 연동하여 운영되고 디바이스 플랫폼과 상호 보완 및 협업하는 시스템이다. 상황 데이터와 외

그림 4-6 AI 공공 미디어 서비스 기술 개념

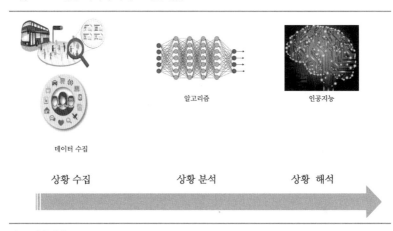

자료: 저자 작성.

그림 4-7 AI 콘텐츠 솔루션 예시

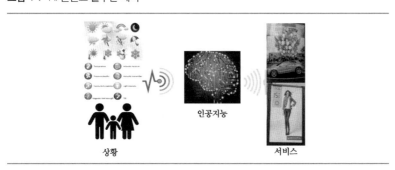

자료: 저자 작성.

부 데이터를 종합 분석한 후 콘텐츠 관리 서버를 통해 상황에 따른 콘텐츠를 운영하도록 구성되어 있다. 이는 데이터 분석 시스템을 토대로 지능형 콘텐츠 시스템으로 발전할 수 있다. 스마트시티 연계 공공 미디어 서비스 운영에는 지속적인 콘텐츠 변화가 있어야 한다. 광고 시청자에게 공감을 주고 의미를 가질 수 있는 광고 서비스가 필요하며, 광고 콘텐츠가 주제를 갖고 변화하기 위해서는 데이터와 시민 참여를 활용한 광고 콘텐츠 운영이 필요하다.

7. 국내외 스마트시티 서비스와 공공 미디어 현황

도시의 기본적인 공공 서비스는 변하지 않는다. ICT가 적용되어 시민들이 좀 더 편리하고, 안전하고, 안정적인 생활을 누리는 것이 도시가 추구하는 방향이다. 현재 도시가 갖고 있고 앞으로 가지게 될 공공 서비스를 민간 기업과 시민이 참여하여 개발한다면 그중 일부 서비스는 스마트시티 연계 공공 미디어 사업 모델이 될 것이다.

도시 공공 서비스 중 공공 미디어에 적용 가능한 서비스로는 공중전화, 날씨 및 환경 정보, 교통 정보, 도시 정보, 관광 정보, 길 찾기, 문화·예술·체육·종교·학술 등 행사·공연, 도시 긴급 알림, 안전, 치안, 재난 정보, 주변 상가 정보, 무인 리테일, 모빌리티 충전, 공공 미디어 아트, 교통 시설 서비스, 도심 안내 서비스 등이 있다. 현재 정보, 리테일, 환경, 편리, 안전 등이 공공 미디어 서비스 형태로 운영 중인데 서비스 분야는 앞으로 더욱 확장될 것이다.

국내외 스마트시티 정책에 따른 공공 미디어 서비스 적용 사례를 통해

표 4-5 국내외 스마트시티 정책

국가	목적	분야	실행 방안
프랑스	친환경 도시	전기자동차, 공공자전거 사업 등을 추진	13개 친환경 도시를 지정하고 친환경 도시 계획을 수립
미국	스마트 시티 계획 정책 (Smart City Initiative)	교통 혼잡 감소, 범죄 대응, 기후 변화 대응을 통한 일자리 창출	주로 민간 영역에서 스마트 도시 사업을 진행
일본	신성장 전략	재해 예방과 에너지 효율, 고령화	에너지 효율화를 위해 요코하마, 교토, 토요다 등 4개 스마트시티 시범 지역에 집중 투자
중국	급격한 도시화 문제와 도시 빈곤 해결	도시 인프라 구축 및 ICT 인프라 구축	스마트 도시(지혜 도시) 정책 추진 중앙정부(국가발전개혁위원회) 주도로 500여 개 도시 사업계획
한국	도시 경쟁력, 삶의 질 향상을 위한 문제 해결	공공 서비스 분야 중점	각 부처 및 지자체별 협업을 통한 지역 특화 스마트시티 균형 발전 추진

ICT와 도시 그리고 공공 미디어 활용에 대해 알아보자.

1) 프랑스

프랑스의 스마트시티 정책은 친환경 도시(Eco-City Zone) 계획 수립에 근거한 공공 서비스에 민간이 참여하는 방식이다. 정부는 스마트시티의 가이드를 제시하고, 민간 기업이 참여하여 정부와 계약하고, 허가하는 방식으로 공공 서비스를 운영하고 있다.

〈그림 4-9〉는 공공 서비스 중에서 디지털 옥외광고 서비스를 이용한 공공 미디어 적용 사례로 옥외광고 전문기업 제이씨데코(JCDecaux)의 예제이다. 제이씨데코는 글로벌 옥외광고 기업으로 스트리트 퍼니처(Street Furniture) 전문 기업으로 시작하여 주로 버스와 택시 정류장, 공항, 공중화

그림 4-8 제이씨데코 공공 미디어 적용 구성

자료: JCdecaux 홈페이지.

그림 4-9 제이씨데코 옥외광고 디지털 서비스 적용 사례

자료: JCdecaux 홈페이지.

장실, 공중전화와 같은 기존의 공공시설물을 이용하여 미디어를 개발하
거나, 새로운 공공시설물을 개발하여 광고를 유치·운영하는 기업이다.

제이씨데코는 프랑스의 스마트시티 추진에 따라 자사의 옥외광고 매체
에 스마트시티 기술로서 센서를 적용하여 도시 데이터 수집 분석, 스마트
셀(SMART Cell)을 이용한 통신 환경 개선, 태양광 패널을 활용한 친환경 에
너지 등의 기술을 도입·적용했다.

제이씨데코는 자사의 광고 미디어 플레이어를 개발하여 전 세계의 지
사에 광고 솔루션을 공급했다. 이 솔루션을 활용하여 공공 미디어 서비스
를 운영 중이며, 광고, 도시 환경, 광고주 등의 데이터를 수집하고 분석하

고 있다. 스트리트 퍼니처 기업에서 디지털 옥외광고 서비스를 위한 공공 미디어 기업으로 변화하고 있는 것이다. 업의 본질은 유지하면서 시대에 따른 변화를 모색하는 기업으로 제이씨데코를 주목할 필요가 있다.

2) 미국

미국 스마트시티 정책은 교통 혼잡 감소, 범죄, 기후 변화 대응, 일자리 창출에 중점을 두고 있으며, 스마트시티 사업에 민간을 참여시키고 협업 중심으로 추진하고 있다.

미국의 대표적인 스마트시티 디지털 옥외광고 서비스로는 뉴욕 맨해튼에 구축 운영 중인 링크 NYC(LinkNYC)가 있다. 스마트폰의 폭발적인 증가로 수요가 급감하고 도시의 애물단지로 전락한 공중전화를 스마트시티형 공중전화로 전환하는 민간 컨소시엄 사업이 추진되었다.

뉴욕시는 디지털 거리 기기(Digital Street Device)라는 개념으로 기존의 공중전화에 길 안내, 충전 서비스, 무료 와이파이(Free WiFi), 도시 및 관광 정보를 제공하면서 공공 미디어 서비스를 하고 있다. 또한 뉴욕의 맨해튼 거리라는 위치적 장점을 이용하여 디지털 옥외광고 서비스로 수익을 창출하면서 공공 미디어를 운영하고 있다.

링크 NYC 프로젝트에 구글 관계사인 사이드워크 랩(Sidewalk Labs)과 퀄컴 등이 참여한 것은 공공 미디어 사업에 대해 시사한 바가 크다. 사이드워크 랩은 스마트시티 사업을 담당하는 구글 자회사이다. 링크 NYC에는 구글 안드로이드 플랫폼이 탑재되어 있다. 그리고 퀄컴 통신 칩이 내장되어 있다. 링크 NYC는 현재는 옥외광고 수익 모델이지만, 다양한 서비스가 탑재되어 있어 향후 공공 미디어 서비스 개발에 따른 수익 다변화를

그림 4-10 링크 NYC 컨소시엄 구성

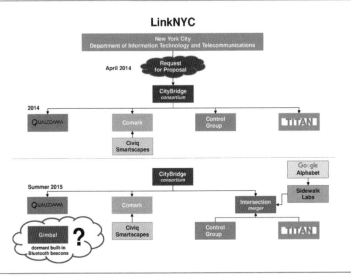

자료: https://en.wikipedia.org/wiki/LinkNYC

그림 4-11 링크 NYC 구축 사례

자료: 저자가 직접 촬영함.

기대할 수 있다.

3) 일본

일본의 스마트시티 정책은 재해 예방, 에너지 효율, 도심 서비스 강화에 중점을 두고 있다. 특히, 도심 서비스 강화를 위한 공공 서비스 부문에서 공공 미디어를 확대·적용하고 있다.

정부와 민간이 운영하는 공공 미디어 서비스를 구분하여 공공 서비스를 제공하고 있는 것이 특징이다. 민간은 디지털 옥외광고 서비스를 중심으로 운영하고, 정부 및 지자체는 안전과 공익을 중심으로 공공 미디어를 운영하고 있다. 이는 사용자에게 공공 미디어의 용도를 명확히 전달하여 정보 전달의 효율성을 높이기 위한 것이다. 다시 말해, 시민에게 재해 및 비상 상황 발생 시, 신속하고 효율적인 정보를 전달함으로써 도시 공공 서

그림 4-12 일본 공공 미디어 적용 사례

자료: 저자가 직접 촬영함.

비스로 인지시키기 위한 것이다.

디지털 옥외광고 서비스는 광고를 허용한 곳에서만 운영하도록 하고 있다. 기업에 광고 사업권을 부여하고 이를 통해 얻은 시의 재원으로 정보 제공 공공 미디어를 운용하는 형태이다. 도시 공공 서비스 차원에서 공공 미디어를 강화하는 안을 마련하고 있다. 일본은 공공 미디어의 용도를 명확히 하면서 관리 운영 주체를 분리하여, 운영 주체가 비용을 지불하는 공공 서비스로 공공 미디어를 운영하고 있다.

4) 중국

중국의 스마트시티는 급격한 도시화에 따른 문제와 도시 빈곤 해결 및 도시와 인민의 운영을 목표로 지혜 도시(智慧城市) 사업으로 추진되었다. ICT를 이용한 도시 인프라 구축에 중점을 두고 스마트시티를 통해 도시 환경 및 생활 개선, 서비스 강화, 도시 정부의 효율적인 경제 운영 및 시장을 감독하고 사회를 관리하는 데 목적을 두었다.

중국 사회 특성으로 스마트시티 서비스에 따른 개인정보 보호 및 데이터 소유 등에 대한 문제는 부각되지 않고, 다양한 스마트시티 기술들이 활발히 테스트 및 적용되고 있다. 광장, 인도, 지하철 역사, 쇼핑몰 등지에서 정부 정책 홍보 및 도시 정보 등이 공공 미디어를 통해 서비스되고 있다.

중국은 시 정부가 운영하는 공공 미디어와 민간 기업이 운영하는 디지털 옥외광고 서비스가 구분되어 있다. 이는 시 정부와 민간 기업이 운영하는 목적이 다르고, 다른 나라처럼 민간 기업에 운영을 위탁할 수 없는 구조이기 때문이다. 중국과 일본의 표면적인 운영 방식은 공공 목적의 공공 미디어와 수익을 목적으로 하는 디지털 옥외광고 서비스가 구분되어 있

그림 4-13 중국 공공 미디어 적용 사례

자료: 저자가 직접 촬영함.

지만, 협업 체계에서는 차이가 있었다.

5) 한국

한국의 스마트시티는 사람 중심의 도시 혁신을 통한 도시 재생, 신도시 구축 및 경제적 자생력과 도시 운영 효율화를 위한 문제 해결에 중점을 두고 있다. 각 지자체마다 도시 문제 접근과 해결 방법에는 차이가 있지만, 크게 몇 가지 공통적인 요소가 있다. 그것은 교통 서비스, 미세먼지 해결, 지역 경제 활성화이다. 이 문제를 해결하기 위해 기존의 공공 서비스를 활용한 대안들이 제시되고 시도되고 있다.

서울시는 메트로폴리스 규모를 갖추고 있어 민간 기업 참여 공공 서비스가 가능한 도시이다. 서울시는 옥외광고 사업권을 허가하면서 시민들의 대중교통 서비스 질을 높이고 데이터 수집을 통한 시민의 버스 이용 형태를 분석하는 스마트 버스 안내 시스템을 운영하고 있다.

그림 4-14 서울 스마트 버스정보 안내 시스템

자료: 저자가 직접 촬영함.

그림 4-15 서울 서초구 클린 마을버스정류장

자료: 저자가 직접 촬영함.

서울시는 관광특구에 스마트 관광 안내도를 구축·운영하면서 도시 정보, 관광 안내, 길 찾기 등의 서비스를 제공하고 있다. 서울시 각 지자체에서도 지역에 맞는 스마트 관광 안내도를 도입하여 진행하고 있다. 서울시 서초구에서는 도시의 미세먼지 저감과 대중교통을 이용하는 시민들의 편의를 위해 클린 마을버스정류장을 운영하고 있다. 민간 기업 참여를 통해

그림 4-16 대전, 세종 스마트 뷰 공공 미디어 서비스

자료: 저자가 직접 촬영함.

광고 사업과 연계하여, 스마트시티 기술을 접목한 마을버스정류장이다.

대전광역시와 세종특별자치시에는 도시 정보, 시민 안전, 환경 개선을 위한 스마트 뷰가 설치·운영되고 있다. 스마트 뷰는 스마트시티 사업의 시민 체감형 서비스로 개발되었다. 도시 및 관광 정보 제공 및 공공 목적의 광고와 조명 등의 다목적 공공 서비스를 제공하는 공공 미디어이다.

8. 5G 초고속 통신과 공공 미디어

미디어 변화는 개인이 미디어 프로슈머가 되고자 하는 욕구와 기술발전이 결합되어 발전하고 있다. IT 기술은 과거 미디어 소비자가 콘텐츠 생산자로 참여할 수 없었던 미디어 산업에서 지금은 누구나 쉽고, 편리하게 콘텐츠 생산자가 될 수 있도록 했다.

오늘날 SNS와 블로그, 브이로그 등 수많은 개인 미디어는 사람들의 생

활 방식과 관심, 취향에 따른 다양한 주제를 가진 콘텐츠를 만들어내고 있다. 플랫폼 기업들은 개인이 생산한 미디어 콘텐츠를 알고리즘에 따라 배포, 확산 운영한다. 플랫폼 알고리즘은 미디어 콘텐츠 소비 성향을 분석하여 콘텐츠를 제공한다. 플랫폼 알고리즘은 지금까지는 개인의 미디어 소비 형태를 분석하여 추천함으로써 콘텐츠 소비의 다양성을 제한시키는 결과를 초래했다. 이는 사회 갈등 요인이 될 수 있다. 사회 통합과 소통을 위해서는 미디어 프로슈머에게 다양성을 제공하는 IT 적용이 필요하다. 미디어 콘텐츠의 생산, 전달, 소비, 확산을 위한 IT 정책과 방향은 미디어 변화와 발전에 영향력을 갖고 있다.

MZ세대에게 미디어는 특별한 것이 아닌 일상이며 삶이다. 그들은 미디어를 생산, 전달, 소비, 확산하는 주체이다. 관심과 흥미, 재미에 반응하는, MZ세대에게 미디어는 세상과 소통하는 통로이며, 자신들의 생각과 가치관을 담아내는 그릇이다. 사용자로서 MZ세대의 미디어에 대한 이해는 미디어의 변화를 볼 수 있는 또 다른 척도가 된다. MZ세대가 이용하는 미디어는 생산과 소비 방식에 따라 홈 미디어, 개인 미디어, 공공 미디어로 구분할 수 있다. 현재 미디어 콘텐츠 대부분은 개인에 의해 생산 소비되며, 이는 개인 미디어로 대표되는 스마트 폰 앱을 이용하여 이루어지고 있다. 그 다음으로 홈 미디어와 공공 미디어의 순으로 콘텐츠가 생산되고 소비되고 있다. 미디어 콘텐츠를 소비하는 시간 기준으로 미디어를 구분하면 홈 미디어는 개인 미디어에 자리를 양보한 지 오래되었다. 그리고 공공 미디어는 옥외 환경에서 미디어 콘텐츠 사용자의 의지와 상관없이 반복 노출되어 소비되는 형태였으나, 기술 발달로 능동적인 미디어 콘텐츠 소비가 증가하는 추세이다.

사람들이 미디어 기술발전과 적용을 체감한 시기는 인터넷 보급, 확산을 시작으로 스마트폰이 등장하고 SNS 기반의 개인 미디어가 생기면서부터이다. 스마트폰의 등장은 실시간 소통을 가능케 했다. 다양한 사람들과 소통 채널이 증가하면서 사람들은 미디어 기술의 변화를 체감하고 스스로를 미디어 프로슈머로 인지하기 시작했다. 홈 미디어는 방송국에서 제작된 콘텐츠를 TV, 라디오, 셋톱 등을 통해 전송하는 방송 기술과 하드웨어 기술 중심으로 발전해 왔다. 양방향 소통에 대한 기술 적용이 개인 미디어에 비해 떨어지면서 사람들에게 홈 미디어는 콘텐츠 소비 대상이 되었다. 앞으로 홈 미디어의 역할도 점점 개인 미디어가 차지할 것으로 전망된다. 가까운 미래에는 미디어 간의 경계가 없어질 것이다. 이러한 변화는 공공 미디어에서도 일어나고 있다. 공공 미디어의 경우 옥외광고 미디어라는 인식이 강해, 그 한계를 넘어 다양한 정보를 제공하는 확장된 새로운 미디어로 자리 잡기까지 상당한 시간이 필요했다. 공공 미디어는 옥외광고를 넘어 도시 안에서 사람과 사람, 사람과 공간, 공간과 공간을 연결하면서 정보와 데이터를 생산, 유통, 소비시키는 역할을 한다. MZ세대에게 홈, 개인, 공공 미디어는 미디어 사용 환경을 의미한다. 미디어 간의 연결이 용이하고 편리한 사용이 증가한다면 마치 온라인과 오프라인의 경계가 사라진 것처럼 개인, 홈, 공공 미디어의 경계도 허물어질 것이다.

기술발전은 미디어 환경을 매체 중심(신문, TV, 라디오, 잡지 등)에서 미디어 사용 환경(홈, 개인, 공공)으로 바꾸었다. MZ세대를 기점으로 미래 세대들은 언제, 어디서나, 어떠한 상황에서 필요한 객관적 정보와 자신의 생각과 감정을 미디어에 제한받지 않고 생산, 유통, 소비하는 시대에 살게 될 것이다. 이러한 모습은 가까운 미래에 우리가 경험하게 될 미디어 변화 방향이다.

AI 기반 스마트 미디어에 대한 기대는 5G 시대가 열리면서 시작되었

그림 4-17 5G 분야별 대표 서비스

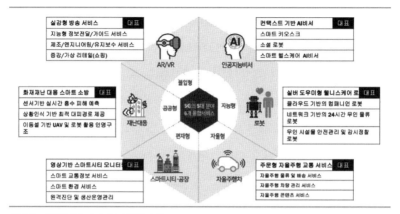

자료: 5G 융합서비스 시나리오 종합보고서.

다. 2021년을 기점으로 5G에 대한 기대는 그동안 우리가 상상했던 것들 (지능형 실감 콘텐츠, 초연결 미디어, 맞춤형 정보 서비스 등)을 구현하는 통신 서비스로 기대를 모았다.

초고속 통신인 5G에 관심을 가지는 이유는 5G가 고품질의 통신 서비스와 고용량, 초연결, 실시간의 특징을 가지고 있기 때문이다. 5G의 특징은 최대 20Gbps 및 일상적으로 100Mbps 속도가 가능한 '초고속(High Speed)'과 기존보다 1만 배 이상 더 많은 트래픽을 수용하는 '대용량(High Capacity)', 1m²당 100만 개의 기기를 연결할 수 있는 '고밀집(High Density)'의 초연결, 배터리 하나로 10년간 구동 가능한 '고에너지 효율(High Energy Efficiency)', 1ms(밀리세컨드) 이하의 '낮은 지연시간(Low Latency)', 이동 간 제로 중단을 실현하는 '고안정성(High Reliability)' 및 '고신뢰성(Ultra-reliable Communication)' 등으로 정의할 수 있다.

5G 특징으로 제시된 초저지연, 고신뢰와 초고속, 대용량 전송 등은 미

디어 분야에서는 지능형 실감 콘텐츠를 구현하는 데 활용되며, 스마트 시티 운영에 필요한 디지털 트윈 서비스에도 기여할 것이다. 미디어 환경은 사용자와 기술발전이 함께 만들어가는 변화이다. 원활한 미디어 서비스와 새로운 미디어 서비스를 위해 기술이 선도할 때도 있고, 사용자의 요구에 의해 기술이 적용되는 경우도 있다. 예상하고 준비해 오던 AI 기반 스마트 미디어 서비스 구현에 5G가 도화선이 되고 있다.

최근에는 IoT와 빅데이터 관련 기술이 도입되면서 상황인식에 따른 콘텐츠 운영이 활성화되고 있다. 지능적으로 콘텐츠 서비스를 할 수 있도록 기본 콘텐츠를 구성한 후 사용자의 환경과 주변 상황에 따라 시스템에서 콘텐츠 큐레이션이 이루어지도록 하고 있다. 현재는 관련 기술과 서비스가 도입 단계이지만 점진적으로 늘어날 것으로 기대한다. 그리고 원거리의 디지털 사이니지 솔루션을 모니터링하고 제어할 필요성이 증가하고 있다. 유지보수를 위한 전문가를 투입하기 전에 솔루션의 상태를 모니터링하고 원격지에서 지능적으로 자동 및 사람이 수동 제어할 수 있는 환경을 갖추어가고 있다. 안정적인 서비스를 위해 유지보수 전문가 투입은 최후의 수단으로 두고, 공공 미디어 서비스를 운영하는 추세이다. 이러한 이유로 공공 미디어에서는 네트워크가 중요한 기술로 부상했고, 인터넷과 와이파이 중심에서 LTE 통신 활용 및 5G 도입을 적극 검토하고 있다.

공공 미디어 콘텐츠도 고용량의 8K, VR/AR과 홀로그램 콘텐츠가 적용되고 있다. 현재는 관련 콘텐츠를 운영 시 네트워크를 연결하지 않거나, 네트워크를 연결할 경우 미디어 셋톱에 미리 다운로드한 후 서비스를 제공한다. 고용량 콘텐츠를 실시간으로 상호작용 서비스하기에는 현재의 인터넷 및 통신 서비스의 품질이 한계가 있기 때문이다. 고용량 콘텐츠를 데이터 기반으로 실시간 상황인식 및 상호작용하기 위해서는 인터넷 및

그림 4-18 호주 시드니(왼쪽)와 중국 상하이(오른쪽)의 미디어 파사드

자료: 비비드 시드니 홈페이지. https://www.vividsydney.com; 저자가 직접 촬영.

통신 환경이 안정적으로 지원되어야 가능하다.

세계 곳곳에서 빌딩을 미디어로 활용하여 랜드마크화하고, 브랜드 인지를 위해 미디어 아트와 협업을 하는 건축물이 늘어나고 있다. 호주 시드니에서는 '비비드 시드니(Vivid Sydney)'라는 미디어 파사드 축제가 매년 열린다. 이 축제는 시드니 오페라 하우스를 중심으로 달링 하버(Darling Harbour) 인근에서 개최되는데 도시 문화 축제로 자리 잡았다. 문화 예술적인 관점에서는 시드니의 연중행사는 다채로움을 제공하며 글로벌 행사로 성장했다.

중국 상하이 와이탄의 야경은 글로벌 관광 명소가 되었다. 상하이 와이탄의 미디어 파사드는 일상의 풍경에 매일 새로움을 더해준다. 풍경이 좋은 곳에서 마치 석양을 바라보는 것과 같은 느낌을 관광객에게 선사한다.

현재 이러한 미디어 파사드는 특정 날짜와 시간에 이벤트 형태로 진행하거나 동일한 콘텐츠를 반복적으로 같은 시간에 송출하는 방식이다. 도

시의 미디어 파사드도 AI 기반 공공 미디어로 발전하기 위해서는 고용량, 초저지연의 콘텐츠와 시민과 관광객이 참여할 수 있도록 개인 미디어와의 연결, 도시 환경 데이터 수집 분석을 통한 상황인식 지능형 콘텐츠 및 솔루션 관리를 위한 초연결, 초저지연 등의 초고속 통신 요소가 필요하다. 공공 미디어 분야에서 화두가 되고 있는 IoT, 빅데이터, 인공지능, 8K, AR/VR, 미디어 파사드는 데이터 중심 AI 기반 공공 미디어를 실시간으로 실감 있게 제공할 수 있는 기회를 초고속 통신을 통해 이룰 것이다.

AI 시대의 공공 미디어

공공 미디어에서 콘텐츠 제공 방식의 발전 과정은 정보 제공 단계, 상황인식 단계, 추론 제안 단계, 자율 지능 단계로 구분된다. AI라고 말할 수 있는 것은 추론 제안 단계부터이다.

공공 미디어에서는 주로 정보 제공 단계 서비스가 대부분이고, AI 기술 관심으로 상황인식 단계 기술이 보편화되었고, 추론 제안 단계는 기술 개발 및 도입 단계이다. 이 절에서는 AI 시대에서 예측할 수 있는 공공 미디어 사례를 소개한다. 제시한 사례의 내용을 살펴보면서 AI 시대 공공 미디어를 활용한 광고, PR 기획, 전략, 구축, 운영을 예상해 볼 수 있을 것이다.

표 4-6 ICT 서비스 진화

서비스 단계	내용
정보 제공 단계	사용자가 정보를 요구하면 즉각적으로 해당 정보를 제공
상황인지 단계	사용자가 미리 지시한 내용에 따라 지속적으로 상황을 파악하여, 요구사항이 발생하는 경우 정보 제공
추론 제안 단계	상황인지 서비스에서 사용자가 사전에 지시한 내용 이외에 상황에 따라 정보를 추천 제공
자율 지능 단계	상황을 파악하여 필요한 행위 및 조치를 기기에 전달하고 스스로 수행

자료: 조위덕·채혁기(2009).

1. 상황인식기술과 공공 미디어

공공 미디어에서 사용되는 콘텐츠 운영 시스템(CMS: Contents Management System) 대부분은 편성표 개념으로 장소, 날짜, 요일, 시간에 따라 운영되었다. 정해진 스케줄에 따라 콘텐츠를 일방향으로 제공하는 것이다. 상황인식기술이 보편화되면서 디지털 옥외광고 미디어에도 적용되었다. 이는 일방향의 반복적인 콘텐츠 노출 광고에 익숙했던 사람들에게 다양한 콘텐츠를 제공함으로써 콘텐츠에 대한 관심도를 높일 수 있는 계기가 되었다.

다음의 사례들은 ㈜엠엔엠네트웍스가 다양한 기술들을 공공 미디어에 적용했던 프로젝트 내용이다. 미디어 메시지를 효과적으로 전달하기 위해 콘텐츠기획 단계에서부터 기술 검토 및 설치 환경 분석을 수행한다. 그리고 사용자가 수용할 수 있는 범위에서 기술과 콘텐츠를 결합시키고, 메시지 전달에 중점을 두고 프로젝트를 수행했다.

1) 벤츠 GLA 디지털 옥외광고: 상황인식기술 적용 사례[2]

광고기획

벤츠 GLA 브랜드 인지도를 높이고 주 타깃인 25~35세에게 집중적으로 노출하는 것을 목적으로 광고를 기획했다. 이를 위해 강남의 중앙차로 버스정류장에 아날로그 광고와 디지털 옥외광고를 집행하는 것이 결정되었다. 디지털 옥외광고는 목적에 부합하면서 SNS에서 이슈가 될 수 있는 콘

---

2   https://youtu.be/a59ki45RQeI 참고.

텐츠를 개발·제작하기로 결정했다.

콘텐츠기획

광고주가 디지털 옥외광고를 증강현실 콘텐츠로 제작할 것을 결정했다. 광고대행사와 공공 미디어 기획 팀 간의 협의 과정에서 광고 목적에 부합하도록 2종의 콘텐츠를 개발·제작하기로 했다. 하나는 소비 및 관심 연령층 타깃 광고, 다른 하나는 벤츠 GLA 브랜드 인지 확산에 중점을 둔 콘텐츠 개발·제작이었다. 타깃 광고 콘텐츠와 일반 브랜드 콘텐츠 광고 노출 방식을 위해 시나리오를 작성했다. 2종의 콘텐츠 개발·제작을 위해 증강현실을 기반으로 상황인식기술을 적용하여 현장 상황에 따라 콘텐츠가 운영되도록 시나리오를 구성했다. 20대 후반에서 30대를 인식하여 노출되는 콘텐츠와 그 이외의 연령층을 인식했을 때 노출되는 콘텐츠, 사람이 인식되지 않을 때 노출되는 콘텐츠의 각각의 장면을 시나리오로 만들었다.

그림 4-19 벤츠 GLA 증강현실-상황인식 콘텐츠기획

Image	Script	CG	SW
	• GLA가 일반 차량들 사이에 등장한다. • (빨간 신호등) 정차되어 있는 GLA와 배기음 • (초록 신호등) 주행하는 GLA와 엔진소리 • 신호등에 맞춰 주행과 정차를 반복 ** 배기음에 따른 **GLA** 이미지 전달 효과	• 배경 합성을 위한 Rendering • GLA Rendering & Animation	• 실시간 AR 합성 • 신호 대기 시간에 따른 반복 작업 • 일정 시간 상황인식이 되지 않을 경우 구동되는 Scene으로 처리 • 배기음 처리 (정차와 주행중 배기음 구분 - 지향성 스피커 컨트롤)
	• 정차한 GLA 썬루프가 열린다. • 썬루프에서 풍선이 하나 둘씩 나온다. • 풍선이 GLA를 들어 올려 위로 오르는 느낌을 주면서 화면 앞으로 다가와 화면에서 사라진다. ** 일어날 수 없는 상상의 현실 구현	• GLA Rendering & Animation • 풍선 Modeling & Rendering & Animation • Realization CG	• 버스 정류장의 25~35세의 여성이 카메라 인식 GLA 등장 시킴 (카메라 컨트롤)

자료: 엠앤엠네트웍스.

그림 4-20 강남 중앙차로 버스정류장 증강현실-상황인식 광고 사례

자료: 저자가 직접 촬영함.

기술 검토

버스정류장에서 증강현실-상황인식 디지털 옥외광고를 구현하기 위해 소프트웨어 개발, 운영, 하드웨어 선정 및 설치, 콘텐츠 운영 및 현장 상황을 고려하여 적정 기술을 선정하고 협의 과정을 거쳤다.

증강현실-상황인식 디지털 옥외광고 콘텐츠의 옥외 환경 운영에 따른 기술 검토였다. 전자기기와 광학기기(카메라) 등이 옥외 환경에서 정상적으로 작동되도록 시스템 통합을 시도했다. 그리고 상황인식 콘텐츠 운영을 위한 조건 설정이 필요했다. 상황인식 조건은 ① 남녀, 연령 구분, ② 시간(아침, 저녁), ③ 디스플레이 밝기 등을 설정했다. 또한 조건에 해당하지 않을 때 운영되는 별도의 콘텐츠를 제작했다.

디지털 옥외광고 운영

현장 시범 운영에서 노출된 문제점을 수정하여 광고 계약 개시 전에 개선하여 적용했다. 1개월 동안 운영하면서 정상 작동을 위해 원격 모니터링

을 했다. 옥외광고 운영 기간 동안 시민들의 반응은 예상외로 적극적이었고, 광고 호응도도 높았다. 옥외광고가 노출에 따른 반복 효과뿐만 아니라 관심을 갖고 지켜볼 수 있는 광고 콘텐츠로서 의미가 있음을 확인할 수 있었다.

데이터 분석

〈그림 4-21〉의 광고데이터 분석 그래프에서 점선 원이 표시된 부분은 폭우가 내린 날로 정류장에 있던 사람들이 광고를 보지 않았기 때문에 다른 날에 비해 사람을 인식한 수가 현격히 떨어졌다.

광고 집행 기간 동안 버스정류장의 유동인구 데이터를 수집했다. 요일, 시간, 성별로 분석된 데이터는 정류장 서비스 개선 및 디지털 옥외광고 콘텐츠기획에 도움이 될 것으로 예상된다.

그림 4-21 강남 중앙차로 버스정류장 증강현실-상황인식 광고 데이터 분석 그래프

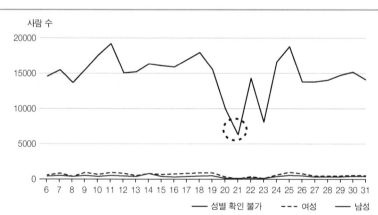

자료: 엠앤엠네트웍스.

그림 4-22 SNS 광고 연동

자료: 벤츠코리아 페이스북 화면을 캡처하여 재가공.

SNS 연동 광고 및 콘텐츠 확산

중앙차로 버스정류장 디지털 옥외광고 현장을 콘텐츠화하여 소셜미디어 콘텐츠로 다시 제작하여 SNS를 통해 배포했다. SNS에서의 반응은 상당히 좋았고, 콘텐츠를 본 후 실제 현장을 찾는 사람들도 있었다. 벤츠 GLA 광고는 공공 미디어가 콘텐츠가 되어 개인 미디어에서 바이럴되는 상호 관여 효과가 있었다.

광고, PR 관점에서 벤츠 GLA 디지털 옥외광고

광고주의 광고 콘셉트를 공공 미디어로 구현하기 위해서는 기술 지식과 경험을 토대로 광고기획 및 시나리오 작성을 하고 전문 팀과 협업을 해야 한다. 벤츠 GLA 광고는 기존 영국 디지털 옥외광고의 증강현실보다 진보된 기술 적용을 목표로 상황인식기술을 적용했던 것이다. 최근에 요구되는 광고와 PR은 고객에게 상품, 서비스, 브랜드 등의 가치를 정확하게 전달하고, 그에 따른 효과를 측정할 수 있어야 한다. 이러한 목표를 달성하기 위해서는 도구로서 기술에 대한 관심이 필요하다. 2014년에 수행된 벤츠 GLA 광고는 광고업계의 기술 이해와 경험 부족으로 공공 미디어 전문 기업 엠앤엠네트웍스와 협업을 했던 사례이다.

현재는 광고업계에도 IT 및 공공 미디어 전문가들이 근무하면서 변화된 환경에 맞추어 광고, PR 사업을 수행하고 있다.

2) IoT를 활용한 상황인식 버스정류장 기술 적용 사례[3]

옥외광고를 위한 버스정류장 기획

버스정류장은 여러 사람들이 대중교통을 이용하기 위해 '기다리는 장소'이지 쉼터가 아니다. 기다리는 장소에서 사람들에게 제공할 수 있는 편익 시설로 인해 옥외광고 효과가 더 높을 수 있다. 도시 공공시설 편익 기능과 옥외광고 효과를 높이기 위해 2019년 스마트 에코 버스정류장 기획을 했다.

기술 검토

버스정류장의 이용자 연령과 성별, 낮, 밤 등의 환경에 따라 상황인식기술을 구동하도록 기획 설계했다. 상황인식기술을 구현하기 위해 버스

---

3 https://youtu.be/efiPPFbDDaI 참고.

그림 4-23 스마트에코 정류장 시스템 구성도

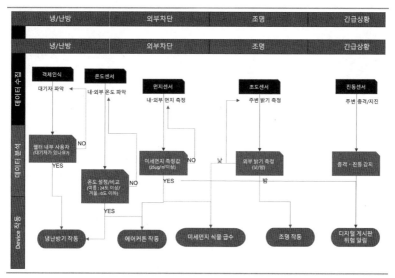

자료: 엠앤엠네트웍스.

정류장 내에 센서를 설치하고, 관련 기기와 연동하는 IoT 솔루션으로 스마트에코 정류장 시스템을 설계했다. 옥외광고를 노출하다가, 긴급 상황 발생이 발생하면 즉시 사용자에게 정보가 전달될 수 있도록 디지털 디스플레이를 설치했다. 또한 버스정류장이 광고 메시지 전달 장소로 사용자와 미디어 간의 적정 거리와 노출 방법에 대해 고려했다. 버스정류장에 설치된 스마트 버스 노선도는 사용자가 화면을 터치하기 전까지는 공공 목적의 광고가 나오며, 사용자가 화면을 터치하면 버스 노선도가 나타나는 기능을 적용했다. 버스정류장을 이용하는 사람들이 버스를 이용하고 노선을 확인하는 데 큰 불편함이 없도록 광고 노출 시점을 고려하여 상황인식기술을 적용했다.

IoT 솔루션 구축에서 제조사별 기기(센서와 냉난방기기) 간의 연동 문제와

그림 4-24 서초 스마트에코 마을버스정류장

자료: 엠앤엠네트웍스.

버스 정류장 내에 미세먼지 저감 식물을 키우는 데 한계가 도출되었다. 이러한 문제를 개선하고 현장 시범 운영을 통해 적정 기술 범위를 검토한 후 상용 서비스화했다.

스마트에코 정류장 운영

IoT 솔루션을 이용한 상황인식 스마트에코 정류장은 2019년에 구축한 이후 현재까지 운영되고 있다. 국내에서는 스마트시티 사업의 일환으로 스마트 버스셸터와 스마트 쉼터 사업이 전국적으로 확산·보급되고 있다. 2022년 스마트 버스셸터와 스마트 쉼터에 적용된 기술은 스마트에코 정류장기술에 기타 서비스와 공공 미디어가 더 추가가 되었다.

광고, PR 관점에서 스마트에코 정류장

스마트시티에서는 광고, PR을 위한 시설물이 ICT가 적용된 경우가 많다. 그리고 ICT 적용 시설물은 대부분 데이터 수집·분석 등이 이루어진다. 광고, PR 기획과 집행에 있어 대상 매개체의 특성과 이용자와 사용자를 고려한 공공 미디어를 활용해야 한다.

2. AI와 공공 미디어

AI에 대한 관심으로 관련 기술인 빅데이터, 데이터분석, 통신 및 네트워크, 지능형 콘텐츠, 실감 콘텐츠 기술 개발이 증가하고 있다. 각각의 기술이 개별적으로 발전하지만, 결국에는 하나의 서비스가 될 것이다. 결국 기술 이해가 공공 미디어 및 미디어 서비스 품질을 높일 수 있는 기준이 될 것이다. 여기서는 AI 관련 기술과 그 사례 소개한다.

AI(Artificial Intelligence: 인공지능)는 인간의 지능으로 할 수 있는 사고, 학습, 자기 개발 등을 컴퓨터가 할 수 있도록 하는 방법을 연구하는 컴퓨터 공학 및 정보기술의 한 분야로서, 컴퓨터가 인간의 지능적인 행동을 모방할 수 있도록 하는 것을 말한다.

AI를 수행하기 위해서는 AI가 학습을 해야 한다. 학습 방법에 있어 쉽게 접할 수 있는 용어가 머신러닝(machine learning)과 딥러닝(deep learning) 기술이다. 머신러닝은 방대한 데이터를 토대로 상관관계와 특성을 찾아내고 여기에 나타난 패턴으로 결론을 내며, 딥러닝은 축적된 데이터를 분석하고 학습한 후 결론을 낸다. 이 둘 사이의 가장 큰 차이는 머신러닝은 패턴 분석을 하며, 딥러닝은 학습을 통해 추론 결과를 낸다는 것이다. 여러 장의 고양이 사진을 데이터로 입력하면 사진에서 고양이가 갖고 있는 특성들을 추출하여 제공된 새로운 사진을 갖고 고양이인지 아닌지를 판단하는 것이 머신러닝을 이해하는 기본 원리이다. 즉 머신러닝은 분석을 기반으로 패턴을 찾아내고 비교하여 판단한다. 딥러닝은 여러 장의 고양이 사진을 분석한 후 "어떠한 것이 고양이다"라고 학습한 후 제공된 새로운 사진을 갖고 고양이인지 아닌지를 판단한다. 즉 딥러닝은 분석을 통해 스스로 학습하고, 정의를 내린 후 판단한다. 머신러닝과 딥러닝의 활용 방법은 목적에 따라 구분되며, 데이터양을 기준으로 볼 때 딥러닝이 머신러닝보다 많은 데이터를 필요로 한다. 이는 학습을 통해 결론을 내기 위해서는 많은 양의 데이터를 분석하고 학습해야 하기 때문이다.

1) 어반 미디어 조형물의 AI 콘텐츠 운영 솔루션 개발 기술 적용 사례

솔루션 개발 기획 배경

스마트시티 구축 및 미디어 아트의 발전으로 도시 건축물이 미디어 아트와 융복합되어 도시의 새로운 랜드마크가 되고 있다. 도심의 건물을 미디어(Architecture Media)로 구축하기 위해 도시가 갖고 있는 공간 정체성과 건물의 상징성 그리고 건물과 미디어를 융복합시킨 새로운 미디어 조형물로 새롭게 디자인되고 있다. 도심 건물과 미디어가 결합된 개별의 건물들이 어반 미디어 조형물(Urban Media Sculpture)이 된다.

어반 미디어 조형물이 많아질 경우 도시는 거대한 갤러리로 조화를 이루면서 개별 어반 미디어 조형물이 상징성을 갖고 미디어 콘텐츠를 운영해야 한다. 개별 어반 미디어 조형물이 조화를 이루지 못하면 미디어 공해가 될 수 있다. 이러한 문제점을 사전에 방지하고, 통합되고 일관된 주제와 메시지, 콘텐츠를 관리하기 위해 AI 콘텐츠 운영 솔루션을 개발·기획했다.

그림 4-25 어반 미디어 조형물

어반 미디어 조형물 = 건축 미디어 + 미디어 조각

건축 미디어

[시카고 센트럴 하우스]　[멜버른 페더레이션 스퀘어]　[오타와 국립 예술 센터]

[신세계 명동점]　[서울 스퀘어]　[대구 문화예술회관]

미디어 조각

[상파울로 read +ʼ]　[시카고 150 미디어 스트림]　[평창 휘니스파크]

기술 구성

AI 콘텐츠 운영 솔루션 시스템은 미디어 아카이브, 콘텐츠 템플릿, AI 콘텐츠 큐레이션 등으로 구성된다. 미디어 아카이브는 도시가 보유한 문화, 예술 관련 콘텐츠를 디지털 아카이빙하는 솔루션이다. 콘텐츠 템플릿은 도시의 광고, 홍보 관련 콘텐츠를 다양한 규격의 미디어에 표출할 수 있도록 하는 템플릿 지원 솔루션이다. 그리고 AI 콘텐츠 큐레이션은 지자체에서 생산되는 도시 데이터를 수집·분석하고 모듈화하여 알고리즘을 기반으로 콘텐츠를 자동 큐레이션하는 솔루션이다.

미디어 아카이브와 콘텐츠 템플릿에 콘텐츠 표출 조건을 설정해 두면, AI 콘텐츠 큐레이션이 상황인식 및 데이터 분석에 의해 콘텐츠를 지능적으로 선정하여 적정 미디어에 배포하도록 설계되었다.

그림 4-26 AI 콘텐츠 운영 솔루션 구성도

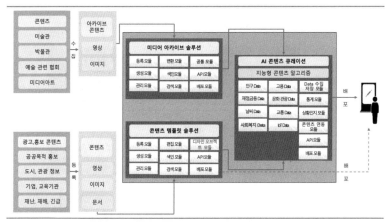

자료: 엠앤엠네트웍스.

AI 콘텐츠 운영 솔루션 운영

도시 상황과 데이터에 따라 도시가 보유한 콘텐츠를 표출할 수 있고, 도시에 구축된 어반 미디어 조형물들이 조화를 이루어 도시를 어반 미디어 갤러리로 운영할 수 있는 이점을 가질 수 있다. 현재 국내 몇몇 지자체에서 AI 콘텐츠 운영 솔루션이 개발, 적용되고 있다.

광고, PR 관점에서 AI 콘텐츠 운영 솔루션 전망

기술이 고도화되면 창작자의 의도와 도시 환경 및 사용자 특성을 반영한 자율 지능 콘텐츠 운영 솔루션도 등장할 것으로 기대된다. AI 콘텐츠 운영 솔루션 기반에서 광고, 홍보 콘텐츠의 효과적인 메시지 전달은 기술에 대한 이해와 더불어 데이터를 분석하고 해석하는 능력에 달려 있다

2) 공공 미디어 AI 음성인식 기술 적용 사례[4]

기획 배경

국내 대기업에서 개발한 AI 음성인식 솔루션을 공공 미디어에 적용하여 사용성 테스트 후 기술 고도화를 목적으로 했다. 개인 미디어와 홈 미디어에 국한하여 적용했던 AI 음성인식 솔루션을 공공 미디어까지 확대하고자 했다. 이를 위해 공공장소에서 사용성 테스트 및 서비스 수행이 필요했다. 공공 미디어에서 AI 음성인식의 장단점을 파악하고 향후 AI 음성인식 UI/UX를 반영하는 것을 목표로 했다.

기술 검토

AI 음성인식 솔루션을 공공 미디어에 적용하기 위해서는 몇 가지 기술 검토가 필요했다.

첫 번째는 발화어 설정이었다. 음성인식을 활성화하기 위해서는 아이폰의 '시리'나 KT의 '지니'처럼 음성인식을 기동시키는 명령어가 필요하다. 그런데 공공 미디어에서는 발화어를 설정할 수 없다. 불특정 다수가 사용하기 때문에 기동 명령어를 사용자가 알 수 없다.

두 번째는 주변 소음이었다. 개인 미디어와 홈 미디어에 적용된 스마트 기기에는 지향성 마이크와 소음을 제거해 주는 노이즈캔슬링 기능이 적용되어 사용자 음성 수집에 용이하다. 하지만 공공장소처럼 항상 소음이 발생하는 곳에서는 지향성 마이크와 노이즈캔슬링 기능에 한계가 있었다.

---

4 https://youtu.be/PJFlGi718Ms 참고.

세 번째로는 대형 디스플레이 활용에 따른 마이크 위치 선정 문제가 있었다. 마지막으로 의미는 동일하지만 구조가 다양한 문장들이 있기 때문에 이를 모두 AI에게 학습시킨 후 서비스를 운영하는 데 한계가 있었다. (예: 시립박물관, 박물관 어디 있어?, 박물관 어디로 가야 해?, 시립박물관 알려줘 등.)

발화어 문제와 음성인식률 문제, 마이크 설치 위치 문제 등의 대안 및 보완으로 다중 상호작용(Multi Modal)을 인터페이스를 적용했다. 다중 상호작용 인터페이스는 음성과 터치스크린 기능을 동시에 적용함으로써 사용자가 콘텐츠를 이용하는 데 불편함이 없도록 하면서, 미디어 메시지를 수용할 수 있도록 설계했다. AI 음성인식과 터치스크린은 각각이 갖고 있는 기능적인 특징이 있다. 그 특징들을 상호 보완하여 서비스함으로써 사용자의 불편을 줄이면서 콘텐츠 서비스 품질을 높일 수 있었다. 동일 의미의 다양한 구조를 가진 문장이 입수되는 문제는 사전에 유사 패턴 문장들을 묶어서 하나의 의미체로 맵핑하는 작업을 통해 해결했다. 또한 정식 서비스 전, 현장에서 AI 음성인식 엔진을 계속 운영하여 해당 공간에서 AI 음성인식 서비스를 위한 최적화 작업도 함께 수행했다. 이러한 과정을 통해 공공장소에서 AI 음성인식 관광 안내 서비스가 진행되었다.

AI 음성인식 적용 디지털 관광 안내 운영

AI 음성인식의 가장 큰 특징은 음성 명령 결과가 바로 화면에 표출되는 것이다. 터치스크린은 카테고리 선택 과정으로 다양한 선택지를 가질 수 있다. AI 음성인식과 터치스크린은 공공장소에서 음성인식과 터치스크린이 사용자 경험에 따라 상호 보완되는 서비스로 운영되도록 했다. 스마트폰에 익숙한 사용자는 당연히 터치 디스플레이라고 생각한다. 그리고 스마트폰의 음성인식을 경험한 사용자는 음성인식의 편리성을 알고 있다.

그림 4-27 AI 음성인식 적용 디지털 관광 안내도

자료: 저자가 직접 촬영함.

이러한 2가지 요소의 사용자 경험(CX: Customer eXperience)을 고려한 UI를 설계하여 서비스화했다. 현장 관찰 결과 사용자 경험에 따라 서비스 이용에 차이가 있었다.

광고, PR 측면에서 AI 음성인식 기술

AI 음성인식 기술은 디지털 휴먼 기술과 결합하여 다양한 산업에서 서비스화될 것이다. AI 음성인식 기술은 대화형과 단답형으로 나눌 수 있는데, 기술발전과 고도화로 대화형이 가능할 경우 그 활용 범위는 아주 넓어진다. 공공 미디어에서 충분히 활용할 수 있을 정도로 AI 음성인식 기술이 개발되고, 디지털 휴먼과 결합된다면 공공 미디어 부문에서의 활용도는 폭발적으로 증가할 것으로 보인다. 그리고 광고와 PR에 맞는 최적의 디지털 휴먼과 최적의 AI 음성이 개발되면, 디지털 휴먼은 자기 정체성을 갖고 브랜드화되어 활동할 수 있을 것으로 기대된다.

03

메타버스 시대의 공공 미디어

메타버스(Metaverse)를 이해하기 위해서는 실감미디어(Immersive Media)를 알아야 한다. 개념을 명확히 함으로써 미디어를 효과적으로 사용할 수 있기 때문이다. 이 절에서는 실감미디어와 메타버스에 대한 간략한 개념과 공공 미디어 적용 사례를 소개한다. 메타버스 개념에 일치하는 사례는 없지만, 유사 사례로 향후 공공 미디어에서 메타버스 적용의 가능성을 예상할 수 있을 것으로 본다.

1. 실감미디어와 공공 미디어

실감미디어는 실제로 체험하는 느낌을 뜻하는 실감과 미디어를 합성한 용어로 현실과 가상 세계에서 시간과 공간의 제약을 극복하면서, 실제감과 몰입감을 제공하는 미디어로 정의할 수 있다(경태원, 2013). 기술적 관점에서 실감미디어의 정의는 감각인식기술을 사용하여 수용자의 오감을 자극하여 실제와 유사한 경험을 전달하는 미디어 기술이다(루, 2018). 실감미디어의 디지털 콘텐츠는 VR, AR, MR, XR로 구분될 수 있다.

각각의 개념을 살펴보면 증강현실(AR: Augmented Reality)은 위치, 지리

그림 4-28 AR, VR, MR, XR 구분

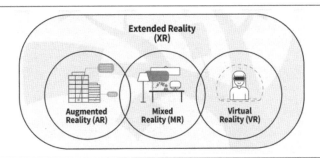

그림 4-29 AR, VR, MR, XR 예시

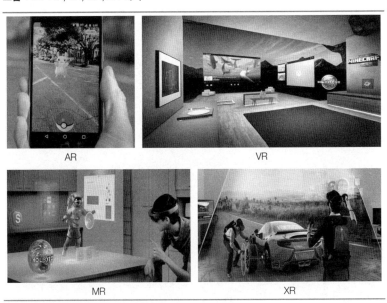

정보를 송수신하는 GPS 장치 및 중력 그리고 자이로스코프에 따른 위치
정보 시스템을 기반으로 우리가 경험하는 현실 세계에 가상의 물체나 정

보가 합성되어 실제 현실과 가상현실이 상호작용하는 공간이다. 가상현실(VR: Virtual Reality)은 물리적인 공간이 아닌 컴퓨터로 구현한 가상의 환경이다. 혼합현실(MR: Mixed Reality)은 현실과 가상의 정보를 융합해 조금 더 진화된 가상 세계를 구현하고 냄새 정보와 소리 정보를 융합해 사용자가 상호작용할 수 있는 기술로 시각 외에 청각, 촉각 등 인간의 오감을 접목시킬 수 있다. 가상현실과 증강현실, 혼합현실을 포괄하여 확장현실(XR: Extended Reality)이라고도 한다.

1) 가상현실 공공 미디어 적용 사례: 인천 제물포 구락부[5]

기획 배경

인천 중구 개항장 일대에 역사적 의미가 있는 주요 건물에 개항 이후 사회, 문화를 소개하는 콘텐츠 개발 사업을 인천 스마트 관광 사업으로 추진했다. 관광은 보고, 느끼고, 즐기고, 체험할 수 있어야 한다. 당시 사람들의 생활상으로 보여주기 위해 인천 개항장 일대에 남아 있는 건축물에 설

그림 4-30 가상현실 콘텐츠 제작

자료: 인천관광공사.

---

5 https://youtu.be/jNhbgSH8njo 참고.

그림 4-31 가상현실 콘텐츠 공공 미디어 적용

자료: 저자가 직접 촬영함.

치하기로 했다.

기획 반영 기술 적용

개항장 시대의 제물포 구락부를 배경으로 가상현실 콘텐츠를 제작했다. 공공 미디어에 가상현실 콘텐츠를 반영하여 관람객의 참여를 유도하기 위한 방안으로 디지털 괘종시계를 제작하기로 했다. 괘종시계에 디지털시계를 반영한 후 관람객이 다가서면 시계가 과거로 돌아가면서 과거 제물포 구락부의 가상현실 콘텐츠가 나타나도록 기획했다. 이를 위해 객체 인식 센서와 터치스크린 및 제어 기능을 적용했다.

가상현실 적용 공공 미디어 의미

초기 기획에서는 콘텐츠 효과를 극대화하기 위해 시계를 콘텐츠 배경이 되는 장소에 설치하려고 했다. 그러나 관람 동선과 괘종의 크기 등을 고려하여 입구 오른쪽에 배치되었다. 관람객이 입장한 후 바로 참여하도록 기획되었으나 실제로는 관람객이 퇴장하면서 참여하는 경우가 많았다.

제물포 구락부는 내부를 돌아보는 데, 30분이 소요되지 않는 작은 곳이고, 예전 모습이 잘 보전되어 있지만, 그곳이 정확하게 어떠한 용도인지를 알려면 팸플릿을 보거나, 스마트폰 앱을 통해 AR로 봐야 했다. 공공 미디어의 장점은 장소가 갖고 있는 스토리 또는 정체성을 사용자가 인식하여 공공미디어를 쉽게 활용할 수 있다는 것이다. 제물포 구락부는 이러한 공공 미디어 장점을 반영하여 설치 운영을 하고 있다.

2) 증강현실 공공 미디어 적용 사례: 서울 돈의문[6]

기획 배경

조선시대 4대문(홍인지문, 돈의문, 숭례문, 숙청문) 중 현존하지 않는 돈의문을 당시의 장소에 디지털 복원하는 사업이다. 돈의문 콘텐츠는 문화재청 전문가의 자문을 받아 컴퓨터 그래픽으로 디지털 복원을 했다. 과거 돈의문이 있던 장소에서 디지털 복원된 돈의문을 볼 수 있도록 스마트폰과 공공 미디어를 통해 재현하기로 했다.

기획 반영 기술 적용

현행법을 준수하면서 공공 미디어를 설치한 후 디지털 복원된 돈의문을 증강현실로 가장 잘 표현할 수 있는 위치를 선정하는 일이 최우선이었다. 선정된 위치에서 과거에 돈의문이 있었던 위치를 측정하여 컴퓨터 그래픽 작업을 다시 실행했다. 시민 및 관광객에게 돈의문이 있었던 곳을 알리고, 참여를 유도하기 위해 돈의문을 증강현실로 상시 표출하기보다는

---

6   https://youtu.be/DOFPAkicIfs 참고.

그림 4-32 증강현실 콘텐츠 공공 미디어 적용

자료: 저자가 직접 촬영함.

인터랙티브 기능을 반영하기로 했다. 공공 미디어 디스플레이는 현재의 모습을 마치 유리처럼 보여준다. 그리고 사람이 일정 거리로 다가서면 증강현실로 돈의문이 나타나도록 했다. 길을 지나는 시민 및 관광객이 우연히 돈의문을 볼 수 있도록 하려는 의도였다. 현장에서 테스트하는 과정에서 옥외 환경 요인 때문에 센서가 이상 작동하는 등의 문제점이 발견되어 공공 미디어에 다가서면 증강현실 콘텐츠로 전환되는 방법 대신 터치스크린 방식으로 변경했다.

증강현실을 적용한 공공 미디어 의미

증강현실을 이용한 공공 미디어는 관광 안내도(City Tour map board), 길 안내도(Way finder), 도심 타워(남산 타워, 잠실 타워, 도쿄 타워 등) 등에 설치되어 도시 안내 등에 활용되고 있다. 현실 공간을 기준으로 정보를 표현하고 스토리를 제공하는 데 있어 효과적이다. 디지털 복원된 돈의문도 돈의문

의 위치를 모르는 사람들에게 현재를 기준으로 돈의문의 위치를 정확히 알려주는 역할을 한다. 스마트폰을 이용할 경우 먼저 앱을 설치하고 구동한 후 스마트폰을 들고 움직여야 하는데 사용자들은 이 과정이 다소 번거로울 수 있다. 스마트폰 앱은 개인 미디어로 꼭 필요한 앱이 아닌 경우에는 설치하지 않으려는 경향도 있다. 디지털 복원 돈의문의 경우 장소가 갖는 의미가 크기 때문에 장소에서 보는 것이 의미가 있다. 이러한 경우 증강현실 콘텐츠는 공공 미디어에 적용되었을 때 그 가치가 더해진다. 미디어 메시지가 명확히 전달되기 때문이다.

3) 혼합현실 공공 미디어 적용 사례[7]

중국에서 개최된 IT 박람회에 설치된 혼합현실 공공 미디어는 관람객을 혼합현실 콘텐츠에 포함시키면서 콘텐츠의 메시지를 전달하는 효과를 제공했다. 공공 미디어를 활용한 혼합현실은 현재라는 현실 공간에 가상

그림 4-33 혼합현실 콘텐츠 공공 미디어 적용

자료: 저자가 직접 촬영함.

---

7   https://youtu.be/EX_o5eyNKy0 참고.

의 객체 및 상황이 혼합되어 새로운 미디어 메시지를 만들어내는 효과를 낸다. 특히 공공 미디어의 경우 현재 공간을 기점으로 시간에 따른 변화 및 새로운 공간을 만들어낼 수도 있다.

2. 메타버스 개념

메타버스(Metaverse)는 '가상', '초월' 등을 뜻하는 영어 단어 '메타(Meta)' 와 우주를 뜻하는 '유니버스(Universe)'의 합성어이다. 메타버스에 대한 다양한 정의가 있지만 실감미디어가 메타버스를 구축하는 요소라는 점은 공통적이다. 실감미디어를 바탕으로 만들어진 새로운 세계가 메타버스이다. 메타버스를 이해하기 위해 주목해야 할 부분이 '새로운 세계'에 대한 정의이다.

〈표 4-7〉에 제시된 메타버스 정의를 종합하면, ① 현실과 연결된 또 다른 세계, ② 현실과 같은 경제, 사회, 문화, 정치 활동이 작동하는 또 다른 세계, ③ 현실의 자아와 또 다른 세계의 자아가 공존하는 세계, ④ 현실의 경제 활동과 또 다른 세계의 경제 활동이 연동되는 세계이다. 즉 메타버스는 디지털 기술을 통해 확장된 '인간의 세계관이 구축된 가상 세계'이다.

메타버스에 대한 국내외 연구를 기반으로 미디어 기획, 제작, 개발을 위한 범위와 역할 방법론에 대해 파악할 수 있다. 메타버스에 대한 막연한 환상보다는 개념 범위 내에서 메타버스를 미디어에서 구현하는 것이 필요하다. 미국의 미래가속화연구재단(ASF: Acceleration Studies Foundation)의 메타버스 유형과 메타버스 SPICE 모델(김상균, 2021)을 바탕으로 메타버스라고 특징지을 수 있는 다양한 요소들을 파악해야 한다. 개념 이해가 부족

표 4-7 메타버스의 정의

개념 정의	연구자 및 연구 기관
현실과 연결된 특별한 가상 공간으로 발전해서 아바타를 통한 경제활동이 가능한 가상 공간	닐 스티븐슨의 공상과학 소설 『스노 크래시』(1992)
모든 사람들이 아바타를 이용하여 사회적, 경제적, 문화적 활동을 하게 되는 가상의 세계	손강민 외(2006)
가상을 접목해 향상된 물리적 현실 세계와 물리적으로 영구한 가상 공간의 융합	미래가속화연구재단(ASF, 2007)
생활형 가상 세계 혹은 실생활과 같이 사회적, 경제적 기회가 주어지는 가상현실 공간	류철균·안진경(2007)
단순한 3차원 가상 공간이 아니라 가상 공간과 현실이 적극적으로 상호작용하는 공간이며 방식 그 자체	서성은(2008)
지각되는 가상 세계와 연결된 영구적인 3차원 가상 공간들로 구성된 진보된 인터넷	미국전기전자학회(IEEE, 2014)
가상 자아인 아바타를 통해 경제, 사회, 문화, 정치 활동 등을 이어가는 4차원 가상 시공간	심의보(동아대, 2021)
현실의 물리적 지구를 초월하거나 지구 공간의 기능을 확장해 주는 디지털 환경의 세상	김상균(2021)
가상과 현실이 융합된 초(meta)세계(verse)로, 또 다른 세계로서 작동하는 디지털 환경을 의미	한국콘텐츠진흥원(통권 134호)

자료: 한국전자통신연구원(2021) 재인용.

한 상태에서 메타버스를 미디어에 구현하면 자칫 가상 세계의 범주에 머무를 수 있다. 가상 세계와 메타버스의 차이를 이해하고 가상 세계에서 메타버스 요소를 반영한 미디어를 구현해야 할 것이다.

ASF는 2007년, 메타버스로드맵(MVR: Metaverse Roadmap)이라는 프로젝트에서 새로운 사회적 공간으로 메타버스를 제안했다. ASF는 메타버스를 설명하기 위해 메타버스 유형을 구성했다(〈그림 4-34〉).

그 구성을 살펴보면 X축을 사적 요소(Intimate)와 외재적 요소(External)로 구분했다. 사적 요소는 아바타나 실제 모습을 통해 사용자의 정체성과

그림 4-34 메타버스 유형

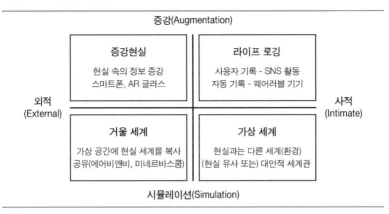

자료: Smart, J., J. Cascio and J. Paffendorf(2007)을 바탕으로 재편집.

행동을 나타내는 기술을, 외재적 요소는 사용자를 둘러싸고 있는 세상에 관한 정보와 통제력을 제공하는 기술을 의미한다. 즉, 사적 요소는 사용자로, 외재적 요소는 사용자를 둘러싼 환경으로 이해할 수 있다. Y축은 증강(Argumentation)과 시뮬레이션(Simulation)으로 나누었다. 증강은 실제 환경에서 새로운 제어, 정보 시스템 레이어를 쌓아 올리는 기술, 시뮬레이션은 상호작용을 위한 공간으로 완전히 새로운 가상의 환경을 제공하는 기술을 의미한다. 이를 쉽게 표현하면, 증강은 실제 환경 기반 기술이고, 시뮬레이션은 컴퓨터 그래픽으로 만든 가상을 만드는 기술을 의미한다(송원철·정동훈, 2021). 증강현실은 물리적 환경 기반을 두고 가상의 사물(이미지)이나 컴퓨터 인터페이스를 중첩시켜 보여주는 기술을 말한다. 2016년에 출시되어 전 세계적으로 인기를 끌었던 모바일 게임 포켓몬 고(Pokemon Go)가 대표적인 예이다. 라이프로깅은 사용자의 일상 속 정보와 경험을 가상의 세계에 기록, 저장, 공유하는 전반적인 활동을 의미하며, 페이스북을 비롯한 소셜미디어 서비스가 라이프로깅 메타버스에 해당된다. 거울 세계는

표 4-8 메타버스 특징 SPICE 모델

구분	내용
연속성	메타버스에서 발생하는 경험이 단절되지 않고 연결된다. 예를 들어, 하나의 아바타로 게임을 즐기다가 다시 로그인하거나, 플랫폼을 갈아타지 않고 바로 쇼핑을 하고 동료들과 업무를 논의하기도 한다.
실재감	물리적 접촉이 없는 환경이지만 사용자가 사회적, 공간적 실재감 등을 느끼는 상황을 의미한다. 가상현실은 실재감을 높이는 대표적 미디어이다.
상호 운영성	현실 세계와 여러 메타버스의 데이터 및 정보가 서로 연동되어 사용자가 메타버스에서 경험하고 실행한 결과가 현실 세계로 연결되고, 현실 세계에서의 라이프로깅 정보를 바탕으로 메타버스 속 경험이 더 풍성하고 편리해지는 상황을 의미한다.
동시성	여러 명의 사용자가 하나의 메타버스에서 동시에 활동하며, 동시간대에 서로 다른 다양한 경험을 할 수 있는 환경을 의미한다. 혼자 접속해서 사전에 정의된 시나리오에 따라 즐기는 상항 현실 게임은 메타버스의 속성과 거리가 멀다.
경제 흐름	메타버스에는 경제의 흐름이 존재해야 한다. 메타버스 플랫폼 제공자가 판매자의 역할을 하고 사용자들은 소비자의 역할만 하는 상황은 온전한 메타버스 경제가 아니다. 플랫폼에서 제공하는 화폐와 거래방식에 따라 수많은 사용자가 재화와 서비스를 자유롭게 거래하는 경제 흐름이 존재해야 한다. 또한 진화한 메타버스는 서로 다른 메타버스 및 실물 세상과도 경제 흐름이 연동되어야 한다.

자료: 김상균(2021).

사용자가 속한 물리적 세계를 가능한 한 사실에 가깝게 재현하되, 추가 정보를 더해 정보적으로 확장된 기술을 뜻한다. 구글어스(Google Earth)와 같은 지도 서비스가 대표적인 예이다. 가상 세계는 현실에 존재하지 않는 세계를 가상의 세계로 구현하는 기술로서, 가상 세계에서의 활동은 아바타를 이용한다. 대규모 다중 접속 온라인 게임(MMOG: Massive Multiplayer Online Game)이 가상 세계를 설명하는 대표적인 예이다(황경호, 2021).

SPICE 모델은 메타버스의 특징과 속성을 제시하고 있다. 연속성(Seamlessness), 실재감(Presence), 상호 운영성(Interoperability), 동시성(Concurrence), 경제 흐름 (Economy) 등의 5가지 특징과 속성을 모두 갖추기 위해 기술 개발이 지속되고 있다.

메타버스의 특징은 지속성(Persistence), 동시성(Synchronicity), 연결성(Accessibility)으로 정리될 수 있다. 지속성은 시간의 흐름에 끊기지 않고 사용자의 행위가 이어져 반영되는 것을, 동시성은 같은 시간에 현실 공간과 가상 공간 모두에 있는 것을, 연결성은 현실과 가상이 문화적, 사회적, 경제적으로 연결·연동되어 있는 것을 의미한다.

메타버스 기업은 SPICE 모델을 기준으로 최소 2개 이상의 요소들이 반영된 서비스를 개발하는 데 주력하고 있다. 현재 기준으로 SPICE 모델을 모두 충족시키는 것은 역부족이다. 이는 기술 고도화와 함께 사회, 경제, 법 제도 등이 함께 고려되어야 하기 때문이다. 메타버스는 미래에 우리가 경험하게 될 스마트시티, 우주와 더불어 새로운 세계이다.

3. 메타버스 서비스 사례

다양한 메타버스 서비스 기획에 있어 개인 성향과 업무 등을 반영할 수 있다. 메타버스에서는 익명성과 멀티 아바타가 제공될 것이다. 메타버스마다 새로운 아바타를 활용하여 새로운 정체성을 만들어갈 수 있다. 현실에서는 법 제도, 문화, 관습 및 사회관계로 인해 개인의 행동과 표현이 제한되지만, 메타버스에서는 현실에서의 직업, 나이, 지위, 성별이 의미가 없고 사람과의 만남에서 선입견을 주는 외형적인 요소가 배제되고 현실과는 다른 행동을 할 수 있다.

동일한 한 사람이 여러 메타버스에서 다양한 아바타를 만들어 활동을 할 경우, 미디어 관점에서 어느 메타버스에서 어떠한 메시지를 전달을 할

그림 4-35 메타버스 서비스 형태

것인지를 고려해야 한다. 메타버스가 갖고 있는 정체성에 따라 미디어 메시지를 만드는 방법도 달라지기 때문이다. 이는 마치 과거의 전통적 미디어에서 하나의 메시지를 전달하기 위해 신문, 라디오, TV, 포털 등의 매체 특성에 따라 콘텐츠를 제작한 것과 같은 맥락으로 해석될 수 있다.

1) 마이크로소프트 메시

마이크로소프트가 애저 클라우드에서 혼합현실 기능성을 제공하는 협업 플랫폼 '메시(Mesh)'를 발표했다. 메시 플랫폼은 홀로렌즈 및 VR 헤드셋, 모바일 기기 및 PC 사용자를 대상으로 홀로그램 경험과 혼합현실 애플리케이션을 지원한다. 마이크로소프트 메시를 사용하면 서로 다른 위치에 있는 작업들을 여러 종류의 기기에서 홀로그램 경험을 공유하며 협업할 수 있다. 마이크로소프트는 향후 사용자들이 자신의 모습을 홀로포테이션(holoportation)할 수도 있을 것이라고 설명한다.

그림 4-36 마이크로소프트 메시

자료: 마이크로소프트 홈페이지. https://www.microsoft.com/en-us/.

2) 메타(페이스북)의 워크룸

페이스북은 기존 사명을 '메타'로 변경하고, SNS 사업에서 메타버스 사업으로 전환할 것을 선언했다. 기존의 페이스북은 메타의 자회사로 사람들 간의 '연결(connection)'을 핵심으로 메타버스 세상에서 사람들을 연결 서비스에 집중하기로 했다. 메타버스 시대를 겨냥한 경영전략의 변화에 따라 메타는 회의 모습을 실제처럼 구현하는 것을 목표로 VR 기반 협업 회의 솔루션인 호라이즌 워크룸(베타)을 출시했다.

그림 4-37 메타의 워크룸 서비스 개념도

그림 4-38 워크룸 핸드 제스처 인식 예시

자료: 메타 홈페이지. https://about.meta.com/.

자료: 메타 홈페이지. https://about.meta.com/.

3) 스페이셜

스페이셜(Spatial)은 뉴욕에서 창업한 메타버스 플랫폼 스타트업이다. AR, VR 기기는 물론 모바일과 PC로도 VR, MR 가상 회의를 할 수 있다는 점이 스페이셜의 가장 큰 장점이다. 메타버스 서비스에 포스트잇 월, 액자 디스플레이 등 현실 세계의 소통 방식을 연출함으로써 몰입감을 높이는 등 현실 세계의 기능적 한계를 극복하는 서비스 개발에 주력하고 있다. 스페이셜의 특징 중 하나는 사용자의 사진을 토대로, 사실적인 아바타를 빠르게 생성하고, 아바타의 입모양, 눈 모양, 표정 등이 구현되어 가상 공간에서 사용자 간 몰입도 있는 소통을 구현하는 기능을 제공하고 있다.

그림 4-39 스페이셜 서비스 개념도

자료: 스페이셜 홈페이지. https://www.spatial.io/.

그림 4-40 아바타 사진 매핑 기술 활용 예시

Create your **3D-realistic avatar** from a single selfie in seconds

Your avatar comes to life as you **talk, move, and interact**

자료: 스페이셜 홈페이지. https://www.spatial.io/.

그림 4-41 네이버 제페토 서비스 사용 예시

자료: 네이버 제페토 서비스 화면 캡처. https://www.naverz-corp.com/.

4) 제페토

네이버에서 서비스하고 있는 제페토는 아바타 중심의 SNS 서비스이며, 가상 공간에는 10~15명 정도가 동시 접속하여 상호 소통할 수 있다. 가상 공간에 대한 커스터마이징 기능을 제공하고 있어 광고, 홍보, 행사 등을 위한 기업 참여가 활발하다.

5) 이프랜드

SK 텔레콤에서 출시한 이프랜드(ifland)에서는 아바타 중심의 메타버스 서비스를 하고 있다. 80명 정도까지 가상 공간에 접속할 수 있으며, PC와 모바일 기기를 지원하며, 문서, 영상의 공유를 중심으로 세미나, 컨퍼런스를 수행할 수 있는 기능을 제공하고 있다.

그림 4-42 SK 텔레콤 이프랜드 서비스 사용 예시

자료: 이프랜드 홈페이지. https://ifland.io/.

6) 인게이지

다양한 세미나, 회의, 컨퍼런스를 사용자가 직접 세팅하고 커스터마이징할 수 있는 기능과 VR 기기, PC, 모바일 기기를 모두 지원한다. 라이브 방에는 최대 50명이 입장할 수 있고, 3D Pen을 통한 공간 드로잉 기능도 지원하고, 3D 음성 지원으로 거리가 멀어지면 음성도 멀어지는 효과를 지원한다.

그림 4-43 인게이지 서비스 사용 예시

자료: 인게이지 홈페이지 및 서비스 화면 캡처. http://showglemeta.co.kr.

그림 4-44 인게이지 실제 서비스 사례

자료: 인게이지 홈페이지 및 서비스 화면 캡처. http://showglemeta.co.kr.

4. 메타버스와 공공 미디어

메타버스는 개인 미디어와 홈 미디어 중심으로 서비스되었다. 메타버스의 개념과 특징을 적용하고 사업성과 시장성이라는 측면에서 공공 미디어를 적용하는 데 한계가 있었다. 또한 개념 해석에서 공공 미디어에 메타버스를 구현하는 사안에 대해서는 의견을 취합하기가 어려웠다. 다음에서는 메타버스의 핵심 요소인 지속성, 동시성, 연결성을 기준으로 공공 미디어 메타버스 서비스 적용 유형과 사례를 제시하겠다.

1) 메타버스를 적용한 공공 미디어 서비스 유형

공공 미디어 분야에서도 메타버스가 적용이 되면 〈그림 4-45〉와 〈그림 4-46〉처럼 원거리에 있는 사람이 유사한 환경에서 협업과 협력이 가능하다. 그리고 〈그림 4-47〉처럼 현실 공간과 가상 공간을 연결하여 과거와 현재, 미래를 동시에 경험할 수 있다. 개인 미디어와 홈 미디어는 웨어러블 기기를 통해 메타버스 서비스를 주로 이용하게 된다. 공공 미디어에서

그림 4-45 국가 간 원격 연동 수업

자료: Microsoft Future Vision film 2040. https://youtu.be/wraF2DjALls.

그림 4-46 병원 간 원격 협업 진료

자료: 코닝 A Day Made of Glass https://youtu.be/jZkHpNnXLB0.

는 여러 사람이 함께 참여할 수 있는 공간에 대형 디스플레이에서 XR 콘텐츠로 메타버스 서비스를 구현할 수 있다. 이를 위해서는 개인 미디어와 홈 미디어에서 개발된 기술보다 더 많은 IT가 활용된다.

그림 4-47 공룡 유적지

자료: A Day Made of Glass 2: Same Day. Expanded Corning Vision(2012). https://youtu.be/jZkHpNnXLB0.

메타버스가 개인 미디어, 홈 미디어에서 공공 미디어로 확장되기 위해서는 스마트시티가 확산되어야 하고, ICT 관련 기술이 더 고도화되어야 하고 통신, 네트워크 및 콘텐츠 제작 기술이 더 발전을 해야 한다. 공공 미디어 분야는 개인 미디어 및 홈 미디어보다 설치 환경 및 구축, 운영 부분에서 고려해야 할 변수들이 많다. 그러므로 공공 미디어에 메타버스를 적용할 때는 충분한 검증과 서비스 안정화가 최우선시 되어야 한다. 메타버스가 적용된 공공 미디어 부분에서 미디어(광고, PR 등)가 그 역할을 수행하기 위해서는 개인 미디어와 홈 미디어에서 아바타 중심의 서비스와는 접근 방법이 다른 공간 정체성과 콘텐츠가 바탕이 되어야 한다. 메타버스 기반의 미디어 기획에 있어서도 미디어 특성에 대한 검토가 기본이 되어야 한다.

2) 메타버스 요소를 적용한 공공 미디어 사례: 조선통신사[8]

기획 배경

한일 평화 교류의 상징적 역사인 조선통신사 관련 실감미디어 콘텐츠 구축 사업으로 추진되었다. 기존 실감미디어는 프로젝션 맵핑으로 3면 또는 4면에 콘텐츠를 표출하여 실제감과 몰입감을 극대화시켰다. 국내의 대표적인 역사 주제 실감미디어는 국립중앙박물관의 실감미디어 전시관이 좋은 예이다.

조선통신사 역사관은 전시관 규모가 크지 않아 압도하는 몰입감보다는 관람자 시점을 고려한 참여형 몰입감에 중점을 두고 기획되었다. 현실과 가상 세계에서 시간과 공간의 제약을 극복하면서, 실제감과 몰입감을 제공하기 위한 요소들을 기획했다. 또한 기존 실감미디어와 차별성을 갖기

그림 4-48 국립중앙박물관 실감미디어 전시관

자료: 저자가 직접 촬영함.

---

8 https://youtu.be/UCvmRTlg2ZQ 참고.

그림 4-49 과거와 현재 건물 공존 기획안

자료: 엠앤엠네트웍스.

그림 4-50 과거와 현재 건물 공존 실행안

자료: 엠앤엠네트웍스.

그림 4-51 통신사 행렬도와 날씨 연동

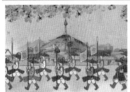

자료: 엠앤엠네트웍스.

위해 메타버스 개념을 적용하고 현재와 가상 세계로 연결되어 동시성을 가질 수 있는 방안을 기획했다.

콘텐츠기획

콘텐츠 핵심 키워드는 '고증'과 '위트'로 설정했다. 고증된 콘텐츠와 재미 콘텐츠를 결합하여 조선통신사 역사관 방문자에게 오래도록 기억될 수 있도록 기획했다. 고증 부분에서 조선통신사가 갖는 의미 전달을 위해 조선통신사 행렬도를 복원하는 수준으로 콘텐츠를 제작했다. 위트 부분은 조선통신사 행렬도 안에 현대적 요소(현대 건물, 킥보드, 자전거 등)를 반영하여 재미 콘텐츠를 제작했다. 이를 통해 관람객이 행렬이 지나가고 있는

그림 4-52 조선통신사역사관

자료: 저자가 직접 촬영함.

곳이 어디인지를 알 수 있도록 했다. 그리고 몰입감을 극대화하기 위해 관람객이 전시장에서 콘텐츠를 바라볼 때 환영 인파의 시선에서 볼 수 있도록 행렬도에 표현된 사람 크기를 키우면서 행렬도 전체를 반영하지 않고 핵심만을 반영하는 방식으로 기획했다.

메타버스의 요소를 구현하기 위해 현실 세계와 가상 세계를 연동한 실시간 동시성을 구현했다. 날씨 데이터를 연동하여 현실 세계의 날씨와 동일하게 실감미디어에 연출했다. 환경을 일체화시킴으로써 관람객에게 실감미디어의 친근감을 높일 수 있었다.

기술 적용

메타버스의 동시성 요소를 구현하기 위해 날씨 센서를 설치하고 역사관 주변 날씨를 콘텐츠에 반영하려고 했다. 그러나 설치 위치와 관리 등의 문제로 센서를 부착하는 대신 기상청의 지역 날씨 정보를 기반으로 콘텐츠를 운영하기로 했다.

메타버스 적용 공공 미디어 가치

기술과 개념을 이해하고 공공 미디어 기획에 반영한다면, 작은 변화이지만, 미디어의 메시지를 전달받는 사람에게는 의미가 있을 수 있다. 메시지는 공감되어야 하고, 재미있어야 하고, 경험될 때 가치가 있다. 공공 미디어에서 메타버스를 구축하기 위해서는 기술과 구축 환경 및 운영과 관련하여 많은 검토를 해야 한다. 메시지 전달의 극대화를 위해 미디어가 적용되는 세계의 특징을 알아가는 것이 중요하다.

04

AI 메타버스 관련 콘텐츠 기술

1. AI 관련 콘텐츠 기술

1) 데이터 시각화

데이터 시각화(Data Visualization)는 데이터의 의미나 분석 결과를 사용자가 쉽게 이해할 수 있도록 시각화하는 것을 의미한다. 효과적인 데이터 시각화를 위해서는 시각화된 데이터로 전달하려는 메시지가 무엇인지를 명확히 결정하고 불필요한 나머지 부분들은 생략하여 단순, 명료하게 정보를 전달해야 한다. 이를 위해서는 도구의 사용법뿐만 아니라 예술적 감각, 데이터로 소통하고자 하는 사람에 대한 이해와 관심 그리고 많은 경험이 복합적으로 필요하다. 데이터 수가 급증하고 데이터의 변화를 신속히 파악하고 대응하기 위해 데이터 시각화의 중요성이 부각되고 있다.

데이터 시각화 방법으로 시간, 분포, 관계, 비교, 공간 시각화 등이 있다. 최근에는 미디어 아티스트들이 데이터를 활용하여 예술로 표현하고 있다. 데이터를 이용한 미디어 아트에서도 데이터의 변화에 따른 메시지를 읽을 수 있다. 데이터 시각화가 갖고 있는 패턴 때문이다. 관리자 측면에서 정상적인 데이터와 비정상적인 데이터일 때의 기준으로 데이터 시

그림 4-53 How This Guy Uses AI to Create Art

자료: https://youtu.be/I-EIVlHvHRM.

그림 4-54 인천 개항장 데이터 비주얼라이제이션

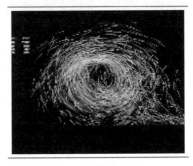

자료: https://youtu.be/G8hFxe5qdZs.

각화를 바라보면 그 패턴의 규칙성을 파악할 수 있기 때문이다. 일반인이 데이터 시각화한 그래프를 예술로 느끼는 이유는 데이터 시각화 패턴의 예술성 때문이다. 데이터 시각화 결과물은 전문가에게는 데이터가 알려 주는 메시지가 되고, 일반인들에게는 패턴으로 느껴지는 감성으로 중의적인 메시지를 제공하는 장점이 있다.

2) AI 아트 생성기

AI 아트의 근본은 신경망 기반의 진화 생성 예술이라고 말한다. 수많은 이미지를 AI가 학습한 후 새로운 작품으로 창작을 하고 있다. 이러한 도구를 AI 아트 생성기라고 한다.

최근 이를 이용한 글로벌 정보기술 기업들이 AI를 이용해 텍스트를 이미지로 생성해 주는 AI엔진 도구들을 공개하고 있다. 구글의 딥 드림 제너레이터(Deep Dream Generator), 이매젠(Imagen), 파티(PARTI), 메타의 메

그림 4-55 딥 드림

자료: 딥 드림 홈페이지. https://deepdreamgener
ator.com.

그림 4-56 AI Brain Room

자료: 광무문화재단.

이크어신(Make-A-Scene), 오픈 AI의 달리(DALL-E), 카카오브레인의 RQ-트
랜스포머, LG AI 연구원의 엑사원(EXAONE) 등도 문장을 입력하면 문장에
부합하는 이미지를 생성하는 모델이다. 이미지를 생성하는 AI 기술은 상
용화된 지 몇 년 되지 않았지만, 품질이 많이 개선되어 게임이나, 디지털
아트 미디어 영상 분야에서 활용하는 사례가 늘어나고 있다(심용운, 2022.
8.9). 아티스트, 콘텐츠 개발자, AI와 협업을 통해 AI가 예술 콘텐츠를 개
발하고 창작하는 시대이다. 미디어(광고, PR)를 위한 콘텐츠 제작에 AI 콘
텐츠 생성기 이용이 늘어날 것이다. 좋은 아이디어와 분명한 메시지 전달
력만 있으면 AI 콘텐츠 생성기를 이용하여 기획자도 콘텐츠를 제작할 수
있는 시대에 우리는 살고 있다.

2. 메타버스에 활용 가능한 콘텐츠 기술

1) 아나모픽 일루전

아나모픽 일루전(Anamorphic illusions)은 착시현상을 활용하여 입체감으로 느끼도록 하는 예술이다. 일그러진 상을 뜻하는 아나모픽 기법은 특정한 각도나 특정한 방법으로 보았을 때 작가가 의도하는 형상이 나타나게 한다. 사물을 바라보는 각도나 방향에 따라 시각적으로 들어오는 정보가 다른 점을 활용한 착시 예술 기법이다. 아나모픽 콘텐츠 및 작품은 특정한 시점에서 봐야 한다. 관람자는 그 특정 시점에서 관람할 경우 콘텐츠가 전달하는 메시지를 효과적으로 전달받을 수 있다. 최근 대형 LED 디스플레이를 활용한 아나모픽 일루전 기법의 콘텐츠들이 주목받고 있다.

그림 4-57 스타필드 하남 미디어 타워 인터랙티브 영상 콘텐츠

자료: 〈Love Earth, Switch off〉. 커즈 홈페이지. https://cuz-art.com/.

그림 4-58 코엑스 퍼블릭 미디어 아트 〈파도(WAVE)〉

자료: 디스트릭트 홈페이지. https://kr.dstrict.com/.

2) 볼류메트릭

볼류메트릭(Volumetric)은 4K 수준의 카메라 수백 대를 갖춘 크로마키 배경 스튜디오에서 실제 인물과 인물의 움직임, 위치 등 공간 전체를 3D 데이터로 통째로 캡처해 CG화하는 기술이다. 전신을 CG화하기 때문에 머리끝에서 발끝까지의 모든 시점에서 스캔한 3D 모델을 구현할 수 있다. 볼류메트릭 캡처를 할 때 배경은 따로 입히기 때문에 크로마키로 둘러싸인 스튜디오에서 촬영한다. 실사를 기반으로 입체 영상을 만들기 때문에 현실성이 뛰어나다. 실제 인물과 그 움직임을 모두 CG화해 두기 때문에 메타버스에 삽입하거나 배경 CG를 합성해 영상 작품을 만드는 등 다양한 미디어 콘텐츠로 활용되고 있다.

볼류메트릭 캡처 기술은 센서와 컴퓨팅, 영상 처리 등의 기술 진보에 따라 점차 발전해 나갈 것이다. 그중에서도 기술 보급의 열쇠가 되는 기술 중 하나가 인공지능이다. 공연, 교육, 의료, 광고, 게임 등 다양한 분야로 혼합현실, 증강현실, 가상현실의 영향력이 확대되고, 메타버스 서비스가 증가함에 따라 볼류메트릭 기술의 중요성이 강조되고 있다.

그림 4-59 볼류매트릭으로 구현된 최시원

자료: 손지혜(2021.4.15).

그림 4-60 볼류매트릭 스튜디오

자료: 구교형(2019.6.2).

참고문헌

경태원. 2013. 「실감미디어 산업의 동향 및 발전 방안」. ≪한국콘텐츠학회≫, 11(2), 14쪽.

구교형. 2019.6.2. "통신 3사 최초 AR 콘텐츠 제작 스튜디오 연 LG유플러스…연간 100억 투자 1500편 제작". ≪경향신문≫. https://m.khan.co.kr/economy/economy-general/article/201906020904001#c2b(검색일: 2022.11.10).

김상균. 2021. "인터넷·스마트폰보다 강력한 폭풍, 메타버스, 놓치면 후회할 디지털 빅뱅에 올라타라". ≪동아비즈니스리뷰≫, 317.

루, 이신(Yuxin Lu). 2018. 「실감미디어 뉴스콘텐츠의 실재감, 사용자 경험, 지속적 사용의도에 관한 연구: 2018 평창 동계올림픽 보도를 중심으로」. 중앙대학교 대학원 석사학위 논문.

매클루언, 마셜[맥루한, 마샬(Marshall Mcluhan)]. 1997. 『미디어의 이해』. 박정규 옮김. 커뮤니케이션북스.

박건철 외. 2018. 「서울시 스마트시티 성공을 위한 정책제언」. 서울디지털재단.

박상인·권일웅·김봉환·김철회·정성만. 2013. 「공공서비스 전달체계 연구: 정부-민간 혼합 전달방식을 중심으로」. 서울대학교 시장과정부 연구센터.

박수영. 1993. 「도시공공서비스이론에 관한 연구」. ≪경희법학≫, 28(1), 239~259쪽.

손지혜. 2021.4.15. "[ICT 시사용어] 볼류메트릭(Volumetric)". ≪전자신문≫. https://www.etnews.com/20210415000180(검색일: 2022.11.10).

송원철·정동훈. 2021. 「메타버스 해석과 합리적 개념화」. ≪정보화정책(Informatization Policy)≫, 28(3), 3~22쪽.

심용운. 2022.8.9. "AI 화가님, 귀여운 곰을 수채화로 그려 줘요". ≪한경비즈니스≫.

용건, 바이난트(Wijnand Jongen). 2019. 『온라인 쇼핑의 종말』. 문경록 옮김. 지식노마드.

조위덕·채혁기. 2009. 『U-service design』. Jinhan M&B.

한국정보통신기술협회. 2018. 「4차 산업혁명 핵심 융합사례 스마트시티 개념과 표준화 현황」. ≪표준화 이슈≫, 2018-1.

황경호. 「미디어 산업의 새로운 변화 가능성, 메타버스」. 한국방송통신전파진흥원. ≪미디어 이슈 & 트렌드≫, 45.

Gaster. 2003.

Oxford English Dictionary. 1989.

Smart, J., J. Cascio and J. Paffendorf. 2007. "A Metaverse Roadmap: Pathways to the 3D Web." Acceleration Studies Foundation.

지은이

박노일

차의과학대학교 의료홍보미디어학과 교수이다. 연세대학교 신문방송학과에서 언론학 전공으로 석박사학위를 취득했으며, 미국 미주리 대학교에서 박사 후 과정을 마쳤다. 차의과학대학교 헬스커뮤니케이션연구원 원장, 한국헬스커뮤니케이션학회의 기획이사, 한국방송학회의 총무이사, 한국PR학회의 PR과 테크놀로지연구회장 등을 역임했다. 저서로 『호모 퍼블리쿠스와 PR의 미래』(공저, 2022), 『인공지능의 이해와 뉴스 미디어 영상분석』(2022), 『비전공자의 인공지능(AI) 입문』(공저, 2022), *Digital Media, Online Activism, and Social Movements in Korea*(공저, 2021), 『디지털PR 이론과 실제』(공저, 2019), 『광고PR 커뮤니케이션 효과이론』(공저, 2018), 『PR학 원론』(공저, 2014) 등이 있다.

정지연

홍익대학교 광고홍보학부 교수이다. 연세대학교 신문방송학과를 졸업하고, 동 대학원에서 언론학 석사와 미국 시러큐스 대학교에서 PR학 석사학위를, 미국 미주리 대학교에서 저널리즘 박사(PR 전공) 학위를 취득했다. 우리나라 최초의 PR 전문회사인 커뮤니케이션즈 코리아에서 PR 실무자로 근무했으며, 현재 문화체육관광부 정책소통 평가위원과 국민소통실 자문위원 등을 맡고 있다. 한국PR학회, 한국광고홍보학회, 헬스커뮤니케이션학회의 이사와 ≪홍보학연구≫, ≪광고연구≫ 편집위원을 역임했다. 저서로 『호모 퍼블리쿠스와 PR의 미래』(공저, 2022), 『디지털PR 이론과 실제』(공저, 2019), 『한국의 PR연구 20년』(공저, 2016), 『PR학 원론』(공저, 2014) 등이 있다.

문원기

플로리다 대학교 광고학과 조교수이다. 인천대학교에서 석사학위를 받고, 미국으로 건너가 사우스캐롤라이나 대학교에서 석사학위를, 텍사스 대학교(오스틴)에서 박사학위를 받았다. 사회심리학과 의사결정에 대한 이론들을 기반으로 소비자 심리학, 과학커뮤니케이션, 위기관리 등의 주제를 연구하며 KCI와 SSCI 다수의 논문을 게재했다. 최근에는 인간-인공지능의 상호작용이 소비자의 행동변화에 미치는 영향에 관한 프로젝트를 다수 진행하고 있다.

부수현

경상국립대학교 심리학과 교수이다. 중앙대학교 심리학과에서 소비자 및 광고심리학 전공의 박사학위를 받았다. 심리학 이론과 원리에 기초하여 광고효과, 소비자 의사결정, 미디어 사용과 영향력 등의 주제를 연구해 오고 있다. 특히, 최근에는 미디어 플랫폼과 광고, 소비자의 역동적인 상호작용에 관심이 높다. 저서로는 『인간정서와 AI』(공저, 2021), 『소비자심리와 광고PR마케팅』(공저, 2020), 『검색광고의 이해』(공저, 2019) 등이 있다.

김성원

㈜ 엠엔엠네트웍스 대표로 공간 기반 스마트 미디어 서비스 컨설팅 기업을 경영하는 공공 미디어 디렉터이다. 최근에는 스마트 시티, 실감 콘텐츠, 디지털 옥외광고, 전시와 리테일 분야 등 오프라인에 스마트 미디어 서비스 적용에 집중하고 있다. 정부와 지자체 및 공공 기관 스마트 미디어 분야 전문 위원으로 활동하고 있다. 저서로 『플랫폼을 말하다 V1.5』(공저, 2013)와 다수의 연구 보고서 및 논문 등이 있다.

한울아카데미 2411

**AI·메타버스 시대의
기술적·인문사회적 광고PR 전략**

ⓒ 박노일·정지연·문원기·부수현·김성원, 2022

지은이 ┃ 박노일·정지연·문원기·부수현·김성원
펴낸이 ┃ 김종수
펴낸곳 ┃ 한울엠플러스(주)
편집책임 ┃ 최진희

초판 1쇄 인쇄 ┃ 2022년 11월 21일
초판 1쇄 발행 ┃ 2022년 12월 2일

주소 ┃ 10881 경기도 파주시 광인사길 153 한울시소빌딩 3층
전화 ┃ 031-955-0655
팩스 ┃ 031-955-0656
홈페이지 ┃ www.hanulmplus.kr
등록번호 ┃ 제406-2015-000143호

Printed in Korea.
ISBN 978-89-460-7412-5 93320 (양장)
      978-89-460-8229-8 93320 (무선)

※ 책값은 겉표지에 표시되어 있습니다.
※ 무선 제본 책을 교재로 사용하시려면 본사로 연락해 주시기 바랍니다.